Miller · Selbst-Coaching für Schulleiterinnen und Schulleiter

Reinhold Miller

Selbst-Coaching für Schulleiterinnen und Schulleiter

2. Auflage

Beltz Verlag · Weinheim und Basel

Über den Autor:

Dr. *Reinhold Miller*, Jahrgang 1943, Diplompädagoge, Lehrerfortbildner, Schulberater, Kommunikationstrainer, Coach.

Vita: Philosophie-, Pädagogik- und Psychologiestudium in München, Tübingen und Heidelberg; 15 Jahre Grund- und Hauptschullehrer in Baden-Württemberg; anschließend Lehrbeauftragter für Pädagogik in einem Studienseminar; Promotion zum Dr. paed.; seit 1989 hauptamtlich in der Lehrerfortbildung tätig; im Beirat der Zeitschrift »Pädagogik«; Mitherausgeber der Zeitschrift »Lernende Schule«.

Arbeitsschwerpunkte: Pädagogik und Pädagogische Psychologie, Kommunikation, Konfliktberatung, Lehren und Lernen, schulinterne Lehrerfortbildung, Schulentwicklung.

Veröffentlichungen im Beltz Verlag: Lehrer lernen (ein pädagogisches Arbeitsbuch, 1986); Sich in der Schule wohl fühlen (1989); Schulinterne Lehrerfortbildung (Schilf-Wanderung, 1990); Schul-Labyrinth (Entlastungen im Schulalltag, 1993); »Das ist ja wieder typisch!« (Kommunikationstraining, 1995); Schule selbst gestalten (Beziehungen und Interaktionen, 1996); Beziehungsdidaktik (1997); 99 Vertretungsstunden ohne Vorbereitung (1999); Lern-Wanderung (Basiswissen und Training, 2001); Bock auf Schule (ein Schülerarbeitsheft, 2003).

Bisher erschienen unter dem Titel »Selbst-Coaching für Schulleitungen«
ISBN 3-407-25276-5.

2. Auflage 2007

Lektorat: Peter E. Kalb

© 2003 Beltz Verlag · Weinheim und Basel
www.beltz.de
Herstellung: Ute Jöst Publikations-Service, Birkenau
Satz: Mediapartner Satz und Repro GmbH, Hemsbach
Druck: Druck Partner Rübelmann, Hemsbach
Umschlaggestaltung: Federico Luci, Köln
Umschlagfoto: Corbis Stock Market, Düsseldorf
Zeichnungen: Sandra Miriam Schneider
Printed in Germany

ISBN 978-3-407-25473-3

Ein Mann beobachtet einen Holzfäller,
wie er unter größter Anstrengung Bäume
absägt. »Ihr Sägeblatt ist ganz stumpf«,
bemerkt der Mann,
»Sie müssen es schärfen, dann geht
alles viel besser.« – »Schärfen?«, fragt der
Holzfäller. »Dazu habe ich keine Zeit;
ich muss doch sägen!«

Inhaltsverzeichnis

Vorwort

Die *Coachingtätigkeit* nimmt immer häufiger auch Eingang in die Schulen, nachdem sie im Profit-Bereich bereits eine anerkannte Form professioneller Berufsbegleitung durch Dritte ist. Im Vergleich zur klassischen Beratung beinhaltet sie einen größeren Angebots- und Handlungsspielraum in der Arbeit mit den Bezugspersonen.

Die Idee allerdings, ein Buch nicht *über*, sondern *als* Coachingarbeit, also ein *Selbst-Hilfe-Programm* für Personen in der Schulleitung zu schreiben, kam mir, nachdem ich dreierlei Erfahrungen reflektierte:

a) Zum einen häuften sich Anfragen an mich als Schulberater, ob ich nicht auch für Coaching zur Verfügung stehen würde; d.h.: *Bedarf* war und ist vorhanden.
b) Zum zweiten gibt es für das Coaching (vor allem im schulischen Bereich) noch nicht genügend *Personen*, die Bedarf und Nachfrage ausreichend decken könnten.
c) Zum dritten war es der Begriff *Coach*, der mich stutzig machte und auf den Gedanken brachte, dieses Buch zu schreiben; denn: *Coach* bedeutet Kutscher/Kutsche. Ein Coachman oder Coach ist also ein Kutscher, der die Aufgabe hat, die Kutsche mit ihren Insassen sicher an das Ziel zu führen (siehe König/Volmer 2002, S. 9). Nun braucht aber jeder Kutscher wiederum selbst einen Coach, der wiederum einen Coach braucht, der wiederum …

Weitergedacht heißt das: Kutscher könnten sich doch auch selbst coachen! In diesem Fall mit mir auf dem Kutschbock!

Deshalb, liebe Schulleiter/innen: Helfen Sie sich durch dieses Selbsthilfe-Begleitbuch. Darin bin ich – in stiller Vereinbarung mit Ihnen – für Sie Informator, Begleiter, Berater, Unterstützer, Klärungshelfer, Impulsgeber, Spiegler, Trainer …, ganz nach Ihren Wünschen und Bedürfnissen, nach Notwendigkeiten und Erfordernissen, die je nach Schule (Art, Größe, Umfeld …), in der Sie tätig sind, unterschiedlich sein werden.

Die angebotenen 22 Bereiche in diesem Buch basieren auf meinen Erfahrungen und Erkenntnissen in der Arbeit mit Schulleiter/innen, wobei *Kommunikation, Konfliktregelung* und *Organisation* (i.w.S.) sich wie ein roter Faden durch die gesamte Arbeit mit ihnen ziehen.

Wählen Sie also aus meinem Angebot, was Sie brauchen können, was für Sie bedeutsam und akut ist, wobei es sein kann, dass manches für Sie vielleicht den Charakter von »Trockenschwimmen« hat (das aber sehr wirksam sein kann, wenn es gekonnt angewendet wird!).

Damit Sie Ihre Sensibilität für Personen, Vorgänge und Prozesse erhöhen, zu neuen Einsichten und zu verändertem, besserem und sicherem Handeln gelangen können, aber auch Bestätigung in Ihrer bisherigen Arbeit erhalten, bitte ich Sie

- sich Zeit zum Innehalten und Wahrnehmen zu nehmen,
- Ihre Verhaltensweisen und Ihr persönliches Handeln zu beobachten und zu reflektieren,
- sich Ihrer Aufgaben und Tätigkeiten vertieft bewusst zu werden,
- andere (den »kritischen Freund«) um Rückmeldung über Ihre Ansichten und Tätigkeiten zu bitten (G. Bateson: Es braucht zwei, damit einer sich kennen lernt),
- sich auf ein mentales und auf der Vorstellung beruhendes Probehandeln einzulassen,
- durch Simulation, Rollenspiele und Übungen Ihre Handlungsfähigkeit auszuprobieren und gegebenenfalls Konsequenzen für Ihr weiteres Handeln zu ziehen,
- zu entscheiden, was Sie belassen und was Sie verändern wollen,

mit dem Ziel der **Zunahme an Professionalität.**

Ich biete Ihnen an:

I   Informationen, Impulse, Hinweise und Tipps zur Erweiterung Ihres Wissensbestandes;

R   Selbstreflexionen zur Vertiefung Ihrer Gedanken;

A   Aufgaben zum Ausprobieren, Trainieren und gegebenenfalls Weiterverarbeiten (zum Beispiel im Kollegium oder in der Fortbildung);

G   Gemischtes: Erlebnisse, Beispiele, Fälle, Geschichten, Anekdoten zur Grundaufhellung.

Meine Ausführungen basieren dabei auf

a) Ideen und Gedanken der Humanistischen Psychologie, des Konstruktivismus und der Systemtheorie;

b) der Ansicht, dass alles, was Menschen fühlen, denken und tun, Wurzeln in ihrer eigenen Lebensgeschichte hat und von der Umwelt beeinflusst ist;

c) der Überzeugung, dass zwischenmenschliche Beziehungen nur dann förderlich sind, wenn sie von gegenseitiger Wertschätzung getragen sind;

d) der Einstellung, dass ich Ihnen zwar vielfältige Empfehlungen und Angebote gebe, Sie aber selbst entscheiden, was Sie übernehmen und wie Sie handeln.
Was Sie zusätzlich noch zu diesem Buch brauchen, sind: realistische Selbsteinschätzung – Offenheit für Neues – Interesse und Motivation – Gesprächspersonen – Neugier beim »In-den-Spiegel-Schauen« – und: Papier und Schreibzeug.

Viel Erfolg!   *Reinhold Miller*

Einleitung: Anforderungen und Kompetenzen

I Damit Schulen sich günstig und erfolgreicher als bisher weiterentwickeln können, werden sie in Gegenwart und Zukunft größere Räume der Selbstgestaltung erhalten (müssen). Dabei kommt der Schulleitung – Einzelpersonen wie Teams – eine zentrale Rolle zu. Die Schule hat das Hauptziel, durch Bildung und Erziehung die ihr anbefohlenen Kinder und Jugendlichen im Rahmen von Unterricht (i.w.S.) zu befähigen, sich in der Gegenwart zurechtzufinden und sich auf die Zukunft angemessen vorzubereiten. Dabei sind Arbeits*zufriedenheit* (Klima/Wohlfühlen) und Arbeits*effektivität* (erfolgreiches Lernen) die beiden tragenden Säulen *guter* Schulen. Deren Merkmale sind unter anderem (vgl. auch Schratz 2002, S. 108):

- Gemeinsame Visionen und Zielvorstellungen,
- professionelle Schulleitung,
- Stabilität und Kontinuität eines Kollegiums,
- anregende Lernumgebung,
- Konzentration auf Lehren und Lernen: zielorientierter Unterricht,
- hohe Erwartungen und Herausforderungen an die Schüler,
- positive Verstärkung und kontinuierliches Feedback,
- laufende Überprüfung der Entwicklung der Schüler,
- Übertragung von Rechten und Verantwortlichkeiten auf die Schüler,
- Identifikation der Schüler mit ihrer Schule,
- förderliche Beziehungen zwischen Elternhaus und Schule,
- systematische Fortbildung der Lehrkräfte,
- Lebens, Lern- und Erfahrungsraum,
- insgesamt eine lernende Organisation.

R Meine eigenen Vorstellungen von guter Schule (Ergänzungen):

_____

_____

Gute Schulen sind Schulen, in denen man das Gefühl hat, etwas versäumt zu haben, wenn man nicht dort war (nach J. Baumert).

G Ich komme in eine Grundschule und sehe einige Kinder vor dem Schultor, das noch geschlossen ist. »Schon so früh da?«, frage ich. »Klar doch«, sagt ein Junge zu mir, »wir haben heute Projekttag. Da müssen wir dabei sein.«

I Die vielfältigen Aufgaben, die der *Schulleitung* zukommen, damit »gute Schule« verwirklicht wird, bündeln sich in die beiden großen Bereiche *Führung/Kommunikation* und *Organisation/Management*, zu denen Wissensbestände, genaue Sachkenntnisse und entsprechende Fähigkeiten und Fertigkeiten gehören. Diese umfassenden Aufgaben können nur dann professionell ausgeführt werden, wenn die Schulleitungspersonen eine angemessene Aus-/Fortbildung und eine *kontinuierliche* Unterstützung und Berufsbegleitung bekommen. Supervision und Coaching sind mit Einschränkung dabei die beiden wirksamsten Formen.

Anforderungsprofile zeigen, was Schulleitungen heutzutage zu leisten haben. Sie reichen von formalen Begriffen (Führung, Management …) bis hin zu konkreten Haltungen und Verhaltensweisen (Selbstbewusstsein, Offenheit, Empathie, Flexibilität, Konfliktfähigkeit …).

G Doch sehen Sie selbst:

Ein Tag aus dem Leben eines Schulleiters (GHS)	
7.05 Uhr	Eintreffen in der Schule, Lesen und Kurzbeantwortung von E-Mails, Entgegennahme von Telefonaten (Kolleg/innen, Eltern), Anruf an einen Kollegen (muss eine Stunde früher kommen wegen Vertretung), Stundenplanänderungen …
7.45 Uhr	Gespräche mit einigen Lehrer/innen, Gang durch das Schulhaus, Kontakte mit Schüler/innen, Besprechung mit Hausmeister, Sekretärin und Konrektor.
8.40 Uhr	Zwei Stunden Unterricht, Unterbrechung durch Stadtbaumeister wegen Toilettensanierung.
10.15 Uhr	Große Pause: Ansprechpartner im Lehrerzimmer, Verhandlung mit Lehrmittelvertreter.
10.40 Uhr	Telefonate, Gespräche mit einem Vater, einer Mutter, drei Schülern.
12.15 Uhr	Gespräche mit vier Kolleg/innen.
13.15 Uhr	Mittagspause im Rektorat (Schild: Bitte nicht stören!).
13.45 Uhr	Gespräche mit Vertretern der Gemeinde, Beratung eines Elternpaares.
16.10 Uhr	Heimfahrt (unterwegs defekten Videorekorder im Fachgeschäft zur Reparatur abgegeben).
17.45 Uhr	Unterrichtsvorbereitung.
18.30 Uhr	Fahrt zur Schule, Erledigungen am Schreibtisch.
19.30 Uhr	Elternbeiratssitzung (Einladung vom EBV in den »Ochsen« um 21.45 abgelehnt).
21.20 Uhr	Heimfahrt.
(Nachts von der Schule geträumt, um 4.50 Uhr bereits aufgewacht, gedankenschweres Wälzen, Aufstehen um 5.50 Uhr.)	

A a) Vergleichen Sie bitte die oben genannten Tätigkeiten beziehungsweise die Ihren in der Schule mit dem Inhaltsverzeichnis: Sie werden die meisten der 22 Bereiche an einem einzigen Schultag wiederfinden können.

b) Betrachten Sie alle diese Tätigkeiten und sehen sich Ihre bisherigen Erfahrungen näher an … und dann geben Sie sich selbst einen Namen, vielleicht: Tausendsassa – Hans Dampf in allen Gassen – Multitalent – Eier legende Wollmilchsau – (Fast-)Alleskönner – oder: _____

I Betrachtet man die Fülle und Vielfalt der Aufgaben, die Schulleiter/innen zu bewältigen haben, so sind es aus meiner Sicht fünf Grundkompetenzen, die für die Ausübung ihres Berufes von großer Bedeutung sind:

1. Selbstkompetenz

- Ichstärke,
- Stabilität,
- Realitätssinn,
- Belastbarkeit,
- Abgrenzungsfähigkeit,
- Entscheidungsfähigkeit,
- Belastbarkeit,
- Selbstwahrnehmung,
- Selbstbewusstsein,
- Selbsteinschätzung,
- Selbstakzeptanz,
- Selbstbehauptung,
- Selbstkritik,
- Zivilcourage.

Dazu: Ausstrahlung und selbstbewusstes Auftreten (inklusive des äußeren Erscheinungsbildes). Diese Fähigkeiten sind nicht geschlossen und »fertig«, sondern dynamisch und entwickeln sich weiter, eingebunden in einen lebenslangen Prozess innerhalb und außerhalb der Schule.

2. Beziehungskompetenz

Es hat sich inzwischen herumgesprochen, dass der Lehrberuf und speziell »Schule leiten« zu den Beziehungsberufen gehören.

- Wahrnehmungsfähigkeit,
- Einfühlungsvermögen (Empathie),
- Toleranz / Akzeptanz,
- Offenheit für Feedback,
- Echtheit,
- Aushalten von Widersprüchlichkeiten/Konfliktfähigkeit,
- Leiten, Führen,
- Teamfähigkeit,
- Verlässlichkeit,
- Verantwortungsbewusstsein,
- Prozessorientierung,
- Solidarität,
- Transparenz,
- Flexibilität,
- Kontaktfähigkeit,
- Vertrauensfähigkeit,
- Wertschätzung anderen gegenüber.

3. Gesprächskompetenz

Etwa 70% bis 80% der Tätigkeiten von Schulleiter/innen sind »Gespräche führen«. Deshalb brauchen sie besonders

- Kommunikationsfähigkeit,
- Klarheit, sprachliche Präsenz,
- Rhetorik,
- Deutungsvermögen,
- Konferenz- und Präsentationstechniken,
- Verhandlungsgeschick,
- Vermittlungsfähigkeit,
- Vereinbarungsfähigkeit,
- Strukturfähigkeit.
- Urteilsvermögen

4. Fach-/Sachkompetenz

Die Fachkompetenz ist, nicht nur bei Lehrer/innen, nach wie vor gefragt. Auch Schulleiter bleiben Lehrer und Experten für Unterricht, Lehren und Lernen.

- Grundlagenwissen,
- wissenschaftliche Denk- und Arbeitsweisen,
- Fach-, Gesetzeswissen,
- Reflexionsfähigkeit,
- Produktorientierung,
- systemisches Denken,
- fachübergreifendes Wissen,
- Bestreben nach Fort- und Weiterbildung,
- Lern und Lehrfähigkeit,
- Evaluationsfähigkeit,
- Abstraktionsfähigkeit,
- Problemlösefähigkeit.

Dazu die Anwendung vielfältiger Methoden:

- Verbale Methoden (Gesprächsformen wie Vortrag, Lehr- und Rundgespräch, Diskussion, Pro und Kontra).
- Visuelle Methoden (Tafelzeichnung, Bilder, Grafiken, Meta-Plan-Technik).
- Kinästhetische Methoden (Bewegungsformen und Bewegungsspiele, Simulations- und Rollenspiele, Psychodrama).
- Haptische Methoden (Zeichnen, Schreiben, Malen, Basteln, Handwerken).

5. Organisationskompetenz

Sie beinhaltet

- planen, koordinieren, kontrollieren,
- Strukturen aufbauen/entwickeln,
- Übersicht/Weitblick haben,
- lokale Gegebenheiten berücksichtigen,
- »Spielräume« ermöglichen,
- Prozesse initiieren,
- Grenzen setzen,
- Klarheit vermitteln,
- Entscheidungen umsetzen,
- Aufgaben sinnvoll verteilen.

A Als Einführungsrunde: Lassen Sie die »Kompetenzenliste« vor Ihrem geistigen Auge Revue passieren und »sortieren« Sie:

- Welche Kompetenzen ich bereits habe: _____
- Was für mich nicht zutrifft: _____
- Was ich erweitern möchte: _____
- Was ich für bedenkenswert halte: _____
- Was ich für überzogen erachte: _____
- Was ich ergänze: _____

Und so können Sie Ihren Bedarf an Selbstcoaching feststellen:

1. Sie notieren Ihre Aufgaben als Schulleiterin/Schulleiter.
2. Sie schätzen Ihre eigenen Kompetenzen (auch durch Außenstehende) ein.
3. Sie vergleichen »Soll« mit »Ist«.
4. Sie ziehen entsprechende Schlussfolgerungen und ermitteln den Bedarf.
5. Lesen Sie die zutreffenden Kapitel in diesem Buch – und erweitern Sie Ihre Kompetenzen durch zusätzliche Seminare, Kurse.

G Nach längerer, schwerer Krankheit hatte ich mich wieder gut erholt und sagte eines Tages zu meiner Frau: »Du, ich glaub, ich hab's geschafft. Ich bin wieder dort angekommen, wo ich schon einmal war.« In ihrer klaren Art antwortete meine Frau: »Ich freu mich mit dir. – Und was machst du jetzt?«

Wir sind immer auf dem Weg – kommen an – und gehen wieder weiter …

Und ich, liebe Schulleiter/innen, begleite Sie nun auf Ihrem Weg durch die 22 Coachingbereiche – Mögen Sie jeweils gut ankommen – und nach eigenem Tempo wieder weitergehen …

Literaturempfehlungen

Philipp, E.: Gute Schulen verwirklichen. Weinheim ^{4}1996.
Winkel, R.: Theorie und Praxis der Schule. Oder: Schulreform konkret im Haus des Lebens und Lernens. Hohengehren 1997.

1. Selbst-Betrachtung

Menschen in Lehr- und Sozialberufen sind es gewohnt, fast ausschließlich auf ihr »Publikum« beziehungsweise auf ihre Anbefohlenen zu sehen. Der Blick auf das eigene Selbst wird meist sträflich vernachlässigt. Jedoch: Die Beziehung zum DU beginnt beim ICH (das wiederum ein DU braucht …).

Facetten der Persönlichkeit

Amerikanische Wissenschaftler haben bei Menschen, die in Beziehungsberufen arbeiten, fünf bedeutsame Persönlichkeitseigenschaften festgestellt.

A Bitte schätzen Sie sich selbst ein:

Stärken der Persönlichkeit	Eigene Einschätzung (Ausprägung)
	trifft sehr zu bis trifft nicht zu
	5 4 3 2 1 0

Emotionale Stabilität
- zufrieden, selbstsicher |————|————|————|————|————|
- ruhig, entspannt |————|————|————|————|————|
- gelassen, kaum aufgeregt |————|————|————|————|————|
- gefühlsstark, ausgeglichen |————|————|————|————|————|
- _____ |————|————|————|————|————|

Extraversion
- entgegenkommend, kontaktfreudig |————|————|————|————|————|
- risikobereit, wagemutig |————|————|————|————|————|
- führungsfähig, entscheidungsfreudig |————|————|————|————|————|
- direkt, klar |————|————|————|————|————|
- _____ |————|————|————|————|————|

Verträglichkeit
- angenehm, warmherzig |————|————|————|————|————|
- mitfühlend, hilfsbereit |————|————|————|————|————|
- offen, vermittelnd |————|————|————|————|————|
- vertrauensvoll, kooperativ |————|————|————|————|————|
- _____ |————|————|————|————|————|

Gewissenhaftigkeit
- verlässlich, ausdauernd |————|————|————|————|————|
- diszipliniert, wohlorganisiert |————|————|————|————|————|
- exakt, sorgfältig |————|————|————|————|————|
- ordnungsliebend |————|————|————|————|————|
- _____ |————|————|————|————|————|

Offenheit für Erfahrungen
- neugierig, wissbegierig |————|————|————|————|————|
- originell, ideenreich |————|————|————|————|————|
- flexibel, vielfältig |————|————|————|————|————|
- tolerant, großzügig |————|————|————|————|————|
- _____ |————|————|————|————|————|

Mein Kommentar, meine Konsequenzen:

_____

_____

Stärken und Schwächen

Es ist persönlichkeitsfördernd, die eigenen Stärken zu entdecken und die Schwächen zu akzeptieren, weil wir dadurch mögliche Widersprüche in uns auflösen und zu beiden Seiten unserer Persönlichkeitsentwicklung stehen.

G

> In einem Gespräch mit zwei Schulleitern erfahre ich Folgendes: Schulleiter A bedauert, dass er einen Kollegen in die Schule von Schulleiter B abgeben musste, denn »Lehrer K. war ein äußerst engagierter Kollege«. – »Wie bitte?«, reagiert darauf B, »ich höre wohl nicht recht. Bei mir mischt er sich in alles drein. Den hättest du ruhig behalten können.«

Der eine beurteilt das Verhalten eines Menschen als Stärke, der andere das gleiche Verhalten als Schwäche.

> Vielleicht sind Sie groß geworden mit bestimmten »Schwäche-Austreiber-Sätzen« wie: »Komm ja immer pünktlich nach Hause!« – »Räum dein Zimmer auf!« – »Was auf den Teller kommt, wird gegessen!« – »Ich treib dir deine Flausen schon noch aus!« – Hoffentlich haben Sie aber auch Lob (bei »Stärkenachweis«) bekommen: »Mama freut sich, weil du deinen Teller leer gegessen hast.« – »Auf dich ist halt Verlass.« – »Ich bin stolz auf dich, weil …« – »Deine Leistungen sind einwandfrei. Weiter so!« …

Eingeprägt hat sich möglicherweise: Schwächen sind schlecht und Stärken sind gut (statt: Wir Menschen haben Stärken und Schwächen).

> In einem Seminar zum Thema »Gewalt« ging es unter anderem auch um eigene Ängste als Lehrer/in. Ein Teilnehmer äußerte sich sinngemäß: Ich habe ziemlich Angst vor Gewalttätigkeiten, bin häufig hilflos und weiß nicht, wie ich mich verhalten soll. Es fällt mir schwer, dies überhaupt hier zu sagen und es mir und euch einzugestehen.

Verfestigt hat sich bei ihm: Man muss allen Anforderungen gerecht werden. Gelingt das nicht, ist »man« ein Schwächling oder Versager.

I

Von Kindheit an wird uns gesagt, wie wichtig es ist, erwachsen zu werden vor allem mit dem Ziel, möglichst perfekt zu sein; auf diesem Erziehungsweg hören wir dann häufig: Stärken sind gut, Schwächen sind schlecht und müssen ausgemerzt werden – und wenn sie sich auch im Erwachsenenalter noch zeigen, so sollen sie möglichst versteckt, verdeckt oder übertüncht werden. Als Schwächling wird dann beispielsweise jemand bezeichnet, der/die

- Irrtümer zugibt (denn: das Gesicht muss gewahrt werden),
- Gefühle zeigt (denn: »cool und beherrscht bleiben« ist die Maxime),
- etwas nicht kann (denn: »man« darf doch nicht als Versager dastehen),
- nicht kontert (denn: Schlagfertigkeit ist gefragt).

Wer jedoch die eigenen Stärken kennen lernt und die Schwächen akzeptieren kann, ist in der Lage, sein Tun realistisch einzuschätzen (»So ist es richtig für mich«), angemessen zu handeln (»Das traue ich mir zu; das kann ich«), sich weniger oder nicht zu überschätzen (»Davon lasse ich die Finger«) und Verantwortung für sich zu übernehmen.

Die Einteilung in *Stärken* und *Schwächen* ist Bewertung, die auf Grund von Erfahrungen entsteht:

Was für die einen Stärken sind …,   *sind für die anderen Schwächen …*

- Vielseitigkeit,	- Verzettelung,
- Gelassenheit,	- Trägheit,
- Impulsivität,	- Übertriebenheit,
- Aktivität,	- Dominanz,
- Selbstbewusstsein,	- Egoismus,
- Kompromissfähigkeit,	- Nachgiebigkeit,
- Vertrauen,	- Leutseligkeit/Naivität,

… und umgekehrt!

Bei diesen Bewertungen von Verhaltensweisen und Tätigkeiten sagt allerdings der Bewertende auch immer etwas *über sich selbst* aus; zum Beispiel, wenn er/sie das Verhalten eines Menschen als ruhig, hektisch, souverän … beurteilt, im Gegensatz zu anderen, die dasselbe Verhalten entgegengesetzt, also zum Beispiel langweilig, aktiv, dominant … beurteilen. Für jemanden, der Durchsetzungsvermögen als seine Maxime ansieht, sind Verhaltensweisen wie Ellenbogenmentalität, Verschleierungstaktik, Überredungskunst und Eloquenz »Stärken«, während er Einfühlungsvermögen, Geduld, Kompromissfähigkeit und Rücksichtnahme als »Schwächen« ansieht. Für jemanden, der Dialogfähigkeit als seine Maxime betrachtet, mag es genau umgekehrt sein.

Stärken und Schwächen können sehr schnell »kippen«:

Aus »Stärken« …   *werden »Schwächen«*

Aktivität wird zur	Überaktivität.
Dynamik wird zur	Hektik.
Gelassenheit wird zur	Gleichgültigkeit.
Genauigkeit wird zum	Kontrollzwang.
Zielstrebigkeit wird zur	Sturheit.

Und umgekehrt:

Aus »Schwächen« …	*werden »Stärken«*
Unruhe	bringt etwas in Gang.
Gleichgültigkeit	löst Erleichterung aus.
Neugierde	verrät Interesse.
Bequemlichkeit	vermindert Hektik.

Stärken und Schwächen bei sich selbst und bei anderen zu akzeptieren bedeutet

mehr Gelassenheit: Realistisch betrachtet heißt das für mich loszulassen …
mehr Entspannung: Ich darf auch Fehler machen.
weniger Druck: Ich muss nicht perfekt sein.
weniger Enttäuschungen: Ich bin auf dem Weg und lerne dazu.
mehr Zufriedenheit: Ich kann dies und das, muss aber nicht alles können.
mehr Ausgewogenheit: Ich bin ein Mensch mit Stärken *und* Schwächen.
mehr Qualität: Ich konzentriere mich auf das Wesentliche.

Gehen wir auf die Suche nach unseren Stärken und Schwächen:

G   Ein Mensch, der mit seinen »Stärken« und »Schwächen«, mit seinen angenehmen und unangenehmen Seiten nicht zurechtkam, klagte einem Freund sein Leid und bekam zur Antwort: »Da musst du halt in dich gehen.« Daraufhin sagte dieser: »Das ist mir zu weit.«

Auch wenn es manchmal »sehr weit« ist: Die Entdeckungsfahrten lohnen sich, in jeder Hinsicht!

A   Machen Sie für sich eine »Stärken-Schwächen-Bilanz« (im Hinblick auf Ihre gesamte Persönlichkeit, in Ergänzung zu S. 19):

Meine Stärken: **Meine Schwächen:**

_____   _____
_____   _____
_____   _____
_____   _____

Zeigen Sie anderen (Partner/in, Freunden, Kolleg/innen …) Ihre Bilanz und bitten Sie sie um Rückmeldung und »Außensicht-Einschätzung«.

Übereinstimmungen: _____

Unterschiede: _____

Erklärungen: _____

Ihre Kolleg/innen, Bekannten, Freunde … haben Stärken und Schwächen. Finden Sie heraus, wen von ihnen Sie »suchen« und wem Sie »aus dem Weg gehen«:

a) **Personen, die ich suche,**   weil

_____   _____

_____   _____

_____   _____

b) **Personen, denen ich aus dem Weg gehe,**   weil

_____   _____

_____   _____

_____   _____

c) **Bilanz/Ergebnis**
Suchen Sie/vermeiden Sie mehr »Stärke-Menschen« oder mehr »Schwäche-Menschen«?

d) **Schlussfolgerungen**

_____

_____

G Ein Firmeninhaber: »Ich suche mir die besten Leute für meinen Betrieb; das kann uns allen nur gut tun; Konkurrenz belebt das Geschäft.«

Die Angst vor Überlegenheit: In manchen Institutionen sind die Vorgesetzten froh, dass ihre Untergebenen schwächer sind als sie selbst. Das beruhigt sie … (Unter Blinden ist der Einäugige König!)

R   Blick in die Vergangenheit: Eruierung von »Stärke- und Schwäche-Sätzen«:

a) Mich haben folgende »Stärke-Sätze« – aus meiner Kindheit – geprägt (zum Beispiel: »Das schaffst du schon.« – »Fein, wie du das gemacht hast.« – »Du musst nicht alles können.«):

Oder: _____

Oder: _____

b) Mich haben folgende »Schwäche-Sätze« – aus meiner Kindheit – geprägt (zum Beispiel: »Dauernd diese Fehler …« – »Das gehört sich nicht …« – »Was, das kannst du nicht?«):

Oder: _____

Oder: _____

G   Vor 25 Jahren: Als meine Tochter ihr erstes Halbjahreszeugnis (5. Klasse Gymnasium) nach Hause brachte und es mir zeigte, sagte ich als *ersten* Satz zu ihr: »Der Vierer in Mathe hätte nicht sein müssen.« … und erst dann ging ich auf die besseren Noten ein. Sandra war – zu Recht – sauer auf mich.

Reflexion: Ohne zu überlegen wiederholte ich genau die Sätze, die mein Vater mir (25 Jahre zuvor!) sagte, als ich ihm meine Zeugnisse daheim zeigte.

R   Reflektieren Sie bitte Ihre Schwächen in Ihrem beruflichen Alltag und entscheiden Sie, welche davon nicht akzeptabel, unprofessionell und schädigend für Sie selbst und andere sind (= Was ich unbedingt abstellen, ändern muss … – zum Beispiel: »Immer wenn ich unter Druck stehe, schreie ich meine Untergebenen an.«).

Was ich abstellen werde:	Wie ich es bewerkstellige:
Ich komme »auf den letzten Drücker« in die Schule …	Ich mache mir einen Zeitplan.
Unter Stress werde ich ziemlich schnell »laut«.	Ich kümmere mich um das Thema »Stressabbau«.
Oder: _____ _____	Oder: _____ _____
Oder: _____ _____	Oder: _____ _____

Folgende Stärken von mir sind »ausbaufähig«:

»ausbaufähig«	indem ich ...
Zum Beispiel meine Wahrnehmungs-fähigkeit.	an einer Gruppensupervision teilnehme.
Zum Beispiel meine organisatorischen Fähigkeiten.	mich mit Zeitmanagement beschäftige.
Oder: _____ _____	Oder: _____ _____
Oder: _____ _____	Oder: _____ _____

A   Bilanz: Zeichen Sie ein Quadrat und füllen Sie es mit zwei Farben aus, und zwar unter dem Aspekt Ihrer beruflichen Kompetenzen: Stärkeanteile = rot, Schwächeanteile = blau.

a) Sind Sie zufrieden mit Ihrem »Rot-Blau-Verhältnis«?
b) Sind es die anderen auch (Vorgesetzte, Kolleg/innen, Schüler/innen ...)?
c) Haben Sie Änderungen vor?

Auf dem Weg zur Schulleitung

Wenn Sie Ihr berufliches Handeln in der Gegenwart (besser) verstehen wollen, ist es sinnvoll, den eigenen Werdegang zu verfolgen, um eventuell Spuren für den späteren Beruf zu entdecken (»Schon damals zeichnete sich ab ...«).

A   Tragen Sie in die vier Spalten (siehe nächste Seite) der Hauptkriterien Merkmale/Verhaltensweisen (in den entsprechenden Lebensphasen) ein, die bereits auf Ihren späteren Beruf hinweisen; zum Beispiel

- Führung/Leitung: Pfadfinderführer, Klassensprecher, Mitglied im AStA,
- menschliche Beziehungen: viele Freundschaften; häufig auf Partys ...,
- Sachen/Inhalte: gerne gebastelt; Interesse an ...,
- Veranstaltungen organisiert, Feste gestaltet ...

Aus der Tabelle ersehen Sie, welche Eigenschaften Sie schon immer hatten und welche sich erst im Laufe der Zeit entwickelt haben:

Hauptkriterien	Führung/ Leitung	menschliche Beziehungen	Sachen/ Inhalte	Organisation/ Management
Herkunftsfamilie				
Schule				
Studium				
als Lehrer				
außerschulische Tätigkeiten				
eigene Familie				
Freizeit				
Öffentlichkeit				
Politik				

Meine Erkenntnis/mein Kommentar:

G Zum 75. Geburtstag schrieb ich meinem Lateinlehrer einen Glückwunschbrief und unter anderem darin die Frage, ob er sich noch an »den Miller« erinnern könne. »O ja«, antwortete er mir, »Sie waren ein quirliger, hellwacher Schüler ...« – Auch heute noch schätze ich mich als (manchmal) quirligen und hellwachen Menschen ein ...

R Reflektieren Sie bitte Ihre Berufsentscheidung zur Schulleiterin/zum Schulleiter: Was trifft auf Sie zu – und ist die Entscheidung von »damals« auch für Sie heute noch gültig?

Entscheidung

☐ hat sich einfach so ergeben,

☐ bewusste, überlegte Wahl,

☐ beabsichtigte, gezielte Karriere,

☐ Überredung/Fremdeinfluss,

☐ Entsprechende Umstände,

☐ Oder: _____

_____

Konsequenzen: _____

_____

_____

Mein Resümee, meine Selbsteinschätzung: Ich bin mit mir selbst als Schulleiter/in

☐ sehr zufrieden, weil _____

☐ zufrieden, weil _____

☐ nicht ganz zufrieden, weil _____

☐ unzufrieden, weil _____

☐ Mich beschäftigt häufig der Gedanke, ob ich aufhören soll. (Ich werde Klärungsgespräche führen mit ...)

☐ Ich bin froh, wenn ich in Pension gehe.

R   In einem Interview (fürs Gemeindeblatt oder für das ZDF) werden Ihnen fünf Fragen gestellt:

1. Was sind Ihre drei wichtigsten Grundsätze als Schulleiter/in?

   a) _____

   b) _____

   c) _____

2. Was sind Ihre drei wichtigsten Motive, warum Sie Schulleiter/in sind?

   a) _____

   b) _____

   c) _____

3. Was sind derzeit Ihre drei größten Herausforderungen?

   a) _____

   b) _____

   c) _____

4. Was sind Ihre größten Belastungen?

   _____

   _____

   _____

5. Was war bisher Ihr schönstes Erlebnis, Ihr größter Erfolg?

   _____

   _____

   _____

Literaturempfehlungen

Kehr, H.: Souveränes Selbstmanagement. Weinheim und Basel 2002.
Rogers, C.: Entwicklung der Persönlichkeit. Stuttgart [13]2000.

2. Führung

Man spricht von Schulleitung, aber nicht von Schulführung; man spricht von Führungs-, aber nicht von Leitungsverhalten. Es scheint, als gäbe es sehr unterschiedliche begriffliche Vorstellungen dieses Berufes.

Klärungen

Es gleicht fast einer babylonischen Sprachverwirrung, wenn man sich vergegenwärtigt, was mit den Begriffen Leiten und Führen alles gemeint ist:

- eine Schule, eine Bank, einen Betrieb, einen Verein, eine Gruppe leiten; dazu: Leithammel, Leitwolf, Leitfigur;
- ein Geschäft, eine Mannschaft, eine Wandergruppe, eine Klasse führen; dazu: Lokomotivführer, Museumsführer, Führungskräfte;
- aber auch: etwas im Schilde führen, Buch führen;
- beides: eine Gruppe leiten und führen. (Gruppenleiter wird akzeptiert, Gruppenführer jedoch nicht; Assoziationen aus der Nazizeit sind unausweichlich.)

In der angelsächsischen Sprache beispielsweise ist dies einfacher. *Leadership* meint beides: Leiten und Führen; oder auch: leading role = Hauptrolle, tragende Rolle.

Auch im Duden (Herkunftsworterbuch) ist eine starke Verbindung von Fuhren und Leiten zu finden: führen steht für »in Bewegung setzen«, »fahren machen«; ferner (jemanden zu etwas) »bringen« und (jemanden) »leiten«, wobei leiten dann als »die Richtung bestimmen« definiert wird.

A   Mein Verständnis von

a) Leiten: _____

_____

_____

b) Führen: _____

_____

_____

Kreuzen Sie an, mit welchen Begriffen Sie sich – real und im übertragenen Sinne – anfreunden/identifizieren können, mit welchen weniger oder gar nicht.

	sehr	mittel	wenig	nicht	Kommentar
Wegweiser	☐	☐	☐	☐	_____
Chef	☐	☐	☐	☐	_____
Belehrer	☐	☐	☐	☐	_____
Initiator	☐	☐	☐	☐	_____
Manager	☐	☐	☐	☐	_____
Informator	☐	☐	☐	☐	_____
Dirigent	☐	☐	☐	☐	_____
Berater	☐	☐	☐	☐	_____
Moderator	☐	☐	☐	☐	_____
Lotse	☐	☐	☐	☐	_____
Aufsicht	☐	☐	☐	☐	_____
Verwalter	☐	☐	☐	☐	_____
»Vater«/»Mutter«	☐	☐	☐	☐	_____
Partner	☐	☐	☐	☐	_____
Beschützer	☐	☐	☐	☐	_____
Polizist	☐	☐	☐	☐	_____
Coach	☐	☐	☐	☐	_____
Mentor	☐	☐	☐	☐	_____
Oder: _____	☐	☐	☐	☐	_____

Geben Sie diesen Selbstreflexionsbogen anderen, Ihnen vertrauten Personen mit der Bitte um Einschätzung. Vergleich: (Selbstwahrnehmung – Fremdwahrnehmung)

R Überdenken, klären Sie für sich – im Gespräch mit anderen:

a) Mein Verständnis von Macht und Einfluss.
b) Meine Zielvorstellungen, meine Visionen.
c) Meine Einstellung zu Delegation und Controlling.
d) Meine Art und Weise, zu Entscheidungen zu kommen.
e) Meine Nähe und Distanz zu meinen Kolleg/innen.

I Inzwischen hat sich, vor allem in Berufsbereichen außerhalb der Schule, folgendes Verständnis durchgesetzt, dem ich mich hier anschließe und das ich für die Schule übernehme:

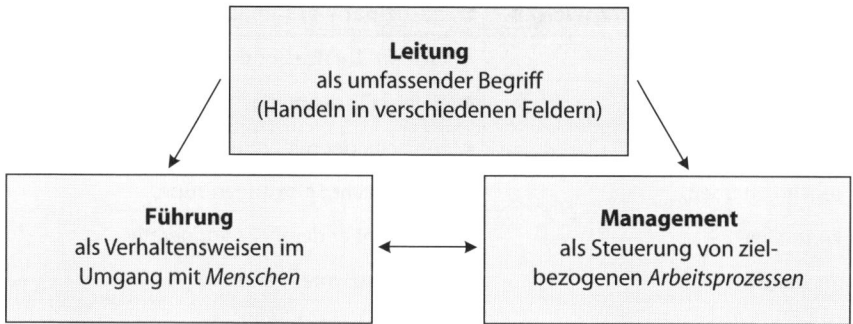

R Als Führungsperson bin ich eher

a) fordernd, herausfordernd, fördernd,
b) überfordernd, befehlend, dirigistisch,
c) sowohl – als auch (situationsbedingt),
d) »Führer« oder »Manager«.

Auf der einen Seite ein direktorales Verständnis – auf der anderen Seite ein kooperativer Führungsstil. Beides kann verbunden werden durch eine »dynamische Balance« zwischen Notwendigkeit und berechtigten Anforderungen von außen und angemessenen Verpflichtungen von innen: Schulleitung und Kollegium als Herr ihrer eigenen Lerngeschichte im Kontext ihrer Gesellschaft.

A Entscheiden Sie, welche der nachfolgenden Verben für Sie eher zu *führen (f)*, welche eher zu *leiten (l)* passen:

überzeugen,	fördern,	durchsetzen,	mitfühlen,
motivieren,	verstehen,	auffordern,	einwirken,
begleiten,	bestimmen,	ermöglichen,	vorangehen,
aufzeigen,	herausfordern,	zulassen,	umsetzen,
entscheiden,	bewirken,	fordern,	betreuen.

Welche Adjektive sagen Ihnen in Ihrer Rolle als Schulleiter/in zu:

klar,	einfühlsam,	pflichtbewusst,	streng,
offen,	autoritär,	gerecht,	großzügig,
visionär,	formalistisch,	ausgleichend,	anteilnehmend,
abgrenzend,	verständnisvoll,	dirigistisch,	kompromissbereit,
charismatisch,	teambildend,	duldsam,	abwartend.

I Nach A. Lohmann (1999, S. 181) ist ein Wandel im Selbstverständnis der Schulleitung festzustellen, und zwar

von direktorialen Verhaltensweisen	zu partizipativ-systemischen Verhaltensweisen
• bestimmt,	• schafft Anreize, motiviert,
• ordnet an, weist an,	• initiiert, bezieht ein,
• entscheidet alleine,	• entscheidet mit anderen,
• regelt von oben,	• ermöglicht Selbstorganistion,
• kontrolliert,	• lernt mit anderen, ist kooperativ,
• verwaltet,	• ist Primus inter Pares,
• steht im Mittelpunkt,	• beteiligt sich, hilft, berät,
• sucht nach Vereinbarungen.	• vermittelt, moderiert, gestaltet.
• Oder: _____	• Oder: _____

R Überlegen und begründen Sie:

Ich handle dann direktorial, wenn ...   **Ich handle dann partizipativ, wenn ...**

_____   _____

_____   _____

G
- Ein Schulleiter sagte zu mir: »Was soll ich tun, wenn mein Kollegium nicht das macht, was ich haben will? Ich habe doch die Führungsverantwortung.«
- Während eines Pädagogischen Tages fragte mich eine Schulleiterin, ob sie sich während der Gruppenarbeit einer Gruppe anschließen soll. »Ich bin mir nicht sicher, ob das für die Gruppe günstig ist.«
- Ein Schulleiter: Ich habe nie gedacht, dass ich eines Tages als Direktor dieser Schule allein dastehen werde, obwohl ich doch viele Jahre selbst Kollege war.

Führung: die vorhandenen Potenziale der Mitarbeiter nutzen, herausholen helfen, was in ihnen steckt – aufhören, fremde Verhaltensmuster überzustülpen.

Führungsstärken – Führungsschwächen

I Bestimmte Haltungen/Verhaltensweisen von Führungspersonen wirken sich sehr förderlich beziehungsweise blockierend auf die Mitarbeiterinnen und Mitarbeiter aus:

Führungsstärken	Führungsschwächen
• Delegieren,	• Beharren,
• Transparenz,	• Geheimniskrämerei, Verschleierung,
• Zielklarheit,	• Zielunklarheit,
• Entscheidungsfähigkeit,	• Entscheidungsunsicherheit,
• Gerechtigkeitssinn,	• Beschuldigungsmentalität,
• Berechenbarkeit/Einschätzbarkeit,	• Unberechenbarkeit,
• Konstanz,	• Sprunghaftigkeit,
• Offenheit,	• Verschlossenheit,
• Vertrauen,	• Misstrauen,
• Sicherheit.	• Skepsis.
• Und: _____	• Und: _____
• Und: _____	• Und: _____

R Überlegen Sie:

Meine Führungsstärken sind

_____

_____

_____

Meine Führungsschwächen sind

_____

_____

_____

Falls Schwächen:

☐ Kann ich leider nicht ändern. Damit muss ich, müssen andere leben.
☐ Ich werde ändern:

_____

_____

_____

Bei Delegationen unterscheidet R. Dubs (1994, S. 100):

Führungsverantwortung	**Handlungsverantwortung**
Sie bleibt beim Delegierenden.	Sie kann delegiert werden.

Pflichten des Delegierenden:	*Pflichten des Delegationsempfängers*:
• ausbilden, auswählen, einsetzen,	• Aufgaben erfüllen,
• Arbeiten koordinieren,	• den Delegierenden informieren,
• informieren,	• Außergewöhnliches darlegen,
• Angemessenheit kontrollieren (um zum Beispiel Überforderungen zu vermeiden).	• Überforderungen mitteilen.

Delegation fördert die Selbstständigkeit, Aktivität und Motivation der Kolleg/innen, entlastet die Schulleitung und gibt ihr Gestaltungsräume für andere Aufgaben.

G Ein Kollege schrieb mir, er hätte nun in X die Stelle als Leiter eines Gymnasiums bekommen: »Nun habe ich die Verantwortung für 60 Kolleginnen und Kollegen und für über 700 Schüler übernommen.« (Ich selbst würde mich wehren, wenn jemand Verantwortung für mich übernehmen würde.)

I Jede Person hat nur Verantwortung für das, was *sie tut,* nicht aber dafür, was *andere* tun. Schulleiter/innen sind beispielsweise nicht verantwortlich für die Pünktlichkeit, die Unterrichtsvorbereitung, die Notengebung der Lehrer/innen – oder das Verhalten und den Lernerfolg der Schüler/innen. Für das *eigene* Tun verantwortlich sein, kann zum Beispiel heißen:

- verlässlich, transparent, sozialverträglich handeln,
- mit anderen in Kontakt treten und offen sein,
- andere auf ihre Rechte und Pflichten aufmerksam machen,
- wahrnehmungsfähig sein, in Konflikten vermitteln,
- Sachverhalte verdeutlichen und Stellung beziehen,
- Handeln ermöglichen, auf Grenzen hinweisen oder sie gegebenenfalls setzen,
- Prozesse beobachten und begleiten, Rückmeldungen geben, Konsequenzen aufzeigen oder Alternativen anbieten,
- delegieren (= für die *Delegation* verantwortlich sein, nicht aber für das *Handeln und die Verantwortung* des Delegierten).

Was es Schulleiter/innen bisweilen erschwert, autonom zu handeln und nicht in das Handeln der anderen einzugreifen (außer bei Zuwiderhandlungen!), ist die Tatsache, dass sie nicht als *Leiter* gewählt, sondern als *Vorgesetzte* bestimmt worden sind. R.K. Sprenger ([10]2000, S. 158) meint dazu: »Führungskompetenz haben Sie nicht, die wird Ihnen gegeben. Die einzige Führungsautorität, die wirklich zählt, ist jene, die freiwillig und bewusst von den Geführten eingeräumt wird.«

Deshalb gibt es unter dem Aspekt der Verantwortung so viele Irritationen und Belastungen, weil der Schul*leiter* als Vorgesetzter von der Schulverwaltung bestimmt und nicht als »Führer« vom Kollegium gewählt wird. Das heißt, die Akzeptanz für die Führung kommt nicht von unten und gilt der *Person*, sondern sie gilt der *Position*, dem *Amt.*

R Mein Bild von Führung:

vorausgehen   *Impulse geben*   *begleiten*

A Konkretion:

vorausgehen, wenn _____

_____

_____

Impulse geben, wenn _____

_____

_____

begleiten, wenn _____

_____

_____

A Meine Meinung:

- Führungshandeln bedeutet für mich: _____
  _____

- Verantwortung bedeutet für mich: _____
  _____

- Unter Delegation verstehe ich: _____
  _____

- Wenn ich delegiere, habe ich folgende

  Gedanken   *Gefühle*

  ☐ Hab ich's richtig gemacht?   ☐ Erleichterung   ☐ Misstrauen

  ☐ Was könnte alles passieren?   ☐ Unbehagen   ☐ Vertrauen

  ☐ Ich bin die Verantwortung los.   ☐ Unruhe   ☐ Zweifel

  ☐ Es wird schon alles gut gehen.   ☐ Unzufriedenheit   ☐ Entspannung

R H. Heitmann u.a (2000, S. 18) verweisen auf sieben wichtige direkte Führungsaufgaben (die häufig vernachlässigt werden):

Aufgaben	setze ich um	vernachlässige ich
1. Diskurs über die Aufgabenverteilung in der Schule.	☐	☐
2. Erarbeitung gemeinsamer Ziele.	☐	☐
3. Umfassende (und nicht nur notwendige) Organisation.	☐	☐
4. Geplante und vorbereitete Sitzungen.	☐	☐
5. Treffen von Entscheidungen.	☐	☐
6. Arbeitskontrolle und Feedback.	☐	☐
7. Mitarbeiterförderung und -entwicklung.	☐	☐

A Meine wichtigsten Führungsaufgaben sind derzeit:

_____

_____

_____

_____

Führungsvariablen

I/A H. Heitmann u.a. nennen acht Vorgehensweisen der Entscheidung von Führungspersonen (ebd., S. 17):

Vorgehensweisen		Das tue ich, wenn
»autoritär«:	Sie entscheiden ohne Konsultation der Mitarbeiter.	_____
»patriarchalisch«:	Sie entscheiden und versuchen zu überzeugen.	_____
»informierend«:	Sie entscheiden nach Anhörung von Fragen.	_____
»beratend«:	Sie informieren und entscheiden nach Anhörung.	_____
»kooperativ«:	Sie achten auf Vorschläge der Mitarbeiter und entscheiden auf Grund Ihrer favorisierten Alternative.	_____
»delegativ«:	Sie setzen Grenzen, innerhalb derer die Mitarbeiter entscheiden.	_____
»demokratisch«:	Sie fungieren als Koordinator; Mitarbeiter entscheiden.	_____
»Laissez-faire«:	Mitarbeiter entscheiden selbstständig und allein.	_____

R Meine Meinung zu den Vorgehensweisen: _____

_____

A Fragen Sie Kolleg/innen, wie sie Sie als Führungsperson erleben, einschätzen …

Sichtwechsel: Sie sind Lehrer/in. Überprüfen Sie Ihre Befindlichkeit und Ihre Reaktion, wenn Ihre Schulleitung sich Ihnen gegenüber folgendermaßen verhält:

Verhalten	Meine Befindlichkeit/meine Reaktion
»autoritär«	_____
»patriarchalisch«	_____
»informierend«	_____
»beratend«	_____
»kooperativ«	_____
»delegativ«	_____
»demokratisch«	_____
»Laissez-faire«	_____

R Wie passt das für Sie zusammen:

1. Auf der einen Seite: leiten, führen – auf der anderen Seite: die Betroffenen zu Beteiligten machen.
2. Auf der einen Seite: Führung – auf der anderen Seite: Vernetzung.

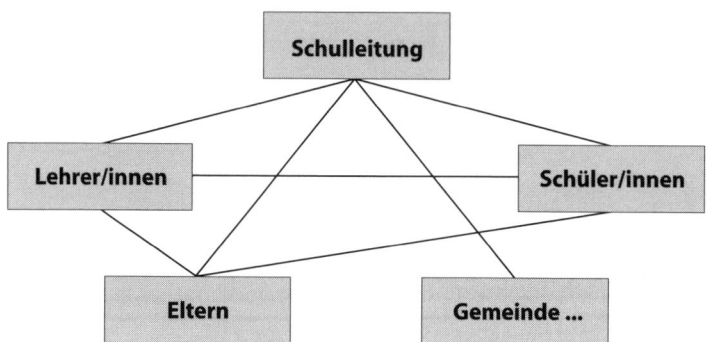

(Welchen Stellenwert hat unter dem Gesichtspunkt der Vernetzung *Führung*?)

3. Auf der einen Seite: Kooperation – auf der anderen Seite: Grenzen des Dialogs (= Engführung).

I So wichtig der Dialog unter den Beteiligten ist, so hat er doch auch seine (zweiseitigen) Grenzen:

- Durch institutionelle Vorgaben, die transparent gemacht werden.
- Durch persönlichen »Ausstieg«, der Konsequenzen hat:

Institutionelle Grenzen	**Dialog**	*Persönliche Grenzen*
Anweisungen	Mitteilungen	Persönliches
Gebote	Erfahrungsaustausch	Tabuisierung
Gesetze	Aussprache	Schutz
Verbote	Klärung	Privatsphäre
	Meinungsbildung	
	Grundhaltungen:	
	Offenheit	
	Wertschätzung	
	Echtheit	
	Einfühlung	
	Transparenz	

R Überprüfen Sie Ihre Mitteilungen dahin gehend, ob sie als *Anweisungen* oder als *Wünsche/Erwartungen* gemeint sind. Sie vermeiden dadurch unnötige Irritationen.

G
- Eine Lehrerin entrüstet sich, weil sie auf die Frage an einen Schüler »Möchtest du bitte die Cola-Dose aufheben?« zur Antwort bekam: »Nein, das möchte ich nicht!«
  Gesagt wurde Wunsch, gemeint war Befehl: »Bitte heb sofort die Cola-Dose auf!«

- Ein Schulleiter fragte mich: »Was mache ich, wenn sich ein Teil meines Kollegiums nicht führen lässt?«

- Ein Schulleiter: »Wenn ich meine Sekretärin auf Fehler hinweise, ist sie eingeschnappt und meldet sich in manchen Fällen anderentags krank.«

Führung bedarf der Einwilligung der Geführten.
Leitung wird durch Bestimmung (von oben, außen) geregelt.

Meine Sicht: _____

_____

_____

_____

A Ziehen Sie Bilanz:

Die angenehmen Seiten, wenn ich führe: **Meine Belastungen:**

_____   _____

_____   _____

_____   _____

_____   _____

Literaturempfehlungen

Dubs, R.: Die Führung einer Schule. Stuttgart 1994.
Lohmann, A.: Führungsverantwortung der Schulleitung. Neuwied 1999.

3. Motivation

Im Zusammenhang mit Führung taucht häufig der Begriff Motivation auf und Schulleiter stellen sich die Frage: Wie kann ich so führen, dass ich meine Kolleg/innen möglichst optimal motivieren kann.

Begrifflichkeit

I   Das Thema Motivation (lat.: movere = bewegen) hat über Generationen hinweg die Lehrerschaft beschäftigt: »Wie kann ich meine Schüler motivieren?« lautete die Hauptfrage – und sie unternahmen alles Mögliche und Unmögliche, dies zu erreichen – bis in die heutige Zeit, in der es Lehrer geben soll, die mit allen Gottschalks konkurrieren wollen. Meist vergebliche Liebesmüh!

G   Vor über 30 Jahren unterrichtete ich als junger Lehrer einer Grund- und Hauptschule in einer 5. Klasse unter anderem auch das Fach Deutsch. Beim Kontrollieren der Hausaufgaben bemerkte ich eines Tages, dass Bernd sie nicht gemacht hatte, und ich bat ihn, sie mir am nächsten Tag zu zeigen. Als er sie nicht vorweisen konnte, bekam er den Auftrag, sie doppelt anzufertigen. Wieder Fehlanzeige. Mein nächster Schritt: zwei Stunden Nachsitzen. Bernd schwänzte. Weitere Schritte: Brief an die Mutter, Alleinerziehende – Gespräch mit der Mutter, mit Bernd …
Ich wurde immer unsicherer, empfand mich ohnmächtig, wusste nicht mehr weiter, bis ich schließlich kapitulierte und von Bernd keine Hausaufgaben mehr verlangte. – Im nächsten Deutschaufsatz schrieb er eine Zwei …
Diese Erfahrungen brachten meine Einstellung zum Thema Motivation erheblich ins Wanken … Ich begann, keinerlei Zwang mehr auf Lernende auszuüben, ließ Bestrafungen weg, ließ mich auf keinerlei Machtkämpfe ein …
Allerdings: Ich stellte weiterhin den Anspruch an mich, gut zu unterrichten; ich machte unterschiedliche und für die Schüler/innen abwechslungsreiche Lernangebote, schuf ein lernfreundliches Klima, vertiefte meine Wahrnehmungsfähigkeit, war offen für Rückmeldungen, machte Vorschläge, gab Hinweise – und hin und wieder auch »Stupser«, rüttelte wach, forderte auf und heraus, das heißt, ich verstärkte ihre *eigenen* Erfahrungen und Lernabsichten, ganz nach dem Motto: Wasser macht durstig *und* nass zugleich. (In der didaktischen Fachsprache heißt das intrinsische und extrinsische Motivation.)

Man kann andere Menschen nicht motivieren (= bewegen); das müssen diese schon selbst tun.

R Vielleicht werden Sie nun den Kopf schütteln und sich – völlig unverstanden – den nächsten Seiten widmen. Halt! Lesen Sie bitte weiter, und nehmen Sie Ihre Gedanken und Gefühle wahr, wenn Sie von einem Vorgesetzten zu hören bekommen:

- Ich werde Sie schon noch überzeugen, dass …
- Warum lassen Sie sich von mir nicht beeinflussen?
- Ich möchte Sie über folgenden Tatbestand informieren.
- Ich bitte Sie um eine Entscheidung im Fall X.
- Ich werde Sie in den ersten Monaten ihrer neuen Tätigkeit begleiten.
- Ich rate Ihnen …
- Jetzt motivieren Sie doch Ihr Kollegium endlich für einen Schulentwicklungsprozess.

Bei welchen Sätzen sträuben sich Ihre Haare, welche lösen bei Ihnen Zustimmung aus, welche empfinden Sie als Zumutung, auf welche können Sie sich einlassen?

G
- Ein Schulleiter fragte mich: »Was kann ich denn tun, damit ich mein Kollegium dorthin bekomme, wohin ich es haben will?«

- »Ich bringe den Stoff nicht in die Köpfe meiner Schüler hinein«, klagte ein Lehrer. »Aufmeißeln nützt auch nichts«, antwortete ich.

I   Es gehört nicht zu den Aufgabe von *Führung*spersonen, andere Menschen

- zu zerren und zu ziehen, zu schleppen und an ihnen zu schnitzen, um sie zu verändern.
- aus ihrer Verantwortung für ihr eigenes Tun zu entlassen.
- sie gegen ihren Willen zu steuern.
- mit Instruktionen, Impulsen und Appellen zu überhäufen, um sie dorthin zu bringen, wohin sie sie haben wollen.

Solche Art von Kommunikation ist für beide Seiten kontraproduktiv: Die einen müssen dauernd schieben – und verlieren dadurch Kräfte für andere Aktivitäten – und die anderen werden dauernd geschoben und können sich dadurch kaum gemäß ihren eigenen Voraussetzungen entwickeln.

Fremdbewegungen und Zwangsveränderungen von außen sind tödlich für einen lebendigen Organismus. Wie viele Lebewesen wurden schon »getötet«, weil andere meinten, sie durch Außen- und Zwangsmaßnahmen verändern zu können.

G   Ein Bauer konnte es nicht mehr erwarten, bis seine Gelben Rüben groß wurden. Deshalb zog er sie zu zeitig aus der Erde mit dem Ergebnis einer mickrigen Ernte. – Er bewegte die Pflanzen, statt sie sich bewegen zu lassen …

I   Der Mensch ist in seinen Handlungen nicht berechenbar, ist keine »triviale Maschine« und kein »Input-Output-Mechanismus«. Entwicklungen können von außen nicht erzwungen werden, sondern sie geschehen von innen nach außen. (Zwänge sind nur dann *not*wendig, wenn es sich um Schutz, Gefahrenabwendung und/oder Gefahrenminimierung handelt.)

Aber: Menschen haben »Triebfedern« (Motive), die sie zu *Eigen*bewegungen veranlassen (Motivation), die Außenstehende fördern können (Motivationshilfe). Ethisch abzulehnen ist Manipulation (= Ich krieg dich schon noch dorthin, wohin ich dich haben will) – anstatt Offenlegen der Absichten und Vereinbarungen über gemeinsame und/oder getrennte Vorgehensweisen.

Jede Einzelveränderung wiederum verändert das Ganze, vergleichbar mit einem Netz: Wenn sich die einzelnen Knoten bewegen, bewegt sich das ganze Netz – oder wie bei einem Schachspiel: Wenn sich die einzelnen Figuren bewegen, hat dies Auswirkungen auf das ganze System. Übertragen auf die Forderung an Sie, liebe Schulleiterin, lieber Schulleiter, andere zu motivieren, heißt das, dass Sie

- keinen Menschen zwingen können, sich zu verändern, zu lernen.
- nicht »machen« können, dass andere etwas von sich aus »machen«.
- niemanden bewegen (= in diesem Sinne »motivieren«) können.
- günstige Bedingungen schaffen können, damit andere sich bewegen.
- Menschen bei Ihren Selbst-Bewegungen begleiten können.
- die Entwicklung einer Persönlichkeit somit fördern können.

G Wenn es um das Thema »Motivation« geht, mache ich in meinen Seminaren einen Versuch: Ich setze mich auf einen Stuhl und bitte eine Person, mich zu bewegen. Sie versucht es:

Aktion A: Sie strengt sich sehr an, weil ich mich »schwer« mache und Widerstand demonstriere (= ich lasse mich nicht bewegen).

Aktion B: Sie bewegt mich und ich »gehorche«, setze mich aber sofort wieder auf den Stuhl, sobald die Person mich verlässt (= ich falle in meine alte, gewohnte »Struktur« zurück).

Aktion C: Sie bewegt *sich*, geht um mich herum, nimmt Kontakt auf, spricht mit mir, bittet mich, aufzustehen und den Stuhl zu verlassen – und siehe da, ich bewege mich auch: blicke sie an; beginne zu sprechen; verlasse den Stuhl; setze mich wieder hin – kurzum: Es geschehen selbst gesteuerte Motivationen …

Hinter dem Wunsch, andere bewegen zu wollen, steht die Angst, sie würden sich nicht dorthin begeben, wohin man sie haben möchte.

I Für die Motivation anderer nicht (mehr) zuständig zu sein bedeutet:

1. Entlastung und Energieersparnis: Man muss andere nicht mehr bewegen.
2. Konzentration auf die eigenen Bewegungen und Beweggründe.
3. Kreativität bei der Suche nach günstigen Bedingungen, die die anderen brauchen, damit sie sich selbst bewegen.
4. Befreiung, da man nicht die Verantwortung für das Lernen anderer trägt.
5. Keine Abhängigkeit, da man für das Tun der anderen nicht zuständig ist.

A Sprechen Sie bitte in Ihrem Kollegium über das Thema *Motivation*, und zwar unter zwei Gesichtspunkten:

- Aus Ihrer Warte als Schulleiter/in.
- Aus der Warte der Lehrer/innen in Bezug zu ihren Schüler/innen.

Ergebnisse, Konsequenzen?

_____

_____

_____

G

- Ein Schulleiter sagte mir vor kurzem: »Seit ich meinen Kopf nicht mehr zermartere, wie ich mein Kollegium motivieren kann, und mir überlegen muss, wie ich es von A nach B bekomme, geht es mir viel besser. Ich konzentriere mich mehr auf mein eigenes Tun …«
- Ein Schauspieler wurde in einem Interview gefragt, wie denn die Arbeit mit dem Regisseur sei, und er antwortete: »Am Anfang war ich frustriert, weil er nie lobte, sondern uns nur Rückmeldung über seine Ansichten gab. Da wurde mir bewusst, dass ich von seinem Lob abhängig war … Inzwischen habe ich es geschafft, mich davon zu lösen und mich auf meine Arbeit zu konzentrieren – ein befreiendes Gefühl.«

Ich kann nicht für dich gehen, aber ich kann dich bei deinem Gehen begleiten.

Günstige Bedingungen

I

Die Schule ist für die Mehrheit der Lehrerschaft eine berufliche Einbahnstraße mit wenig Aufstiegschancen. Deshalb sind günstige Bedingungen auch weniger in materieller Hinsicht zu sehen, sondern Anreize auf der Beziehungsebene: Wahrnehmung der Person und ihrer Leistungen, Wertschätzung, Zuspruch, Ermutigung …

R.K. Sprenger ([17]2002) ist der Meinung, dass Anregungen von außen sicherlich den geringeren Teil ausmachen, denn jeder Mensch bestimmt seine Ziele selbst.

H. Heitmann u.a. nennen günstige Bedingungen für Veränderungen (2002, S. 14 f.; zitiert nach Buckingham/Coffman), die die Schulleitung in Bezug zu ihren Kolleg/innen schaffen kann. Diese brauchen von ihr unter anderem

- Wissen darüber, was von ihnen erwartet wird.
- entsprechende Räume, Materialien, Arbeitsmittel.
- Gelegenheiten, das tun zu dürfen, was sie am besten können.
- Unterstützung, Interesse und Anerkennung für ihre Leistungen.
- Bestätigung, dass ihre Arbeit wichtig ist und dass sie gefragt sind.
- Herausforderungen und den Wunsch nach Qualität.
- Feedback über ihre Tätigkeiten.
- Mitarbeitergespräche über den Fortschritt und Erfolg ihrer Arbeit.
- Kontakte, wohlwollende und kritische Freunde …
- Gelegenheiten, Neues kennen zu lernen.
- angstfreie Lernnischen (zum Beispiel Unterrichtshospitationen).

G
- In einer Schule gibt es Spannungen zwischen dem Schulleiter und einem Teil des Kollegiums. Am Ende einer ersten Klärungsrunde lautet die »Konfliktformel«:
  a) Aus Kollegiumssicht: Unsere Arbeit wird viel zu wenig beachtet und anerkannt.
  b) Aus Schulleitersicht: Pflichten sind selbstverständlich; die brauche ich nicht anzuerkennen.
- Im Schwäbischen gibt es einen Spruch zum Thema »Lob«: »Nichts gesagt ist genug gelobt!« (Sparsam zwar, aber nicht motivationsfördernd.)
- Ein Kultusminister sagte einmal während einer Versammlung: »Ich vertrage eine gewisse Menge an Kritik; was aber Lob betrifft, da bin ich unendlich belastbar.«

R Fragen Sie sich:

- Welche günstigen Bedingungen schaffe ich, damit andere sich motivieren?
- Bin ich eher kärglich oder eher großzügig im Verteilen von »Lob« und Anerkennung?
- Wo blockiere ich die Motivation meiner Mitarbeiter, wo und wie fördere ich sie?

A Blick auf Sie selbst: Was ich brauche, um mich zu motivieren:

von mir selbst	von anderen	günstige Bedingungen
_____	_____	_____
_____	_____	_____
_____	_____	_____
_____	_____	_____

Umgang mit »Widerstand«

I Ein Kollegium beziehungsweise ein Teil davon verweigert die Führung, bleibt »eigensinnig«. Auch günstige Bedingungen nützen nichts, damit Kolleg/innen sich bewegen (= motivieren). Was tun, so fragen sich/mich viele Schulleiter/innen, wenn sie auf unmotivierte Personen oder sogar auf »Widerstand« im Kollegium stoßen.

Es ist zu unterscheiden:

a) Politischer Widerstand: Er ist dann gerechtfertigt, wenn Interessen und Ziele von Einzelnen oder Gruppen durch inhumane und/oder ungesetzliche Mittel durchgesetzt werden. Dabei kann es zu gravierenden (und bisweilen auch paradoxen) Auseinandersetzungen kommen, weil unterschiedliche Auffassungen und unangemessene Mittel angewendet werden; zum Beispiel Gewalt als Mittel gegen Gewalt; Intoleranz gegen Intolerante ...

b) Pädagogischer »Widerstand«: Er liegt dann vor, wenn jemand nicht will oder tut, was ein anderer von ihm verlangt. Zum Beispiel: Schüler, die den Schulbesuch verweigern; Lehrer, die sich nicht an der Schulentwicklung beteiligen; Eltern, die Empfehlungen übergehen … (Deshalb Widerstand in Anführungszeichen.)

Fünf Klärungsschritte sind im Umgang mit »Widerstand« hilfreich:

1. **Den »Widerstand« wahrnehmen:** Er äußert sich durch Ablehnung, Verneinung, Übergehen, Missachtung, »ja, aber« … bis hin zu Aggressionen, Drohungen und Erpressungen.
2. **Die »eigentliche Botschaft« heraushören:** »Widerständen« liegen immer »eigentliche Botschaften« zu Grunde. Zum Beispiel: Unbehagen, Unsicherheiten, Hilflosigkeit, Mangel an Authentizität, Angst vor Neuem, vor Gesichtsverlust, vor Änderungen …
3. **Gespräche führen:** Beide Seiten teilen die Gründe ihrer Absichten und Ziele mit, schätzen die Sachlage ein, sprechen über ihre Befindlichkeit und suchen nach Gemeinsamkeiten.
4. **Die Betroffenen beteiligen:** Sie sollen auf keinen Fall den Eindruck bekommen, man würde sie ausbooten wollen. Die Botschaften der »Widerständler« haben ihre Berechtigung. Förderlich ist es, Zielvereinbarungen mit ihnen zu erreichen.
5. **Entscheidungen transparent machen:** Wenn dennoch Entscheidungen gegen den Willen anderer gefällt werden, so sind sie zu begründen und offen zu legen.

R Meine Meinung zu folgenden Aussagen:

- Wer immer gegen alles ist, hat am Ende gar nichts in der Hand.
- »Widerständler« sind »eigensinnig«.
- Wo kämen wir hin, wenn alle in eine Richtung gingen?
- Was passiert, wenn viele in viele Richtungen gehen?
- »Widerständler« denken quer und handeln »gegen den Strich«.
- »Widerständler« ist immer derjenige, der nicht will und tut, was ich will.

Meine Einstellung im Umgang mit »Widerständlern«:

- Ich bin sehr auf Harmonie bedacht – und gebe manchmal/meistens nach.
- Ich achte auf Ausgewogenheit und bin bestrebt, Vereinbarungen zu treffen.
- Durch »Widerständler« fühle ich mich besonders herausgefordert.
- Ich freue mich über die Vielfalt der Meinungen, Vorschläge und Ideen.
- »Widerständler« blockieren den Prozess: Durchsetzung ist angesagt!
- Bei Kontroversen habe ich häufig ein Unbehagen.
- »Widerständler« sind das Salz in der Suppe.
- Ich habe »Widerständler« noch immer von der Richtigkeit meiner Argumente überzeugen können.
- »Widerstand« reizt mich zum »Widerstand«.

A Was mir im Umgang mit »Widerständlern« leicht/schwer fällt:

	leicht	schwer
Wohlwollen und Gesprächsbereitschaft	☐	☐
Einfühlung und Verstehen	☐	☐
Toleranz und Akzeptanz	☐	☐
Transparenz meiner Entscheidungen	☐	☐
Zurückhaltung, Geduld	☐	☐
Dazu: _____	☐	☐
_____	☐	☐

R Gefährliche Machtspiele in der Grauzone zwischen Freiwilligkeit und Zwang, zwischen Motivation und Resignation, zwischen Engagement und Dienst nach Vorschrift, zwischen Pflicht und Verweigerung:

Sie als Schulleiter/in wollen	Reaktionen der Kolleg/innen
Einen Pädagogischen Tag durchführen.	Abstimmung: 58 % sind dafür, 27 % dagegen, Rest: Enthaltung.
Einen umfassenden Schulentwicklungsprozess beginnen.	Mehrheitliche Ablehnung.
Ein Schulfest veranstalten.	Zwei Drittel sind dafür.
Eine zweitägige Exkursion mit persönlicher Teilfinanzierung machen.	Personalrat lehnt ab.
Projekttage einführen.	Etwa die Hälfte erklärt sich bereit mitzumachen.
Oder: _____	Oder: _____
Oder: _____	Oder: _____

Es ist wie bei einem Netz: Wenn ein Knotenpunkt sich bewegt, dann bewegen sich auch andere Knotenpunkte … Deshalb: Wer sich selbst bewegt, gibt anderen Chancen, sich ebenfalls zu bewegen.

Literaturempfehlungen

Smolka, D. (Hrsg.): Motivation und Mitarbeiterführung in der Schule. Neuwied 2000.
Sprenger, R.K.: Mythos Motivation. Frankfurt a.M. [17]2002.

4. Kommunikation

Grundsätzliches Ziel jeder Kommunikation ist die Minimierung von Missverständnissen und die Erhöhung des gegenseitigen Verstehens: Man strebt danach, dass die Mitteilung »ankommt«.

Verstehensprozesse

Das Verstehen von Mitteilungen ist ein zirkulärer Vorgang, ein dialogischer Prozess. Die Bedeutung einer Aussage kann eine Bandbreite von »identisch mit der Nachricht« bis »ganz weit entfernt von der Nachricht« haben. Deshalb brauchen wir das »kommunikative Pingpong«, um Annäherungen zu erreichen:

a) Ich sage dir etwas … (= meine Nachricht)
b) und du antwortest mir (= Wie du meine Nachricht verstehst)
c) damit ich dir dann sagen kann, ob ich sie auch so gemeint habe … (= Ich fühle mich verstanden …)

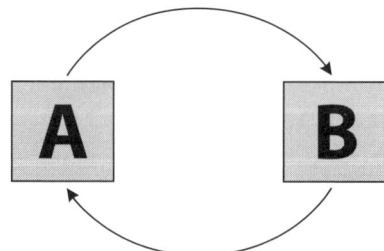

Wir können nicht sicher wissen, wie unsere Nachrichten beim Gegenüber ankommen und was sie bei ihm auslösen/bewirken.

Unser Hören und unser Verstehen sind geprägt durch

- die eigene Lebensgeschichte,
- zwischenmenschliche Erfahrungen,
- unsere persönliche Befindlichkeit,
- die momentane Situation,
- unsere Fantasien,
- den Kontext,
- die Art der Beziehung,
- die Sprache/den Dialekt,
- unsere Hörgewohnheiten,
- unsere Persönlichkeitsstruktur.

G

- Als gebürtiger Bayer fragte ich eine Hamburger Gruppe, mit der ich arbeitete, ob sie mich denn verstehen würde und ob ich mit meinem Dialekt so weitersprechen könne wie bisher – und bekam von einer Teilnehmerin zur Antwort: »Reden Sie nur so weiter! Ihr Dialekt erinnert mich immer an Urlaub.«

- In einem Speisesaal einer Akademie frage ich eine Dame, die allein an einem Tisch sitzt, ob dies hier der Vegetariertisch sei, worauf ich in schnippischem Ton zur Antwort bekomme: »Warum, sehe ich so aus?« – Nach einer kurzen Unterhaltung mit ihr erfahre ich, dass sie meine Botschaft nicht als Informationsfrage, sondern als »Frotzelei« und »Anmache« interpretierte.

- In einem Lokal bekomme ich Kartoffeln nachgereicht und lehne (wegen meines vollen Magens) energisch ab. Der Ober fragt besorgt: »Hat es Ihnen denn nicht geschmeckt?« Gesendet: Grenze der Nahrungsaufnahme – gehört: Schlechtes Essen produziert!

- Ein Schulleiter äußert sich: »Wenn ich nicht sicher weiß, wie meine Botschaft ankommt, dann sage ich am bestens gar nichts mehr.« Meine Antwort darauf: »Weil ich nicht sicher weiß, wie meine Botschaft ankommt, deshalb kann ich (sozialverträglich) sagen, was ich will – und warte die Reaktion ab.«

Bitte erschrecken Sie nicht, wenn Ihre Nachricht beim Gegenüber so ganz anders ankommt!

Was ich gesagt habe, weiß ich erst, wenn ich die »Antwort« kenne.
(N. Wiener)

Wir haben keine Macht über das Hören des Empfängers. Oder:
Die Ohnmacht des Senders!

Wir sind nur für unser Senden verantwortlich und für unseren »Blick zum Gegenüber«, nicht aber für das Ankommen:

Ich weiß, dass ihr glaubt, ihr verstündet, was ihr denkt, was ich gesagt habe. Aber ich bin mir nicht sicher, ob ihr begreift, dass das, was ihr gehört habt, auch das ist, was ich meine.

Das Gedachte ist nicht immer das Gesagte, das Gesagte nicht immer das Gehörte, das Gehörte nicht immer das Verstandene, das Verstandene nicht immer das Realisierte.

I Eindeutigkeit in der Kommunikation gibt es nur dann, wenn von den Partnern Signale vereinbart werden, die beide verstehen, oder Regeln, auf die sie sich einigen:

- Rot an einer Ampel: Halten!
- Konferenzbeginn um 14.30 Uhr.
- Sich melden, wenn jemand etwas sagen will.
- Es spricht immer nur eine Person.

R Blicken Sie zurück, und erinnern Sie sich an Situationen, in denen Sie missverstanden worden sind.

Sie haben gesagt	… und haben als Antwort bekommen
»Draußen regnet es.«	»Bist wohl mit dem Wetter nicht zufrieden.«
»Es ist schon 8.10 Uhr.«	»Sie müssen mich nicht dauern kontrollieren!«
Oder: _____	Oder: _____
Oder: _____	Oder: _____

A Reagieren Sie verständnisvoll:

Mitteilung	Blockaden	Meine Antwort
1. Schülerin hat ihre Hausaufgaben vergessen und weint.	»Du Heulsuse. Hör auf zu weinen. S'rentiert sich nicht.«	_____
2. Kollegin: »Ach, freu ich mich auf die Ferien. Endlich mal keine Schüler …«	»Freu dich nicht zu früh; wart erst mal die Zeugniskonferenz ab.«	_____
3. Lehrerin: »Ich weiß nicht, ob das gut gehen wird; ob ich das überhaupt schaffe?«	»Nun sind Sie doch nicht so pessimistisch!«	_____
4. Lehrer: »Jetzt bin ich schon so lange an der Schule. Aber so was ist mir noch nie passiert.«	»Ja, irgenwann ist es immer das erste Mal, dass es einen erwischt.«	_____
5. Vater: »Mein Sohn muss unbedingt das Abitur schaffen!!!«	»Das hängt einzig und allein von seinen Noten ab.«	_____
6. Kollegin: »Was glauben Sie denn, wie ich mich hier als Frau behaupten muss.«	»Dafür sind Sie ja auch eine Gehaltsstufe nach oben geklettert.«	_____

I Das Verstehen erhöht sich, wenn Sie verbale und nonverbale Signale beachten:

a) Verbal: bestimmte Wörter, Betonungen, Wiederholungen …
Nie hörst du mir zu! *Dauernd* unterbrichst du mich! *Immer* kommst du zu spät.
(Nie, dauernd, immer … als Ausdruck von Emotionalität!)

b) Nonverbal: Stimme, Lautstärke, Gestik, Mimik …
Höhere Stimme, zunehmende Lautstärke, angespannte Gesichtsmuskeln, gestikulierende Hände … (als Ausdruck von Erregtsein).

G Eine Mutter kommt zu mir in die Beratung. An irgendeinem Punkt sagt sie, mit bewegter Stimme und den Tränen nahe, sinngemäß: Und stellen Sie sich vor, plötzlich vor Weihnachten hat mich mein Mann verlassen; ausgerechnet vor Weihnachten; was er sich wohl gedacht hat, den Jungen und mich sitzen zu lassen, drei Tage vor Weihnachten …

- dreimal »Weihnachten« erwähnt – dies hat Bedeutung für die Mutter: Familienfest, Harmonie, Alleingelassensein, Erinnerung an früher, an gute Zeiten.
- verstehende, einfühlende Haltung/Reaktion (die nichts mit stereotypem Nachäffen zu tun hat!): Das war und ist schlimm für Sie und Ihren Jungen, dass Ihr Mann Sie verlassen hat – und das so kurz vor Weihnachten …
- Die Frau schaut mich an, nickt, schweigt kurz und spricht dann mit ruhiger Stimme weiter … Sie fühlte sich in ihrer Situation mit dem Jungen verstanden.

I Es ist wie bei einem Eisberg: Auf der Oberfläche das Gesagte – und darunter die eigentlichen Botschaften und Beweggründe:

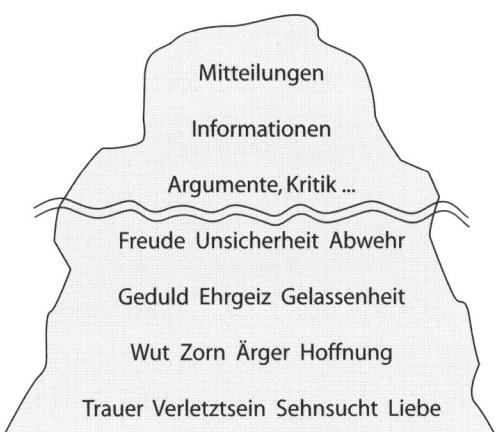

Verstehen heißt, unter die Eisoberfläche blicken und in die Welt der anderen eintauchen.

Kommunikation als verbale und nonverbale Mitteilung von Menschen kann nicht losgelöst betrachtet werden vom jeweiligen Menschenbild und der Ethik, die sie haben. So wie man mit einem Messer Brot schneiden oder jemanden damit verletzen kann, so kann man auch förderlich beziehungsweise verletzend kommunizieren:

- Selbstbehauptung oder Durchsetzung,
- Kooperation oder Konkurrenz,
- Klarheit oder Unklarheit,
- Transparenz oder Verschleierung,
- Empathie oder Egozentrik,
- Wertschätzung oder Abwertung.

Die vier Seiten einer Nachricht

G   Im Kollegium äußert jemand seine Meinung – und bekommt darauf zur Antwort: »Diesen Blödsinn können Sie für sich behalten.«

In dieser Nachricht stecken – mindestens – vier Seiten, zum Beispiel:

1. *Selbstmitteilungsseite:*   »Ich bin verunsichert, überrascht, verärgert …«
2. *Beziehungsseite:*   »Ich halte nicht viel von Ihnen.«
3. *Sachseite:*   »Es geht hier um etwas ganz anderes.«
4. *Appellseite:*   »Ändern Sie Ihre Meinung!«

Die Sekretärin übergibt dem Schulleiter ein selbst verfasstes Schreiben und bekommt es mit folgender Bemerkung (= Nachricht) zurück: »In der Volkshochschule beginnt nächste Woche ein Rechtschreibekurs.«

Die »vier Seiten« seiner Nachricht könnten lauten:

1. *Selbstmitteilung:*   »Ich bin sauer …«
2. *Beziehung:*   »Ich ärgere mich über Sie, weil …«
3. *Sache:*   »Dieses Schreiben enthält sehr viele Fehler.«
4. *Appell:*   »Bitte schreiben Sie in Zukunft fehlerfrei.«

Eine Schülerin sagt zu Ihnen: »Gell, wir kriegen Sie doch im nächsten Schuljahr auch wieder als Lehrer?!«

Die vier Seiten des Mädchens könnten lauten:

1. *Selbstmitteilung:*   »Mir geht's gut, wenn Sie unser Lehrer bleiben.«
2. *Beziehung:*   »Ich mag Sie; kann Sie gut leiden.«
3. *Sache:*   »Alle wollen Sie als Lehrer.«
4. *Appell:*   »Bitte kommen Sie auch nächstes Jahr wieder.«

I Dieses kommunikative »Vier-Seiten-Pingpong« sieht so aus:

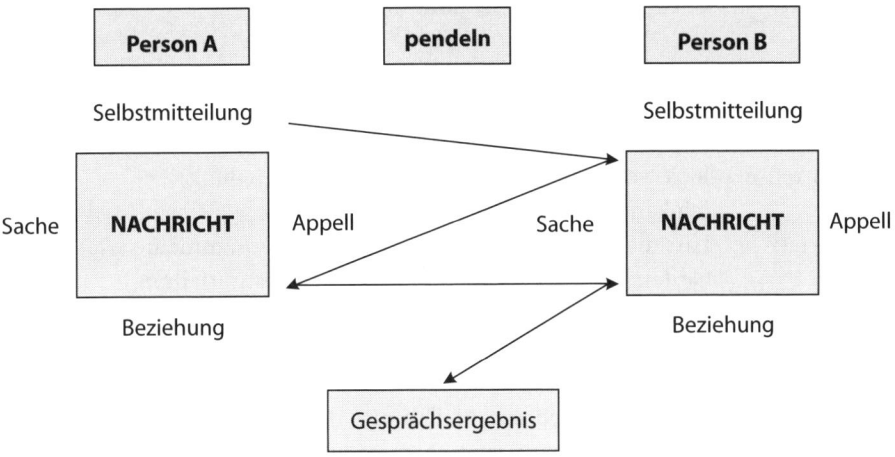

Das	B	**B**eziehungsseite
Merkwort	A	**A**ppellseite
heißt	S	**S**elbstmitteilungsseite
	S	**S**achseite

Nachrichten, die Menschen senden, haben also immer – mindestens – vier Seiten. Die Kommunikation wird klarer, wenn diese auch mitgeteilt werden:

Vierseitig reden und vierseitig hören!

Das Problem besteht nun darin, dass Menschen in ihren Kommunikationen sehr *verschiedenseitig* reden und hören. Die einen bevorzugen mehr die *Sachseite* (zum Beispiel Wissenschaftler, Juristen), die anderen mehr die *Appellseite* (zum Beispiel Eltern, Lehrer, Polizisten), andere wiederum mehr die *Beziehungsseite* (zum Beispiel Ärzte, Pflegepersonal) und manche nur die *Selbstmitteilungsseite* (vielleicht Narzissten oder Egoisten …?).

G Kennen Sie den schon: Ein Schauspieler redet einem Freund gegenüber immer nur von sich selbst und merkt das nach einiger Zeit. »Reden wir nicht mehr von mir«, sagt er, »reden wir von dir. Wie hat dir denn gestern mein neuestes Stück gefallen?«

Wie auch immer, im Hören wie im Reden:
Wir sind auf verschiedenen Seiten zu Hause!

G In Gesprächen kann man ziemlich aneinander vorbeireden, vor allem dann, wenn einem das »Vierseiten-Modell« (noch) unbekannt ist:

A sagt:	»Draußen regnet es.« (Sache)
B antwortet:	»Vergiss den Schirm nicht!« (Appell)
C sagt:	»Ich finde dich sehr sympathisch.« (Beziehung)
D antwortet:	»Jetzt werd ich aber gleich rot.« (Selbstmitteilung)
E sagt:	»Ich kann nicht mehr gehen. Ich bin müde.« (Selbstmitteilung)
F antwortet:	»Lass dich nicht so hängen und reiß dich zusammen!« (Appell)
G sagt:	»Gestern habe ich es noch gekonnt.« (Selbstmitteilung)
H antwortet:	»Und heute ist ein Tag später.« (Sachseite mit ironischem Unterton)

I Es ist also wichtig, *alle* vier Seiten mitzuteilen, um dem anderen wenig »Raum« für Vermutungen, Fantasien und Interpretationen zu überlassen, der beste Nährboden für Missverständnisse. Wer vier Seiten mitteilt, sorgt für Klarheit. F. Schulz von Thun ([33]2000), von dem dieses Modell stammt, nennt es deshalb auch »*Klärungsinstrument*« in zwischenmenschlichen Beziehungen. Es ist – vor allem in Konfliktsituationen – sehr hilfreich, um Irritationen und Störungen in Gesprächen rascher wahrzunehmen, zu analysieren und zu beheben mit dem Ziel, aus der Einseitigkeit des Sendens und Empfangens (Hörens) herauszukommen und vierseitig zu kommunizieren. Sie haben in Gesprächen somit die Wahl:

a) Nur eine *Nachricht* zu senden – und dem anderen die Interpretation Ihrer vier Seiten zu überlassen.

b) Nur *eine Seite* mitzuteilen (Selbst, Beziehung, Sache oder Appell) und dem anderen es zu überlassen, die drei anderen zu vermuten.

c) *Alle vier Seiten* auf einmal mitzuteilen und dadurch für Klarheit (zumindest Ihres Sendens) zu sorgen.

Ferner ist es förderlich, möglichst auf diejenige(n) Seite(n) einzugehen, die die Gesprächspartner betonen. Sie fühlen sich verstanden, wenn ihre Nachrichtenseite(n) erkannt und angesprochen werden – oder unverstanden, wenn dies nicht der Fall ist.

G Kommunikatives Pingpong:

1. Eine Schülerin sagt: »Ach, ich kapier das ja doch nicht.« (Selbstmitteilung) Lehrer A antwortet: »Jammere nicht und arbeite weiter!« (Appell) Lehrer B sagt: »Kann ich dir helfen?« (Beziehung)

2. Ein Kollege A sagt: »Ich bin so aufgeregt. Morgen kommt der Schulrat.« (Selbst, Sache). Kollegin B antwortet: »Nimm's nicht so tragisch!« (Appell)

3. Der Lehrer sagt: »Ich bin gerne bei euch in der Klasse.« (Selbst, Beziehung). Die Schüler/innen strahlen ihn an. (Beziehung)

4. Am schwarzen Brett hängt ein Blatt mit der Überschrift: »Wer möchte in einer Methodentraining-AG mitmachen?« (Sache) – Am anderen Tag ist darunter gekritzelt: »Alle die, die überflüssige Zeit haben!« (Ironische Bemerkung als versteckte Selbstmitteilung)

5. Ein Schulleiter sagt: »Bitte kümmern Sie sich um die organisatorischen Dinge! Ich habe dafür keine Zeit.« (Appell, Selbst) – Die Sekretärin antwortet: »Ja, ich mach das gerne für Sie.« (Selbst, Beziehung)

Die Beispiele zeigen sehr deutlich das Hin und Her, das »kommunikative Pingpong« der jeweiligen Personen, die *verschiedenen* Seiten (»Saiten«), die sie anklingen lassen, das »Aneinander-Vorbeireden« oder das »Aufeinander-Eingehen«.

A Versetzen Sie sich jeweils in die Person, die in den oben genannten Beispielen das Gespräch beginnt und notieren Sie Ihre Empfindungen, wenn Sie die *Antwor*ten der entsprechenden Personen hören:

Meine Empfindungen als

1. Schülerin: _____

2. Kollege A: _____

3. Lehrer: _____

4. Kolleg/in (Blatt am schwarzen Brett): _____

5. Schulleiter: _____

I Kommunikation ist immer *Mitteilung an …*, aber nicht Veränderung *des* Gesprächs-gegenübers, nach dem Motto: »Jetzt habe ich mich so klar ausgedrückt – und der/die andere tut nicht, was ich will.« Weil wir das meinen und wünschen, bevorzugen wir Appelle in der Kommunikation. (Vierjährige Kinder bekommen beispielsweise etwa 400 am Tag!)

Das »Vier-Seiten-Modell« wahrt die Autonomie und akzeptiert eigene Entschei-dungen. Appelle drücken demnach nur Wünsche, Erwartungen der Sender aus; die Entscheidung, was zu tun ist, treffen dann die Empfänger!

Hinweis: Das »Vier-Seiten-Modell« muss trainiert werden, um es sicher zu beherr-schen. Auch wenn es anfangs kompliziert erscheint oder für Sie »theorielastig« ist: Je mehr Sie sich damit befassen, desto vertrauter wird es Ihnen. Es ist wie beim Auto-fahrenlernen: Anfangs kracht es in den Gängen, aber im Laufe der Zeit kommen Sie immer sicherer »in die Gänge«!

A Erinnern Sie sich an Sätze, die Sie zu anderen gesagt haben; zum Beispiel zu einer Schülerin/einem Schüler: Sie haben ihn/sie verbal »hart angefasst« und er/sie fängt zu weinen an. Daraufhin sagen Sie (Nachricht): »Mein Gott, bist du aber empfindlich. Mimosen können wir hier nicht brauchen.« Ihre »vier Seiten« heißen (Schema siehe S. 53):

a) Selbstmitteilungsseite: _____
(Zum Beispiel: Ich bin unsicher.)

b) Beziehungsseite: _____
(Zum Beispiel: Ich weiß nicht, wie ich mich jetzt ihm/ihr gegenüber verhalten soll.)

c) Sachseite: _____
(Zum Beispiel: Hier geht es um das Problem X und nicht um Gefühle.)

d) Appellseite: _____
(Zum Beispiel: »Hör bitte zu weinen auf!«)

A Verschiedene Personen haben nachfolgende Sätze gesagt. Vermuten Sie, allein oder in der Gruppe: *Wie heißen deren vier Seiten?* (= Was hören *Sie* heraus?)

(Es kommt auch immer darauf an, in welcher Situation die Sätze gesprochen werden, mit welcher Körpersprache – Mimik, Gestik, Tonfall – und wie lange, wie gut Sie die Personen schon kennen … Erweitern Sie deshalb bitte den Kontext nach Belieben selbst.)

Äußerung/Nachricht	die vermuteten vier Seiten
a) Schulleiter: »Finden Sie nicht, dass Sie Defizite im Umgang mit dem Computer haben?«	Selbst: _____ Beziehung: _____ Sache: _____ Appell: _____
b) Kollege/Kollegin: »Einfach toll, wie Sie das jetzt hingekriegt haben.«	Selbst: _____ Beziehung: _____ Sache: _____ Appell: _____
c) Lehrer/in: »Du bist heute schon wieder zu spät in die Schule gekommen!«	Selbst: _____ Beziehung: _____ Sache: _____ Appell: _____
d) Schüler/Schülerin: »Herr X/Frau Y, ich komme ganz toll bei Ihnen im Unterricht mit.«	Selbst: _____ Beziehung: _____ Sache: _____ Appell: _____

R Bevorzugte Seiten: Vielleicht haben Sie schon die Erfahrung gemacht, dass Menschen die eine oder andere Seite bevorzugen. Wie ist dies bei Ihnen?

Ich habe vorwiegend folgende Hauptseite(n) _____

Meinen Vorgesetzten gegenüber habe ich meistens die _____-seite.

Meinen Kolleg/innen gegenüber zeige ich meistens die _____-seite.

In meiner Partnerschaft bevorzuge ich die _____-seite.

Meine bevorzugte Seite ist _____

Übrigens: Erwachsene betonen Kindern/Jugendlichen gegenüber hauptsächlich die Appellseite. – Warum eigentlich?

> **Obwohl wir »vierseitig gepolt« sind, haben wir doch »Haupt- und Nebenseiten«. Interessant ist es, welche »Saite« wir jeweils zum »Klingen« bringen ...**

A Aneinander vorbeireden: Wie es mir geht, wenn ich etwas sage, und die Antworten von Personen zielen vorbei (= treffen mich auf der falschen Seite):

Mein Satz	Erhaltene Antwort	Meine Befindlichkeit
»Mein Gott, hab ich heute einen Brummschädel!« (Selbst)	Partner/in: » Hättest du gestern nicht so viel getrunken!« (Appell)	
»Sie sind mir sehr sympathisch.« (Beziehung)	Kolleg/in: »Was hat denn das mit unserer Arbeit zu tun?« (Sache)	
»Komm sofort zu mir!« (Appell)	Schüler: »Ich mag aber nicht.« (Selbst)	
»Ich verstehe diese Formulierung nicht.« (Sache)	Stellvertreter: »Ich hab damit überhaupt keine Probleme.« (Selbst)	
Oder: _____	Oder: _____	
Oder: _____	Oder: _____	

Analyse von Transaktionen

I Die Transaktionsanalyse ist für die zwischenmenschliche Kommunikation ein vorzügliches *Analyse- und Klärungsinstrument*, um Gesprächssituationen differenziert wahrzunehmen, Störungen zu diagnostizieren und um angemessene Verhaltensweisen zu ermöglichen.

Nach Eric Berne (1991), dem Begründer der TA, agiert jeder Mensch aus drei Ich-Zuständen heraus, nämlich aus dem sog. *Kind-Ich* (K), dem so genannten *Erwachsenen-Ich* (ER) und dem so genannten *Eltern-Ich* (EL). Sie sind eine Art Speicher, in denen von frühester Kindheit an bestimmte Ereignisse aufgezeichnet werden, wobei jeder Ich-Zustand aus Gefühlen, Denkmustern und Verhaltensweisen besteht:

- *Eltern-Ich*: Fühlen, Denken und Verhalten, das von den Eltern oder Elternfiguren übernommen wird: Ich sollte, ich müsste, ich darf nicht …
- *Erwachsenen-Ich*: Fühlen, Denken und Verhalten, das eine realitätsgerechte Reaktion auf das Hier und Jetzt ist: So ist es; ich handle so und so …
- *Kind-Ich*: Fühlen, Denken und Verhalten, das aus Eigenimpulsen besteht und wieder reaktiviert wird: Ich wünsche mir; ich hätte gerne, es wäre so schön, wenn …

Jeder Mensch greift, je nach Konstellation, in der Kommunikation auf diese drei Ich-Zustände zurück, indem er beispielsweise ermahnt, moralisiert oder sich besorgt zeigt (EL), auf Tatsachen hinweist und sie begründet (ER) oder sich in Zustände versetzt, die er als Kind schon einmal erlebt hat (K). »Stimmig« ist eine Kommunikation dann, wenn die drei Ich-Zustände *angemessen* aktiviert werden. Die Grafik zeigt, dass es viele Möglichkeiten der Transaktion gibt:

Raster zur Analyse von Transaktionen

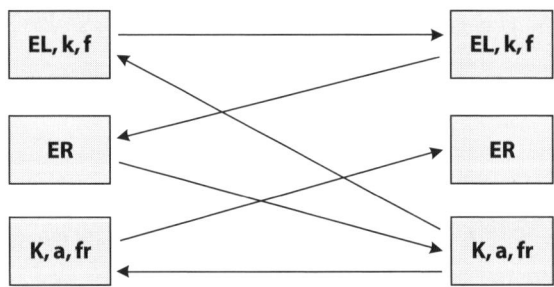

Abkürzungen: a = angepasst; f = fürsorglich; fr = frei; k = kritisch

Wer über die kommunikativen Aspekte der TA Bescheid weiß, ist in der Lage, Menschen in ihrem Gesprächsverhalten besser zu verstehen und angemessener zu reagieren.

Man kann aus jedem der drei Ich-Zustände heraus senden und empfangen:

G

- Aus dem Eltern-Ich (EL):
Ein Schulleiter sagt zu seinem Kollegium: »Meine Damen und Herren, Sie sollten sich einmal Gedanken darüber machen, wie Sie die innere Schulentwicklung an unserer Schule vorantreiben können.«

Antwort Kollege A (EL):
»Das müssen Sie uns nicht erst jetzt sagen! Das machen wir schon lange!«

Antwort Kollegin B (ER):
»Ich habe mir schon einige Gedanken darüber gemacht und schlage folgendes Prozedere vor …«

Antwort Kollege C (K, fr):
»Prima; da bin ich voll mit dabei.«

Antwort Kollegin D (K, a):
»Also gut, dann machen wir's halt. Es bleibt uns ja doch nichts anderes übrig.«

- Aus dem Erwachsenen-Ich (ER):
»Liebe Kolleginnen, liebe Kollegen, ich mache mir schon seit längerer Zeit Gedanken über die innere Schulentwicklung; aus meiner Sicht geht es derzeit um Folgendes: …«

Antwort Kollegin A (EL):
»Muss das sein? Wir haben doch schon genug am Hals. Jetzt kommen Sie auch noch mit solch schweren Kalibern!«

Antwort Kollege B (ER):
»Vielen Dank für Ihre Äußerungen, die mir selbst eine Menge Anregungen zum Weiterdenken geben.«

Antwort Kollegin C (K, fr):
»Am liebsten würde ich jetzt gleich mit einigen von euch anfangen …«

- Aus dem Kind-Ich (K, fr):
»Liebes Kollegium, ich war neulich auf einer Tagung zum Thema ISE. Ich hab eine ganze Menge Anregungen bekommen, die ich euch unbedingt vortragen möchte. Ich bin ganz begeistert. Am besten, wir fangen gleich an.«

Antwort Kollege A (EL):
»Hör doch mit diesem neumodischen Zeug auf. Du musst doch nicht gleich jeden Firlefanz mitmachen!«

Antwort Kollegin B (ER):
»O.k. Um was geht es denn?«

Antwort Kollege C (K, fr schmollend):
»O nein, nicht schon wiiieder diese Tour!«

In Kommunikationen geht es ständig um Transaktionen – und diese können sowohl förderlich als auch blockierend sein. Innerhalb unserer beruflichen Tätigkeiten ist die Konstellation ER – ER wünschenswert und angemessen. Ein besonderes Qualitätsmerkmal ist dabei die Reversibilität, das heißt der Empfänger sollte aus dem gleichen Ich-Zustand heraus antworten können/dürfen wie der Sender. Die Konstellation ER – ER ist aber keinesfalls stringent durchzuhalten; sie kann sich auch schlagartig ändern, zum Beispiel wenn jemand

- angegriffen wird. Die Reaktion ist dann entweder Panik/Flucht (K) oder Angriff (EL)
- Rundumschläge austeilt. Die Reaktion ist dann meist Zurückschießen (EL)
- Hilfe benötigt: Die Reaktion kann dann Fürsorge sein (EL, f)

Bei Streitereien beispielsweise verweilen/beharren die beteiligten Personen meist im Eltern- beziehungsweise im Kind-Ich: Entweder sie greifen an, machen Vorwürfe, kritisieren, beschimpfen oder sie ziehen sich schmollend, beleidigt zurück. Um zu Klärungen und angemessenem Verhalten zu kommen, ist der »Kommunikationsschlüssel TA« sehr hilfreich und bringt wichtige Einsichten:

1. Wie werden unsere drei Ich-Zustände stärker bewusst: **EL ER K**

2. Wir hören rascher die verschiedenen Ich-Zustände bei anderen heraus: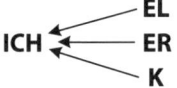

3. In beruflichen Situationen bleiben wir stärker im angemessenen ER-Ich-Zustand:

4. Wir können es uns erlauben, in allen drei Ich-Zuständen zu agieren:

Im Beruf ist der Hauptschauplatz das ER-Ich, mit den Nebenschauplätzen EL-Ich (wenn's sein muss) und K-Ich (weil's gut tut!).

A Ordnen Sie die folgenden Sätze einem der drei Ich-Zustände zu:

Aussagen	Ich-Zustand
● Schulleiterin, während einer Konferenz: »Ich schlage vor, die ganze Angelegenheit zu vertagen, damit wir sie in Ruhe noch einmal überdenken können.«	_____
● Kollege (unvermittelt, während einer Gruppenarbeit): »So Leute, ich hör für heute auf. Ich hab keine Lust mehr.«	_____
● Fachbereichsleiter, nach einem Unterrichtsbesuch: »Nach 20 Jahren Schuldienst sollten Ihnen diese Fehler aber nicht mehr unterlaufen.«	_____

Antworten Sie aus Ihren drei Ich-Zuständen heraus:

● Ein Vorgesetzter, ärgerlich: »Muss ich Sie denn dauernd an Ihre Pflichten erinnern?«

Ihre EL-Antwort: _____

Ihre ER-Antwort: _____

Ihre K-Antwort: _____

● Ein Kollege/eine Kollegin: »Kann ich bei Ihnen im Unterricht einmal hospitieren? Ich verspreche mir viel davon.«

Ihr EL: _____

Ihr ER: _____

Ihr K: _____

● Ein Bekannter/Freund: »Ach, am liebsten möchte ich den ganzen Krempel hinwerfen.«

Ihr EL: _____

Ihr ER: _____

Ihr K: _____

I

12 Empfehlungen zur Förderung des Verstehens

1. Sich mental auf den Gesprächspartner einstellen (Empathie), ihm Wertschätzung entgegenbringen und sich Zeit nehmen.

2. Sich klar mitteilen, wenn möglich vierseitig.
   - Selbstmitteilungsseite: wie es einem selbst geht.
   - Beziehungsseite: wie man zum Gegenüber steht.
   - Sachseite: Worüber man informieren möchte.
   - Appellseite: Welche Erwartungen, Wünsche man hat.

3. Aus den Botschaften des Gegenübers ebenfalls die vier Seiten entnehmen beziehungsweise heraushören (falls sie nicht explizit gesagt werden).

4. Botschaften »übersetzen« und wiedergeben, was man »eigentlich« gehört hat. (Das Gesagte ist nicht immer auch das wirklich Gemeinte.)

5. Zuhören – und in kurzen Sequenzen antworten (Vorsicht: kein Wortschwall, sondern darauf achten, wie viel das Gegenüber aufnehmen/verdauen kann).

6. Wahrnehmen, wie die Nachrichten beim Gesprächspartner ankommen, gegebenenfalls nachfragen.

7. Bei Kritik und Vorwurf die eigentlichen Mitteilungen heraushören (Vermeidung von Konter, Rechtfertigung und Zurückschießen).

8. Um Vereinbarungen, Absprachen und Lösungen bemüht sein (Ergebnisorientierung).

9. Überlegen, warum das Gespräch erfolgreich war – oder nicht – und die Gründe speichern.

10. Ein Gespräch ohne schlechtes Gewissen beenden, wenn keine Einigung möglich ist – und in Frieden auseinander gehen.

11. Dritte – als Klärungshelfer – zum Gespräch bitten, wenn es für die Beteiligten förderlich ist.

12. Feedback geben und einholen: Wie haben wir aufeinander gewirkt?

R Sie haben schon viele Gespräche geführt (mit Kolleg/innen, Eltern, Schüler/innen, Ansprechpartnern aus der Gemeinde …). Bilanzieren Sie:

Gespräche sind gut verlaufen, weil		**Gespräche sind schlecht verlaufen, weil**	
Eigenanteile	*Fremdanteile*	*Eigenanteile*	*Fremdanteile*
_____	_____	_____	_____
_____	_____	_____	_____
_____	_____	_____	_____
_____	_____	_____	_____

G Während eines Seminars führte ich – im Rollenspiel – ein Gespräch. Im Anschluss daran bat ich um Rückmeldung der Zuschauer. Die einen fanden es beeindruckend, weil ich sehr viel zuhörte und nur wenig sagte – die andern fanden es gar nicht gut, weil ich zu viel zuhörte und fast nichts sagte …

A Überprüfen Sie Ihr eigenes Gesprächsverhalten anhand der oben genannten 12 Empfehlungen – und bitten Sie Ihnen vertraute Personen (= »kritischer Freund«) um Rückmeldung:

1. Was ich bereits gut kann und wo ich mich sicher fühle:

   _____

   _____

2. Wo ich noch Unzulänglichkeiten habe:

   _____

3. Was mir (noch) völlig ungewohnt ist:

   _____

4. Was ich nicht übernehmen werde:

   _____

Literaturempfehlungen

Gehm, T.: Kommunikation im Beruf. Weinheim und Basel 1994.
Schulz von Thun, F.: Miteinander reden – Störungen und Klärungen. Reinbek [33]2000 (Bd. I), [19]2000 (Bd. II).

5. Beratung

Eine der wichtigsten kommunikativen Tätigkeiten von Schulleitungspersonen ist die Beratung. Ob sie auch häufig praktiziert werden kann, hängt davon ab, was sie darunter verstehen:

Beratungsverständnis

Die klassische Beratung wird durch drei Begriffe definiert:

a) *Wahlfreiheit:* Der zu Beratende wählt freiwillig die Beraterperson.

b) *Entscheidungsfreiheit:* Der zu Beratende entscheidet selbst, was er tun und/oder lassen möchte. Es gibt keine *Anweisungen* seitens des Beraters.

c) *Bewertungsfreiheit:* Das Handeln und die Entscheidungen des zu Beratenden werden vom Berater nicht bewertet. Er ist keine moralische Instanz.

Entfällt auch nur eine Variable, so ist es keine Beratung mehr.

Für den Berater sind weiterhin wichtig:

- Konzentriertes (aktives) Zuhören, Aufnehmen der Botschaften.
- Gegebenenfalls Nachfragen, Klären.
- »Mitschwingen« (= sich Einlassen auf die Welt des anderen).
- Nichtdirigistische Verhaltensweisen.

Beratung ist Hilfe zur Klärung, Entscheidung und Selbstfindung.

Als Berater sind/bleiben Sie

- Experte, Fachmann/Fachfrau für …,
- Klärungs- und Entscheidungshelfer,
- Ansprechpartner/Begleitperson.

Sie sind nur für Ihre eigenen Mitteilungen verantwortlich, also für Ihr Senden, nicht aber für den zu Beratenden, für seine Prozesse und Entscheidungen.

Gespräche außerhalb der Beratung:

- Dienst-/Pflichtgespräche aller Art.
- Informationsaustausch und Diskussionen.
- Verständigungs- und Klärungshilfe.
- Konflikt-/Vermittlungsgespräche.
- Unterrichtsgespräche (Vor- und Nachbereitung).

Über die Möglichkeiten *und* Grenzen eines Beratungsgespräches Bescheid zu wissen, vermeidet Vermischungen, bringt Klarheit über die Gesprächsfunktion des Beraters und enthebt ihn der Verantwortung, zu entscheiden und zu Ergebnissen zu kommen.

R
- Was ich bisher unter Beratung verstand: _____

_____

_____

- Welche »Beratungen« ich bisher hauptsächlich vornahm: _____

_____

_____

- Welche Beratungen mir jetzt »nur« noch bleiben: _____

_____

_____

A   Überprüfen Sie Ihr Gesprächsverhalten als Berater/in:

Meine Aussagen:	innerhalb von Beratung?	außerhalb von Beratung?
An Ihrer Stelle würde ich folgendermaßen handeln …	☐	☐
Sagen Sie mir bitte, was Sie von mir erwarten.	☐	☐
Sie sollten wieder mal an einer Fortbildung teilnehmen.	☐	☐
Ich empfehle Ihnen, folgendes Buch zu lesen …	☐	☐
Ich schätze diese Lage als sehr ernst und kritisch ein.	☐	☐
Sie sollten auf gar keinen Fall die Schule wechseln.	☐	☐
Aus meiner Sicht sieht die Sachlage folgendermaßen aus …	☐	☐
Sie wollen doch selbst, dass sich etwas ändert. Dann müssen Sie dringend …	☐	☐
Ich kann Ihnen gerne den Rat geben, die Entscheidung kann ich Ihnen nicht abnehmen.	☐	☐
In diesem Fall empfehle ich Ihnen, noch den Rat von X/Y einzuholen.	☐	☐
Ich kann Ihnen nicht sicher sagen, ob Ihre Tochter das Klassenziel erreicht.	☐	☐

I Aus meiner Sicht ist die *Einstellung* der beratenden Person zum Gegenüber der entscheidende Teil im Beratungsgespräch. Die von C. Rogers geforderten/erwünschten Variablen (Echtheit, Einfühlung, Akzeptanz, nichtdirigistische Vorgehensweisen) sind nicht immer von vornherein gegeben (Schulleiter/innen als Beratende haben zum Beispiel eine Wut auf Schüler/innen, sind verärgert über Kolleg/innen, fürchten sich vor Eltern …) – und manchmal werden sie mit unsympathischen Menschen konfrontiert.

Die nachfolgende Übung zeigt, wie Einstellungen veränderbar sind, was nicht auf »die Schnelle« und auf »Knopfdruck« möglich ist, sondern ebenso seine Zeit braucht:

A Einstellungsveränderung
a) Stellen Sie sich bitte eine Person vor, die Ihnen unsympathisch ist.
b) Benennen Sie Ihre *Bewertungen* (zum Beispiel stur, arrogant, selbstherrlich …)
c) Nehmen Sie Ihre *Gefühle* wahr (zum Beispiel wuterfüllt, ärgerlich, frustriert …)
d) Notieren Sie, was Sie am liebsten *tun* würden (zum Beispiel schimpfen, kein Gespräch führen …)

Bewertung I → Gefühl I → Handlung I

a) Blicken Sie nun bitte *hinter* das Unsympathische.
b) Benennen Sie Vermutungen (zum Beispiel hinter der Arroganz könnte Unsicherheit sein, hinter der Sturheit Angst …).
c) Nehmen Sie Ihre Gefühle wahr (zum Beispiel Nähe, Mitleid …).
d) Notieren Sie, was Sie am liebsten tun würden (zum Beispiel ins Gespräch kommen, zuhören …).

Bewertung II → Gefühl II → Handlung II

Ihre *Gefühle* und Ihre *Handlungen* haben sich möglicherweise verändert, weil sich Ihre *Bewertung* (Einstellung/Sichtweise) verändert hat. Sie haben es u.U. also selbst in der Hand, mit welchen Einstellungen, Gefühlen Sie Menschen begegnen und wie Sie mit ihnen umgehen (= Handlung): Es kommt auf Ihre Bewertung/Sichtweise an!

G Wenn ich in einem Beratungsgespräch bei mir gelegentlich feststelle, mich zu »verlieren« beziehungsweise in die Rolle des »Anweisers« zu geraten, dann lehne ich mich innerlich etwas zurück und sage quasi zu mir selbst: zuhören und mitteilen – keine Entscheidungen für das Gegenüber fällen –, akzeptieren, was er/sie aus deinen Botschaften macht … – kein Ärger, denn: er/ sie hat die Entscheidung und kann zustimmen oder ablehnen – er/sie ist verantwortlich für das Ergebnis … (Damit »bleibe ich bei mir« und bin handlungsfähig als Berater.)

Gesprächsstruktur

a) *Gesprächsvorbereitung:* Ziel ist die organisatorische, sachliche und mentale Vorbereitung auf Gesprächssituationen und Gesprächspartner (siehe auch Kapitel 20 »Be- und Entlastungen«, S. 222 ff.):

Klärung der Bedingungen:
- Vorgesehene Zeit.
- Geschützter Ort/Raum.
- Sonstiges (Medien, Materialien …).

Klärung der eigenen Befindlichkeit:
- Mein körperliches und seelisches Befinden.
- Meine Belastungen.
- Meine Entlastungsmöglichkeiten.

Klärung der Beziehung:
- Meine Einstellung (Wertschätzung, Ablehnung).
- Hintergründe/Ursachen.
- Meine Empfindungen/Gefühle.
- Mögliche Einstellungsänderungen.

Klärung der Sachen/Inhalte:
- Der Sachstand.
- Meine Absichten, Ziele.
- Meine Wünsche.

b) *Gesprächsverlauf:* Gespräche sind nicht nur ein »kommunikatives Pingpong«, sondern sie haben auch einen bestimmten Verlauf. (B = Berater/in / K = Klient):

Beginn:
- Kontaktaufnahme, Begrüßung, gegebenenfalls erstes »Loswerden/Abladen« (K): *»Mir geht es …«*
- Frage nach dem Anliegen (B).

Problemdarstellung:
- Genaue Problemstellung (K):
  »Ich habe folgendes Problem …«
- Verdeutlichung, Nachfragen (B).

Zielvereinbarung:
- Klärung der Absichten und Ziele (B/K).
- Zielvorschläge, Vereinbarungen (B/K).
  »Das Ziel des Gesprächs könnte/sollte sein …«

Problembearbeitung:
- Diskurs, Perspektivenwechsel (B/K).
- Beziehungs- und Sachklärung (B, K)
  »u.a. Pendeln im »Vier-Seiten-Quadrat« (B/K).

Lösungssuche:
- Lösungsvorschläge (K).
- Reflexion (B, K).
- Praktikabilität.
- Umsetzung (K).

Ergebnisfindung:
- Ergebnisfindung/-formulierung (B, K).
- Zustimmung, gegebenenfalls Modifizierung (K).
- Entscheidung/Annahme (K)
  »Die Lösung besteht darin, dass …«.

Absprachen:
- Schlussfolgerungen (K).
- Hinweise, Weiterführung (B, K)
  »Verbleiben wir also folgendermaßen …«.

Reflexion:
- Rückmeldung (= Gespräch über das Gespräch/Metaebene:
  »Das Gespräch war für mich …« (K/B)

Beendigung:
- Gegebenenfalls Terminabsprachen (B, K).
- Verabschiedung.

Grundstruktur (Überblick)
1. Problemdarstellung,
2. Zielvereinbarung,
3. Problembearbeitung,
4. Lösungsvorschläge,
5. Entscheidung/Annahme.

R
- Durch die Struktur fühle ich mich   eingeengt ☐   geführt ☐.
- Die Struktur ist für mich   hilfreich ☐   blockierend ☐.
- Im »Beratungsspagat« zwischen »natürlichem Verlauf« und Planung geht es mir

_____

_____

I Es ist sinnvoll, zu Beginn eines Beratungsgesprächs dem Partner die geplante Struktur mitzuteilen:

1. Er soll wissen, was auf ihn zukommt. (Transparenz)
2. Es wird gefragt, ob der Verlauf Zustimmung findet. (Akzeptanz)
3. Planung darf auch, aus der Notwendigkeit des Augenblicks heraus, verändert werden. (Offenheit, Spontaneität, Flexibilität)

A • Führen Sie ein Beratungsgespräch ohne Strukturabsichten/ohne geplanten Verlauf. (= Wie es sich gerade ergibt)
• Führen Sie ein Beratungsgespräch mit geplantem Verlauf.
• Reflexion: Vergleichen Sie die beiden Gespräche. (Ihr eigenes Befinden, Befinden des zu Beratenden, Erfolg, Misserfolg, Wirkung …)

R Überlegen Sie, inwieweit Sie persönlich und zeitlich in der Lage sind, ein Gespräch zu führen, wenn es das Gegenüber wünscht/verlangt. (= Abwägen der eigenen Möglichkeiten und der Dringlichkeit des Gesprächsanlasses)

• Wenn nein: Formulieren Sie Ihre Absage sozialverträglich.
• Nehmen Sie sich *Zeit* für gute Gespräche.
• Es hat keinen Sinn, sich ein Gespräch aufzwingen zu lassen.

Brücken und Blockaden

I Es ist zu unterscheiden:

• *Die klassische Beratung* mit den oben genannten drei Variablen.
• *Beratungsanteile* innerhalb anderer Gespräche.
• Gespräche außerhalb eines Beratungskontextes.

R Entscheiden Sie, welche Gespräche für Sie *Beratungscharakter* haben:

☐ Eine Lehrerin fragt Sie, ob sie sich versetzen lassen soll oder nicht.
☐ Eine Mutter fragt Sie, welche Erfahrungen Sie mit unkonzentrierten Kindern haben.
☐ Ein Vater will wissen, ob sein Sohn das Klassenziel erreicht oder nicht.
☐ Eine Schülerin hat Probleme zu Hause und erzählt Ihnen davon.
☐ Eine Mutter will wissen, welche Lernhilfen es in Mathematik gibt.
☐ Eine Lehrerin ist von Eltern beleidigt worden und weiß nicht, wie sie reagieren soll. Sie kommt zu Ihnen …
☐ Oder: _____
_____

A   Als *Berater* bekommen Sie manchmal »Fallen« von der zu beratenden Person gestellt. Sie hat *Erwartungen* an Sie! (Nicht alle sind erfüllbar!):

Mitteilungen	Ihre professionelle Antwort im Kontext als Berater/in
Eltern: »Nun sagen Sie doch etwas. Sie müssten es doch wissen.«	_____
Kollegin: »Sie haben viel mehr Erfahrung als ich. Warum helfen Sie mir nicht?«	_____
Kollege: »Jetzt habe ich schon alles versucht; leider vergeblich …«	_____
Lehrerin: »Wie gut, dass Sie kommen. Hier in der Klasse gibt's Riesenknatsch.«	_____
Personalrat: »Ehrlich gesagt: Wir haben schon vermutet, dass Sie auch keine Lösung haben.«	_____
Elternvorsitzender: »Wie lange sind Sie denn schon Schulleiter?«	_____

I   Als Berater sind Sie *Klärungshelfer,* aber nicht Handelnder *für* die zu beratende Person.

Beratungsstimmige Mitteilungen der zu beratenden Person:	Beratungsunstimmige Mitteilungen der zu beratenden Person:
Was raten Sie mir denn?	Jetzt sagen Sie mir, was ich tun soll.
Was empfehlen Sie mir in diesem Fall?	Ach, bitte, erledigen Sie das für mich.
Ich habe folgendes Problem und wende mich an Sie als Experten.	Das kann ich nicht; das können Sie als Experte viel besser.
Geben Sie mir Rückmeldung, damit ich mich besser entscheiden kann.	Könnten Sie mir nicht diese Entscheidung abnehmen?
Ich werde mir Ihre Empfehlungen nochmals überlegen.	Das schaffe ich nie. Sie wissen doch bestimmt, was gut ist.
Oder: _____ _____	Oder: _____ _____

A   Antworten Sie auf folgende Aussagen im Rahmen eines Beratungsgesprächs:

Zu beratende Person	Ich als Berater/Beraterin
Mutter: »Ach, ich weiß überhaupt nicht mehr weiter. Mein Sohn macht, was er will.«	_____
Schüler: »Nach der Hauptschule werde ich Pilot …«	_____
Hausmeister: »Die Schüler sind alle so frech. Früher hatten sie noch Respekt vor mir.«	_____
Vater: »Sagen Sie doch der Frau X, dass Sie nicht so rasch vorgehen soll.«	_____
Lehrerin: »In die Klasse Y bringen mich keine zehn Pferde mehr!«	_____
Lehrer: »Ich weiß gar nicht, wie viele Stunden ich im nächsten Schuljahr reduzieren soll.«	_____
Konrektor: »Meinen Sie, dass ich gut genug bin, selbst eine Schule zu leiten?«	_____
Schülerin: »Am liebsten würde ich nach der Zehnten hier abhauen.«	_____

Es gibt keine Beratungsresistenz, weil Beratung freiwillig ist.

A   Ein guter Freund/eine gute Freundin, fragt Sie, ob und wie Sie auch in der Schule beratend tätig sind. Was antworten Sie ihr/ihm jetzt?

_____

_____

Das Frage-Antwort-Spiel:

I   In Gesprächen stellen sich Menschen manchmal *Fragen* (vor allem auf der Beziehungsebene), hinter denen jeweils *Aussagen* stehen:

Person	Frage	Vermutliche Aussage
Elternvorsitzender:	»Sagen Sie mal, wie lange sind Sie eigentlich schon Schulleiter?«	Ich traue Ihnen nicht viel zu. Ich kann Ihre Kompetenz nicht einschätzen.
Lehrer:	»Wie lange dauert denn die Konferenz noch?«	Ich kann nicht mehr zuhören. Ich hab noch einen Termin …
Schüler:	»Warum rufen Sie mich denn nie auf?«	Ich möchte auch mal drankommen. Ich weiß auch was …
Lehrerin:	»Warum krieg ausgerechnet ich immer so einen bescheuerten Stundenplan?«	Ich ärgere mich … Ich werde benachteiligt.

Die »Falle«, besonders für Beratende, besteht darin, dass sie die vermeintlichen Fragen beantworten, obwohl etwas ganz anderes dahinter steht. Es ist also wichtig herauszuhören, ob und wann es sich um sachliche Fragen handelt (Wie viel Uhr ist es? – Wann beginnt der Unterricht? u.a.m.) oder ob es »eigentlich« Aussagen sind.

G

> Ein kleiner Junge, vital in seinen Bedürfnissen, sagt zu seiner Mutter: »Ich hab Hunger; ich möchte den Apfel …« Die Mutter: »Warte noch! – Quengle nicht …!« – Wenn er dieses Kommunikationsmuster häufig erlebt, dann lernt er: Es scheint den Erwachsenen nicht zu passen, wenn ich Bedürfnisse äußere … Irgendwann sagt er dann: »Mama, wann gibt es Essen?« Statt einer Aussage »versteckt« er sich hinter einer Frage – und merkt, dass er nun eine »vernünftige« Antwort bekommt. In Zukunft vermeidet er (vitale) Aussagen und stellt Fragen.
>
> Ein Lehrer äußert sich in Gesprächen kritisch zu Themen der Schulpolitik und bekommt von Kolleg/innen und dem Schulleiter häufig Konter und abwertende Antworten. Allmählich zieht er sich zurück, äußert sich immer weniger und schließlich besteht seine Kommunikation nur noch aus (vorsichtigen) Fragen: »Könnte man dies nicht auch anders sehen?« – »Ob das wohl machbar ist?« – »Glauben Sie, dass Ihre Entscheidung richtig ist?« – Er nimmt also nicht mehr Stellung, sondern stellt Fragen. Er konfrontiert nicht mehr, sondern versteckt sich …

Erfahrungen: Aussagen sind nicht erwünscht; Aussagen werden abgewertet – und damit auch die Person …

Gelernte Muster: Vermeide Aussagen; stelle (unverfängliche) Fragen; halte dich heraus, dann kann dir nichts passieren …

Konsequenz: Kommunikationen werden verschleiert, Unklarheiten bleiben …; aus dem »Ich …« wird ein »Warum?«, »Wieso?« – »würde, könnte, vielleicht« …

Hintergrund: Man kann sich hinter Fragen verstecken – und das Gegenüber unter Umständen bloßstellen (siehe auch Bodenheimer [5]1999):

A

Ich frage,	meine aber eigentlich
»Können Sie denn nicht pünktlich kommen?«	»Ich ärgere mich, dass Sie häufig zu spät kommen.«
»Warum haben Sie denn die Listen nicht abgegeben?«	»Ich habe gewartet und wollte den Abgabetermin einhalten.«
»Wieso haben Sie denn mit meinem Stellvertreter und nicht mit mir geredet?«	»Ich bin gekränkt, dass ein anderer und nicht *ich* gefragt worden ist.«
Oder: _____	_____

Wer fragt, lügt nicht, sagt aber auch nicht die Wahrheit!

A

Personen, die ich berate, sagen …	und ich antworte:
Mutter: »Mein Gott, was soll ich denn jetzt bloß machen, wenn mein Sohn durchfällt?«	_____
Vater: »Glauben Sie, dass ich meiner Tochter das Rauchen abgewöhnen kann?«	_____
Lehrer: »Ob ich wohl nächstes Jahr die schwierige 6b nehmen soll?«	_____
Oder: _____	_____

Ein Tipp: Zuerst (heraus-)hören, wie wohl die »eigentliche« Botschaft lautet und dann gegebenenfalls klärend nachfragen und antworten!

G

Meine Tochter sitzt über ihrem Mathebuch, kratzt sich am Kopf und sagt: »Jetzt kapier ich überhaupt nichts mehr.« – Ich setze mich neben sie, lese die Aufgaben durch, schüttle den Kopf und sage: »O je, das ist schon so lange her … – und in Mathe war ich noch nie 'ne Leuchte.« Da schaut sie mich von der Seite an und antwortet: »Schade! – aber eigentlich bin ich ganz froh, dass du's auch nicht weißt. Dann sind wir zu zweit blöd dran.« – Steht auf und ruft ihre Freundin an …

Beratung ist nicht immer gefragt – dafür aber Selbstständigkeit!

Literaturempfehlungen

Bachmair, S. u.a.: Beraten will gelernt sein. Weinheim [5]2001.
Miller, R.: »Das ist ja wieder typisch!« – Kommunikation und Dialog in Schule und Schulverwaltung. 25 Trainingsbausteine. Weinheim und Basel [3]2000.

6. Personalentwicklung

Personalentwicklung ist – ebenso wie Motivation – ein »Instrument« zur Förderung von Personen, deren Beziehungen untereinander und zur Verbesserung der Qualität ihrer Arbeit.

Nachdenkliches

Der Begriff Personalentwicklung wird zwar in Unternehmen häufig verwendet, unterliegt aber einer Täuschung. Man kann Personen/Personal nicht entwickeln. Menschen entwickeln sich selbst – und von innen heraus. (Systemtheoretisch formuliert: sie sind »autopoietisch« und steuern sich selbst.) Aber man kann für sie günstige Bedingungen schaffen und damit ihre Entwicklung fördern.

Diese Unterscheidung zwischen Entwicklung als innerer »autonomer Vorgang« und Förderung von außen durch Hilfe und Unterstützung ist keine semantische Spielerei, sondern basiert auf der Einstellung, dass wir

a) Menschen von außen nicht wirklich verändern (höchstens durch Zwang umbiegen) können.
b) Menschen bei ihrer Entwicklung jedoch helfen und sie unterstützen können (siehe auch 3. Kapitel: »Motivation«, S. 40 ff.).

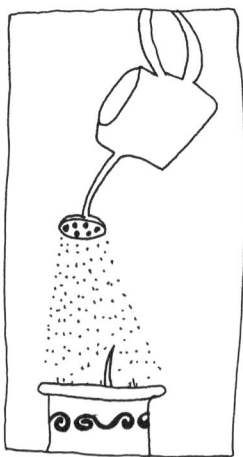 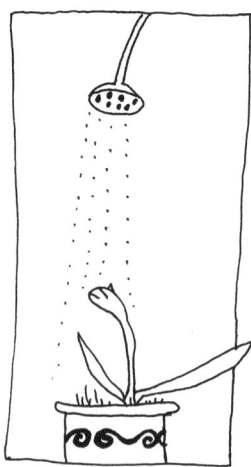 

R Ihre Gedanken dazu: Zustimmung, Ablehnung, Verunsicherung, Zweifel, Bedenken, Einwände, Beifall … Denken Sie an Ihre eigene Entwicklung und an beteiligte Personen:

Für meine Entwicklung waren förderlich	Für meine Entwicklung waren blockierend
• Beachtung, Anerkennung,	• Druck, Zwang,
• Verständnis, Geduld,	• Bestrafung,
• Herausforderungen,	• Überforderungen,
• Zulassen, Begleiten,	• Bedrängen, Beeinflussen,
• _____	• _____
• _____	• _____
• _____	• _____

Vielleicht fallen Ihnen Personen ein, an die Sie sich mit Dankbarkeit erinnern:

_____

_____

_____

G Mein Musiklehrer im Gymnasium entdeckte bereits in der Sexta meine musikalischen Fähigkeiten. Schon als 11-Jähriger durfte ich im Schülerorchester eine Trommel bedienen – damals für mich eine Mischung aus Aufgeregtheit und Stolz … Und meine Weiterentwicklung? Zweite Geige, erste Geige, Bratsche – und später Dirigent von Studentenorchestern … Noch heute denke ich mit großer Dankbarkeit an einen wichtigen Förderer – neben vielen anderen in meinem Leben.

A Schätzen Sie sich selbst ein: Welche Ihrer Verhaltensweisen sind für die Entwicklung von Menschen eher förderlich oder eher blockierend? (Sie können zu Ihren eigenen Kindern, Ihren Schüler/innen, Ihren Partnern oder Ihren Kolleg/innen Bezug nehmen.)

eher förderlich	eher blockierend
• meine Wertschätzung,	• (manchmal) meine Ungeduld,
• meine Sachkenntnis,	• meine Hektik,
• _____	• _____
• _____	• _____
• _____	• _____

Befragen Sie nun oben genannte Personen, wie diese Sie empfunden haben:

Personen	... in ihrer Entwicklung förderlich, weil ...	blockierend, weil ...
Eigene Kinder	_____	_____
Schüler/innen	_____	_____
Partner/innen	_____	_____
Kolleg/innen	_____	_____
Freund/innen	_____	_____

Resümee: Stimmen Ihre Wahrnehmungen/Einschätzungen mit denen Ihrer Mitmenschen überein – oder klaffen sie (weit) auseinander?

Sollten große Unterschiede sein, so ist es für Sie vielleicht ein Trost: »Jede Botschaft ist das Konstrukt des Empfängers« (siehe 4. Kapitel »Kommunikation«, S. 48 ff.). Das heißt, auch wenn Sie noch so förderlich waren – es kann so ganz anders ankommen! (Beispiel aus unserer Kindheit/Jugend; Eltern: »Wir haben es doch sooo gut gemeint und alles für dich getan ...« – und doch war es für uns manchmal keine wirkliche Hilfe!)

A   Selbsteinschätzung: »egozentrisch« (1) bis »altruistisch« (10): Welche Ziffer in der 10er-Skala trifft Ihrer Einschätzung nach auf Sie zu

Ziffer _____

Und das interpretiere ich so: _____

_____

R   »Personale Entwicklungshilfe« ist zeitintensiv und anstrengend. Deshalb überlegen Sie

- was Sie tun können, wo Ihre Möglichkeiten sind und wie Sie sich verhalten wollen, um förderlich für andere Menschen zu sein;
- wo Sie delegieren müssen, was Sie vernachlässigen können, wofür Sie nicht zuständig und wo Ihre eigenen Grenzen sind.

Das Ziel ist eine dynamische Balance zwischen Eigen- und Fremdinteressen.

Mitarbeitergespräche

I Schwerpunkt der Personalentwicklung in der Schule ist das Mitarbeitergespräch (MG), ursprünglich in Industrie und Wirtschaft praktiziert. In der Schule besteht ein relativ enger, bürokratischer Rahmen, in dem Anreize und (Be-)Förderungen begrenzt sind. Dennoch haben MG auch hier ihren eigenen Sinn und Zweck:

- Interesse zeigen am Wohlbefinden und an der Arbeit der Kolleg/innen.
- Herausfinden, ob die Tätigkeiten sinnvoll und befriedigend erlebt werden.
- Überprüfen, ob die Arbeit wirkungsvoll ist und welchen Erfolg sie hat.
- Offen sein für Wünsche und Veränderungsbestreben.
- Eigene Absichten und Erwartungen transparent machen.
- Aufzeigen, was getan werden muss.
- Feedback über die geleistete Arbeit geben.
- Vorschläge unterbreiten für Qualitätsverbesserungen und Arbeitszufriedenheit.
- Zielvereinbarungen treffen.
- Gegebenenfalls für die berufliche Laufbahn beraten.
- Unterstützung und Entlastung anbieten.
- Überzogene Erwartungen eingrenzen.

R Aus meiner Sicht:

a) Ergänzungen: _____

b) MG ist sinnvoll, weil _____

c) MG hat seine Grenzen, denn _____

d) Gesamtbilanz: _____

I Der Kern des MG besteht aus dem *Zielvereinbarungsprozess*, der bestimmte Schritte aufweist:

1. Die bisher geleistete Arbeit feststellen.
2. Sie mit dem Anspruch/dem Soll vergleichen.
3. Bilanz ziehen.
4. Widersprüche klären.
5. Angemessene (erreichbare, wenige) Ziele suchen.
6. Gemeinsam Ziele vereinbaren (Stärken hervorheben).
7. Vorgangsweisen erarbeiten.
8. Zeitplanung vornehmen (Kurzzeit-/Langzeitziele).
9. Unterstützung bei der Umsetzung anbieten.
10. Das nächste MG festlegen.

Die Ziele sollten nach den so genannten »Smart«-Regeln formuliert sein (Rolff 2001, S. 35):

- **s**pezifisch: die Ziele müssen situations- und personenorientiert sein,
- **m**esssbar: die Ziele müssen überprüf- und messbar sein,
- **a**ktionsorientiert: die Ziele müssen auf konkrete Handlungen abzielen,
- **r**ealistisch: die Ziele müssen überschaubar und inhaltlich begrenzt sein,
- **t**erminiert: die Ziele müssen zeitlich festgelegt sein.

A   Bewerten Sie Ihre bisherigen Mitarbeitergespräche:

sehr gut, weil	zufrieden stellend, weil	Probleme, weil

A   Wenn Sie sicher sind, gute MG durchgeführt zu haben, und Ihre Bilanz positiv ausgefallen ist, dann überspringen Sie die nächsten Zeilen. Wenn nicht, dann

a) nehmen Sie – mit Zustimmung des Gesprächspartners – ein MG auf Tonband auf und analysieren Sie es anschließend.

b) notieren Sie, was Sie – gegebenenfalls mit Hilfe anderer – ändern/verbessern können.

c) lesen Sie in diesem Buch Näheres über Kommunikation (4. Kapitel), Beratung (5. Kapitel) und Konflikte (8. Kapitel).

d) überlegen und entscheiden Sie, ob Sie (aus Zeitersparnisgründen) ein MG mit mehreren Personen gleichzeitig durchführen können (Tandem, Team), vorausgesetzt, die rechtliche Lage erlaubt es und die Beteiligten geben ihre Zustimmung.

Umgang mit Enttäuschten

I   Sie kennen das: Sie haben sich im MG bemüht, waren einfühlsam und verstehend, aber auch klar, unmissverständlich und realitätsbezogen – dennoch sind die Reaktionen Ihrer Gesprächspartner sehr unterschiedlich:

Gibt es hohe Übereinstimmung und Erfolg, dann herrscht auf beiden Seiten »eitel Sonnenschein«. Gibt es jedoch große Diskrepanzen, auseinander driftende Ansichten und Meinungen und ist die Ist-Soll-Analyse negativ ausgefallen, dann kann es zu folgenden Reaktionen kommen:

a) Auf Seiten der Kolleg/innen:
- Rückzug, Verweigerung, Beleidigtsein (mit zu Grunde liegenden Enttäuschungen und Kränkungen).
- Ärger; Angriff (mit zu Grunde liegenden Verletzungen).
- Weitere Kontakte nur auf der Sachseite (die Beziehungsseite bleibt verborgen; Näheres siehe S. 52 ff.).

b) Auf Ihrer Seite:
- Weitere Gesprächsangebote und Unterstützung bei der Verarbeitung.
- Darlegung der Möglichkeiten und Grenzen.
- Notfalls Anweisungen; auch disziplinarische Maßnahmen.
- Ärger, Frustration, Enttäuscht-/Gekränktsein.

R Lassen Sie MG der letzten Zeit Revue passieren. Im Anschluss daran:

Meine eigene Befindlichkeit	Mein Befinden gegenüber der Bezugsperson
positiv:	
• erleichtert, zufrieden	• angenehm, offen
• _____	• _____
• _____	• _____
• _____	• _____
negativ:	
• verärgert, sauer	• wütend auf sie
• erschöpft, unzufrieden	• will sie am liebsten meiden
• _____	• _____
• _____	• _____
• _____	• _____
Für mich gibt es Grund zur Änderung. Ich möchte _____	

I Ich wende mich im Folgenden dem Thema *Enttäuschungen* zu, weil es im Zusammenhang mit Mitarbeitergesprächen, wenn sie ungünstig verlaufen sind, am häufigsten auftaucht. Es ist zu unterscheiden:

a) Enttäuschungen können bei Menschen entstehen, wenn durch sie selbst oder durch andere ihre Wünsche und Erwartungen nicht erfüllt werden. Sie sind dann enttäuscht von sich selbst und/oder von anderen und *produzieren* ihre Enttäuschung selbst.

b) Man kann niemanden enttäuschen, wenn man Erwartungen anderer nicht erfüllt – vorausgesetzt, man hat nichts versprochen. In diesem Falle *fühlen* sich Menschen enttäuscht.

Wir sind nur für unser eigenes Tun verantwortlich, nicht aber für die Reaktionen (Gefühle und Handlungen) anderer Menschen.

c) Wenn man allerdings etwas versprochen oder berechtigte Ansprüche nicht erfüllt hat, dann kann man andere enttäuschen (= Enttäuschung als Folge von …). In diesem Falle tragen wir die Verantwortung für unser Versprechen, unser Tun.

R Suchen Sie im Anschluss an *Mitarbeitergespräche* nach Ursachen von Enttäuschungen (Selbstkonstruktionen oder berechtigte Ansprüche?).

G Ich bekomme viele Anfragen für Kursleitungen, Seminarveranstaltungen usw. Die meisten muss ich aus Zeitgründen absagen. Manche Menschen haben Verständnis dafür, manche sind (sehr) enttäuscht. ICH habe sie nicht enttäuscht – da ich für ihre (zu hohen) Erwartungen nicht zuständig bin …

I Fünf Enttäuschungsfallen:

1. Ansprüche an sich selbst haben, die man dann auf andere überträgt.
   Enttäuschung, wenn sie nicht erfüllt werden.
2. Andere nach den eigenen Vorstellungen ändern wollen.
   Enttäuschung, wenn dies nicht gelingt.
3. Verantwortung für andere übernehmen.
   Enttäuschung, wenn andere Verantwortung für sich beanspruchen.
4. Nur schwerlich Veränderungen anderer akzeptieren.
   Enttäuschung, wenn andere sich verändern.
5. Unrealistische bis »grenzenlose« Erwartungen haben.
   Enttäuschung, wenn sie nicht erfüllt werden.

A Beobachten Sie in der nächsten Zeit Ihr Handeln: Personen teilen Ihnen ihre Enttäuschungen mit – oder Sie erfahren durch Dritte davon:

a) Welche Enttäuschungen sind durch unrealistische Forderungen entstanden?
b) Welche Enttäuschungen sind durch berechtigte Ansprüche entstanden?

I Verarbeitung von Enttäuschung durch Änderung von Einstellungen:

- Erwartungen an andere haben, aber nicht den Drang und Zwang, sie müssten erfüllt werden.
  Einstellung: loslassen können.
- Das Seine tun – und alles andere liegt in der Verantwortung anderer.
  Einstellung: Verantwortung übernehmen und Verantwortung abgeben.
- Sich bewusst sein, dass Erwartungen keine Befehle sind.
  Einstellung: Erwartungen als Erwartungen sehen – und nichts darüber hinaus.

- Sich nicht den Schuh anderer anziehen (ihn aber ansehen!).
  Einstellung: Eine dynamische Balance erreichen zwischen Beteiligtsein und professioneller Distanz (= Dissoziation).
- Selbstbewusstsein entwickeln, ein probates Mittel gegen Anfälligkeit von Enttäuschungen.
  Einstellung: Eine gelungene Mischung aus Eigenständigkeit und Beziehungsfähigkeit herstellen.
- Das Handeln anderer Menschen wahrnehmen, sich aber nicht durch sie durcheinander bringen lassen.
  Einstellung: bei sich bleiben.

Von wem ich mich enttäuschen lasse, bestimme ich!

A Laden Sie Ihr Kollegium zu einem Gespräch ein. Thema: Umgang mit Enttäuschungen und Enttäuschten!

R Überdenken Sie bitte die Fallen und die Änderungsmöglichkeiten:

Fallen, in die ich bisweilen noch tappe	Änderungen, die ich mir vornehme	Hilfen, die ich dabei brauche

---

Literaturempfehlungen

»Personalentwicklung«. Lernende Schule, Heft 15, Velber 2001.
Sprenger, R.K.: Das Prinzip Selbstverantwortung. Frankfurt a.M. [10]2000.

7. Beurteilungen

Dienstberichte, Leistungsfeststellungen, Prüfungsverfahren u.a.m. sind für Schulleiter/innen Anlässe, Kolleg/innen zu beurteilen und zu bewerten. Grund genug also, das Thema »Beurteilen/Bewerten« näher zu betrachten.

Subjektive Wirklichkeiten

> **»Alle Beurteilung sagt immer mehr über den Beurteiler aus als über den Beurteilten. Jede Beurteilung ist Selbstbiografie.«** (Sprenger 2000, S. 212 f.)

I Wie auch immer jemand einen anderen Menschen wahrnimmt, sieht, beurteilt … – so R.K. Sprenger weiter –, es ist »seine Wahrheit, aber nicht *die* Wahrheit … Lesen Sie Leistungsbeurteilungen über Ihre Mitarbeiter als Urteile über sich selbst – und Sie erhalten interessante Informationen. Grund genug, das ganze System der Beurteilungs- und Fördergespräche über den Haufen zu werfen? Ich meine: Nein. Denn auf der anderen Waagschale liegen auch einige schwerwiegende Aktivposten.« (ebd.)

Es geht also nicht um die Abschaffung von Beurteilung/Bewertung, Benotung, sondern um das Bewusstsein, dass Beurteilungshandeln subjektiv ist: »Objektivität ist die Wahnvorstellung eines Subjekts, es könne beobachten ohne sich selbst.« (H. v. Foerster) Was bleibt, ist die *intersubjektive* Überprüfbarkeit: Wenn mehrere Personen dasselbe wahrnehmen, einschätzen und gleich beurteilen, dann entsteht keine Objektivität, sondern »verdichtete Subjektivität«.

Wir sind als Beobachtende und Beurteilende an unsere Persönlichkeitsstruktur, an unsere Art der Wahrnehmung und an unsere Erfahrungen gebunden und konstruieren – als Subjekte – unsere Wirklichkeit deshalb auch unterschiedlich:

G Ein Schüler einer 4. Grundschulklasse wurde von der Klassenlehrerin zum Halbjahr für die Hauptschule eingestuft. Aus Umzugsgründen kam der Junge im 2. Halbjahr in einen anderen Ort und dadurch in eine andere Grundschule/Klasse und zu anderen Lehrern. Am Ende des Schuljahres bekam er die Übergangsempfehlung für das Gymnasium.

Zuwachs an »Gescheitheit« innerhalb von Monaten – oder subjektiv unterschiedliche Beurteilungen der Lehrer/innen an den beiden Schulen?

Ein Lehrer wechselt in einer Unterrichtsstunde siebenmal die Methode, was der eine Prüfer »unglaublich flexibel« findet und der anderen als »modischen Schnickschnack« deutet.

Die Note der beiden Prüfer wies dann auch einen Unterschied von 3,0 auf.

Ich habe einen Unterrichtsfilm (Fach Geschichte, Klasse 11, Gymnasium) bisher etwa 600 Lehrer/innen gezeigt und sie um ihre Einschätzung und Benotung gebeten. Das Ergebnis: eine Streuung von Note 1,5 bis 5,5.

Beurteilung Glückssache?

Ein Erstklässler bemalt einen See grün. Auf die Frage der Lehrerin, warum er ihn denn nicht blau anmale, antwortet er: »Weil da, wo ich in den Ferien war, da war er ganz grün.«

Die einen sehen die Welt »grün«, die andern »blau« …

R Blick auf die bisherige Lebensgeschichte. Meine Erfahrungen, wenn ich beurteilt worden bin:

als Kind zu Hause _____

als Schüler/in _____

als Student/in _____

als Lehrer/in _____

als Schulleiter/in _____

Zurückgeblieben ist: _____

Als Beurteiler kann ich folgenden Aussagen zustimmen:

☐ Ich war mit meinen Beurteilungen bisher immer zufrieden.
☐ Ich komme langsam ins Grübeln.
☐ Ich war mir meiner Sache nicht immer sicher.
☐ Ich habe grundsätzlich Zweifel.
☐ Ich hole mir Rat bei anderen.
☐ Ich stimme mich mit anderen ab.
☐ Ich habe Skrupel; Beurteilungen sind mir ein Gräuel.
☐ Ich drücke mich, wo ich nur kann.
☐ Ich kann gut/schlecht mit den Reaktionen der Beurteilten umgehen.
☐ Ich _____

Konsequenz:

Ich kann alles so belassen.

Ich werde ändern: _____

A   Besorgen Sie sich einen Unterrichtsfilm (Video) oder beobachten Sie eine Unterrichtsstunde live – zusammen mit anderen – und beurteilen/benoten Sie die Stunde; Vorgehensweise:

1a. Vorherige Absprache über die Beobachtungskriterien; anschließend geheime Benotung.
1b. Oder: Keine Absprache über die Kriterien; anschließend ebenfalls geheime Benotung.
2. Bekanntgabe der einzelnen Noten, Diskurs.
3. Konsequenzen …

I   Kriterienkatalog zur Beurteilung von Lehrer/innen (vgl. Heitmann 2002, S. 79 ff.):

1. *Unterricht*
Sachkenntnisse, didaktische Fähigkeiten, Methodenkompetenz, Lernkontrollen, Unterrichtskonzepte, Arbeitseffizienz, Fortbildungsaktivitäten.
2. *Kommunikation/Kooperation*
Kontakt- und Konfliktfähigkeit, Auftreten, Beteiligung, Engagement, Initiativen.
3. *Herausforderungen*
Sensibilität für Problemlagen, Entscheidungsfreude, Belastbarkeit, Kreativität, Flexibilität, Analysefähigkeit, Zielorientierung.

Konstruktivistische Sichtweisen

I   Die oben genannten Beispiele zeigen sehr deutlich, dass die Wirklichkeit nicht *vor*gefunden, sondern tagtäglich von den Menschen *er*funden beziehungsweise konstruiert wird. So sind beispielsweise Ordnung, Zahlen, Formeln, Sprache, Naturgesetze … Erfindungen (Konstrukte) und keine Entdeckungen von bereits Bestehendem.

P. Watzlawick betont: »Um die Welt objektiv zu erfassen und so zu einem widerspruchsfreien, in sich geschlossenen Erkennen der Welt vorzustoßen, ist eine absolute Trennung zwischen Objekt (Welt) und Subjekt (Beobachter) nötig.« (Watzlawick [2]1989, S. 139) Diese Trennung gibt es nicht. Die Erkenntnis der Welt, in der wir leben, ist subjektgebunden, wobei allerdings unterschieden werden muss zwischen einer Wirklichkeit erster Ordnung (physische Eigenschaften von Objekten wie zum Beispiel Form, Farbe, Beschaffenheit) und der Wirklichkeit zweiter Ordnung (Sichtweisen, Ansichten, Meinungen). Es existieren keine auf Wahrheitsansprüche pochenden Theorien, sondern nur unterschiedliche Positionen. Es ist kein Verlass mehr auf eine »einheitliche Sinnstiftung«, weder im gesellschaftlichen noch im fami-

liären Rahmen (vgl. Kösel [3]1997, S. 26). Der daraus resultierende hohe Freiheits-
gewinn für den Einzelnen bedeutet jedoch nicht Willkür und Beliebigkeit, sondern
verlangt umso mehr ein hohes Verantwortungsbewusstsein für das eigene Handeln,
für die Beziehungsfähigkeit und den Wunsch/Willen nach Absprachen und Vereinbarungen.

R   Fragen zur Klärung:

- Was ist bewert- und benotbar, beispielsweise im Fach Deutsch (Interpretationen
  von Texten – subjektive Deutung der Wirklichkeit), in Musik (subjektives Empfinden), in Kunst (subjektives Sehen, Betrachten)?
- Wie geht es einem Mädchen, das auf Grund der Wohnverhältnisse eine Schule
  besucht, die in einem Akademikerviertel liegt, im Leistungsvergleich mit den andern Schülern der Klasse im letzten Drittel eingestuft wird und das in einer
  Schule »im sozialen Brennpunkt« jedoch zur Klassenspitze gehören würde?
- Wie geht es Lernenden, die mit ihrem individuellen Lerntempo im »Haupt-
  strom« der Klasse die vorgeschriebene Geschwindigkeit nicht einhalten können;
  wenn sie ständig mit anderen Menschen verglichen werden; wenn sie anders
  wahrnehmen und dafür gescholten, beschimpft, bestraft werden?
- Wo bleibt die »Gerechtigkeit«, so klagen Schüler/innen und Eltern, wenn in der
  Schule A in Klasse 4 ab 12 Fehlern, in der Schule B ab 14 und in der Schule C ab
  16 Fehlern die Note 6 gegeben wird?

G
- Zwei Lehrer bewerben sich für eine Schulleiterstelle. Nach einem einstündigen
  Kolloquium sagt ein Kommissionsmitglied: »Den nehmen wir, der tritt sehr
  selbstbewusst auf.« – »Mir ist er zu arrogant«, meint daraufhin sein Kollege.

- Unterrichtsmitschau: Nach der Stunde schätzt die Beobachtergruppe das Be
  ziehungsverhalten der Lehrperson ein. Das Spektrum reicht von »klar/be-
  stimmt« über »direkt/lenkend« bis »direktiv/autoritär«.

I   Objektivität ade!

- Von Lehrplankommissionen werden Lerninhalte nach subjektiven Gesichtspunk-
  ten ausgewählt, zu denen Schüler/innen dann sehr individuellen Zugang haben.
- Schulleiter/innen wirken durch ihr Aussehen, ihre Bewegungen, ihre Stimme, ihr
  Sprech- und Lehrtempo … sehr unterschiedlich auf ihre Gegenüber …
- Schüler/innen reagieren sehr subjektiv auf die Lehrer/innen: beeindruckt und begeistert, skeptisch und ablehnend, verstehend oder irritiert.
- Eltern haben sehr subjektive Ansichten über das Verhalten von Lehrer/innen: die
  einen meinen, Lehrer X sei zu streng, während andere ihn als viel zu lax empfin-
  den.

- Schulleiter/innen werden beurteilt, insgeheim oder offen:

von den einen als	von den anderen als
– formalistisch	– sachlich einwandfrei
– knallhart	– klar und konsequent
– zugänglich und offen	– kaum fassbar

Man kann also Personen und Sachen so oder auch ganz anders sehen, einschätzen und bewerten …

G Wenn ich meine Meinung in meiner Familie deutlich sage, dann bekomme ich von meiner Frau manchmal zu hören: »Das war jetzt aber knallhart formuliert.« Meine Tochter hingegen antwortet: »Papa, bei dir weiß ich immer, woran ich bin.«

A Beobachten Sie Einschätzungen/Beurteilungen Ihrer Kolleg/innen:

Die einen sagen über Sie	die anderen sagen über Sie
• Ich finde, er/sie ist sehr gerecht und behandelt alle gleich.	• Ich finde, er/sie hat schon Lieblinge und macht Unterschiede.
• … viel zu formalistisch.	• … absolut korrekt; sehr rechtskundig.
• Er/sie erkundigt sich nach uns.	• Er/sie mischt sich viel zu viel drein.
• _____	• _____
• _____	• _____
• _____	• _____

Was sagen die Beurteilenden über *sich selbst*?

I Schlussfolgerungen:

1. Ansichten, Meinungen, Sichtweisen … von Menschen sind subjektiv.
2. Die Kriterien der subjektiven Bewertung sind denjenigen gegenüber, die bewertet und deren Leistungen benotet werden, transparent zu machen, um sich nicht dem Vorwurf der Beliebigkeit auszusetzen. Achtsamkeit, Vorsicht und Bescheidenheit seitens der Beurteilenden sind angebracht angesichts der Tatsache, dass über dieselben Vorgänge subjektiv unterschiedliche Urteile gefällt werden.
3. Die Kategorien »richtig – falsch« sind zu erweitern durch Begriffe wie plausibel, stimmig, einleuchtend, angemessen, sowohl als auch, nachvollziehbar.
4. Es gibt keine »gerechte Beurteilung« im Sinne einer unumstößlichen Objektivität und Gewissheit, sondern »nur« verantwortliches Handeln im Bewusstsein subjektiver Sichtweisen, Maßstäbe und Vereinbarungen. Es ist dabei immer wieder

die Frage zu stellen, was bei Lernprozessen und Ergebnissen bewertet/benotet werden kann und was nicht. Gespräche, Abstimmungen und Vereinbarungen der Beurteilenden untereinander sind notwendig, damit die Beurteilungen möglichst »stimmig« werden.

5. Beurteilung, Bewertung, Benotung sind letztlich subjektiv nur dann gerechtfertigt, wenn sie aus der Haltung der Wertschätzung, der Förderung der Entwicklung und der Hilfe entspringen.

R Meine Schlussfolgerungen: _____

_____

_____

Reaktionen

I Einer endgültigen Beurteilung kann folgendes Procedere vorangegangen sein: Die Entscheidung wurde getroffen

- auf Grund bestimmter Kriterien und alleiniger Beobachtung.
- nach Einholung von Informationen bei anderen Personen.
- nach ausführlicher Diskussion mit anderen zusammen.
- nach einem Dialog mit dem beziehungsweise nach einer Anhörung des zu Beurteilten.

Wenn die Entscheidung feststeht, wird sie der zu beurteilten Person mitgeteilt. Die verschiedenen Reaktionen können auf drei Grundmuster zurückgeführt werden:

(1.) Akzeptanz – wie auch immer die Beurteilung ausgefallen sein mag.
(2.) Rückzug, »Beleidigtsein/Schmollen«, Abbruch des Dialogs.
(3.) Angriff, Vorwurf, Rechtfertigung, Verteidigung, Suche nach Gründen …

1. Erinnern Sie sich bitte an das Schema der Transaktionsanalyse (siehe S. 58):
   Reaktion (1): Antwort aus dem Erwachsenen-Ich.
   Reaktion (2): Antwort aus dem Kind-Ich.
   Reaktion (3): Antwort aus dem Eltern-Ich.
2. Vor allem bei Beurteilungen werden Vorgänge und Verhaltensweisen aus der Vergangenheit erinnert. Bei negativ aufgenommenen Beurteilungen sind besonders Enttäuschungen und Kränkungen die beiden vorherrschenden Reaktionen (siehe auch 6. Kapitel, Abschnitt 3: Umgang mit Enttäuschten, S. 78 ff.).
3. Steht für die beurteilte Person viel auf dem Spiel, können die Reaktionen besonders gravierend ausfallen (von »Zusammenbruch« bis »Erpressung« und verbalen und körperlichen Gewaltakten).
4. Es ist daher wichtig, bei Rückzug und Angriff die Botschaften der Akteure zu »übersetzen«, um sie besser zu verstehen, um angemessener reagieren zu können und um selbst geschützt zu sein (siehe 8. Kapitel: Konflikte, S. 90 ff.).

A   Antworten Sie auf folgende Aussagen von Personen, die von Ihnen beurteilt worden sind:

- *Auf der Beziehungsebene:* verstehend, einfühlend, anteilnehmend.
- *Auf der Sachebene:* klar, deutlich, erklärend, bestimmt.

Beurteilte Personen	Ich als Schulleiter/in
• »Jetzt bin ich aber erleichtert. Dieses gute Ergebnis hatte ich kaum erwartet.«	
• (empört) »Das kann ja wohl nicht wahr sein. Unglaublich. Mir fehlen die Worte.«	
• »Jetzt bin ich aber sehr enttäuscht. Ist Ihre Beurteilung endgültig?«	
• »Wissen Sie, dass Sie der Einzige in meiner bisherigen Schullaufbahn sind, der mich so schlecht beurteilt hat?«	
• »Jetzt könnt ich Ihnen am liebsten um den Hals fallen!«	
• »Gegen Ihre Beurteilung werde ich rechtliche Schritte unternehmen.«	
• »Dieses Ergebnis hatte ich nicht erwartet. Aber ich kann damit leben.«	
• »Das ist ein Schock für mich. Sie haben meine Lebensplanung zerstört.«	

I   Was ist es, was Menschen, deren Leistungen beurteilt worden sind, veranlasst, so unterschiedlich zu reagieren? Blicken wir wieder in die Lebensgeschichte von Menschen:

Person A: Sie hat von klein auf die Erfahrung gemacht, dass ein enger Zusammenhang besteht zwischen »schlechte Leistungen erbringen« und »nicht geliebt werden«:

- Mami mag dich gar nicht, wenn du den Teller nicht leer isst …
- Papa ist böse, wenn du das nicht machst.
- Du Faulpelz. Streng dich an! (Laute Stimme, »böser« Blick)

Auf Grund dieser Erfahrungen verfestigt sich das Muster: Ungenügende Leistung bedeutet Ablehnung der Person; das Selbstwertgefühl und die Anerkennung von außen sind gering.

Person B: Sie hat von klein auf die Erfahrung gemacht, dass trotz schlechter Leistungen die Zuwendung und Liebe anderer erhalten bleiben:

- Die Mutter nimmt ihr Kind in den Arm, wenn es mit schlechten Noten nach Hause kommt – und hilft ihm, wieder Mut zu schöpfen.
- Der Vater schimpft nicht, wenn der Sohn etwas nicht kapiert, Fehler macht …, sondern tröstet, ermutigt, erklärt …

Auf Grund dieser Erfahrungen verfestigt sich das Muster: Ungenügende Leistungen bedeuten keinen Liebesverlust; das Selbstwertgefühl erleidet keinen Schaden und die Anerkennung von außen bleibt erhalten.

20, 30 Jahre später wissen die Prüfenden nicht, mit welcher Grundstruktur der Geprüften sie es zu tun haben, ob mit Person A (Rückzug oder Angriffverhalten) oder mit Person B (Akzeptanz, realistischer Umgang) – und was sie durch ihre ausgesprochene Beurteilung beim Gegenüber auslösen …

Deshalb, als Beurteiler/in:

- Klare Entscheidung treffen über die Beurteilung. Sie muss hieb- und stichfest sein.
- Sie sozialverträglich mitteilen.
- Auf alle möglichen Reaktionen gefasst sein.
- Vor allem Vorwürfe u.Ä. nicht auf sich selbst beziehen.
- Botschaften »übersetzen« und Verständnis zeigen.
- In der Sache »standhaft« bleiben.
- Gegebenenfalls dem/der Beurteilten Hilfen anbieten, damit er/sie mit der Beurteilung zurechtkommt.

A Selbsterfahrung: Laden Sie eine Gruppe aus Ihrem Kollegium zu einer Unterrichtsmitschau ein:

- Ihr Unterricht wird beobachtet, eingeschätzt, beurteilt.
- Ihr gemeinsames Resümee:
  a) auf der Beziehungsebene (wie es mir/uns ging),
  b) auf der Sachebene (was ich/wir gelernt haben).

G Ein befreundeter Arzt sagte mir sinngemäß: Mir wird sehr bewusst, dass ich den Befund, die Diagnose nicht ändern kann, nur damit es dem Patienten gut geht. Aber ich werde versuchen, ihm bei der Bewältigung der Krankheit zu helfen.

A Auf Grund des Rückgangs der Schülerzahlen an Ihrer Schule müssen zwei Kolleg/innen gehen; Sie fragen nach Freiwilligen. Niemand meldet sich.
- Meine »Gemütslage«: _____
- Nach Verkündigung der Entscheidung (Ich habe zwei Personen bestimmt): eisiges Schweigen im Kollegium …
- Verbale Proteste der beiden »Auserwählten« …
- Meine Reaktionen, mein weiteres Vorgehen: _____

Literaturempfehlungen

Gumin, H./Meier, H.: Einführung in den Konstruktivismus. München 1992.
Bohl, T.: Prüfen und Bewerten im Offenen Unterricht. Neuwied 2001.

8. Konflikte

In einem Kollegium von 30, 50 oder über hundert Personen sind Konflikte normal. Entscheidend ist die Art und Weise, wie es zu sozialverträglichen Lösungen kommt.

Das Wissen um Konfliktregelungen ist wichtig und erhöht die Sensibilität in Konfliktsituationen, befähigen aber einen Menschen noch nicht zu fairer Konfliktbearbeitung. Dies geschieht durch Tun. Ich empfehle deshalb sehr Trainingsseminare, nach dem Motto: Selbsterfahrung ist der beste Lernweg!

Differenzierungen

Nach F. Glasl ([5]1997, S. 17) sind logische Widersprüche, Meinungsdifferenzen, Missverständnisse, semantische Unterschiede, Gefühlsgegensätze, Ambivalenzen, Antagonismen, Spannungen, Krisen noch keine Konflikte – höchstens Teile von ihnen. Einen Konflikt definiert er als Interaktion zwischen (mindestens) zwei Akteuren/ Parteien, wobei bei einem eine *Unvereinbarkeit* im Denken, Fühlen, Wollen vorhanden sein muss (ebd., S. 14 f.).

Allerdings können auch schon deftige Meinungsverschiedenheiten und unterschiedliche Interessenlagen sich zu heftigen Konflikten ausweiten. Ziel bleiben nach wie vor Lösungen, die (wieder) zur Arbeitszufriedenheit und fruchtbarer Zusammenarbeit führen.

Konflikte unterliegen bestimmten Mechanismen (ebd., S. 191), zum Beispiel:

Mechanismen	Alternativen/Lösungen
● Projektion: die anderen sind schuld	_____
● Anhäufung: immer mehr Gründe werden eingebracht	_____
● Vermischung: subjektive Sicht und erwiesene Fakten	_____
● Erweiterung: »Soldaten« werden als Hilfe geholt (XY ist auch der Meinung …)	_____
● Rückzug: da spiele ich nicht mehr mit; beleidigt sein	_____
● Drohung/Epressung: wenn …; dann …; Aggressionen …	_____
● Wahrnehmungsverzerrungen: so ist es und nicht anders	_____

… und unter der Eisoberfläche (siehe auch S. 51) haben Gefühle, Einstellungen/Haltungen, Absichten, Triebe ihre eigene Dynamik, die sich auf den Lösungsprozess auswirken.

R Überlegen Sie:

a) Für mich ist ein Konflikte dann gegeben, wenn …
b) An oben genannten Mechanismen erlebe ich vor allem …

I Beachten Sie bei der Konfliktbearbeitung folgende Phasen (siehe auch Keller 2001, S. 10):

1. Latenz: etwas »liegt in der Luft«; »Schwelbrand«.
2. Ausbruch/Eskalation: konkrete Mitteilungen, Emotionen, Vorwürfe.
3. Beruhigung: Darstellung der Positionen.
4. Klärung: »Aushandeln« durch kommunikatives Pingpong.
5. Sichtwechsel: Blick über den eigenen Tellerrand.
6. Lösungsvorschläge: keine Verlierer! (Win-Win-Modell)
7. Lösungen: Vereinbarungen, gegebenenfalls auch Trennung.

In schwierigen Fällen ist es hilfreich beziehungsweise sogar notwendig, wenn Dritte als Vermittler, Moderatoren, Berater oder Prozessbegleiter hinzugezogen werden.

R Denken Sie an erlebte Konflikte:

- Folgende Phasen habe ich noch in Erinnerung: _____
- Besondere Bedeutung haben für mich die _____phasen.

I Häufig blockieren bestimmte Einstellungen die Konfliktregelung, vor allem dann, wenn die Beteiligten der Ansicht sind, nur sie haben Recht, anstatt um Annäherungen bemüht zu sein:

Verstehensprozess: Dialog zwischen einem Viereck und einem Kreis

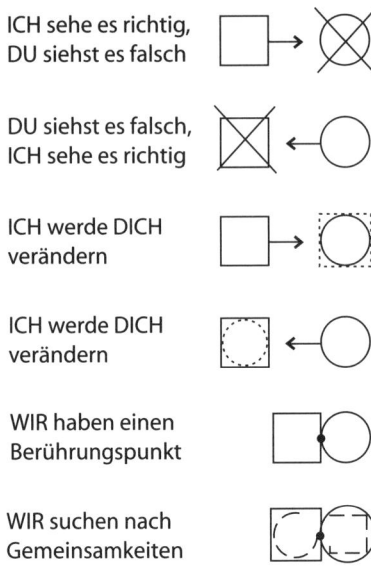

ICH sehe es richtig,
DU siehst es falsch

DU siehst es falsch,
ICH sehe es richtig

ICH werde DICH
verändern

ICH werde DICH
verändern

WIR haben einen
Berührungspunkt

WIR suchen nach
Gemeinsamkeiten

Ich bin ich und du bist du. Wir können miteinander reden, sagte der Kreis zum Viereck, auch wenn es schwierig wird.

G

- Eine Schulleiterin hat für das kommende Schuljahr nur eine 5. Klasse zu vergeben. Sie und zwei Kollegen geraten in Konflikt darüber, wer sie bekommen soll. Nachdem die Entscheidung gefallen war, fühlte sich der eine schuldig und der andere »zutiefst gekränkt« – und die Schulleiterin frustriert.
  Unvereinbarkeit: Nur eine 5. Klasse ist zu vergeben.

- Die Direktorenstelle eines Gymnasiums wurde vakant. Es gab zwei Bewerber aus der eigenen Schule. A bekam die Stelle – B deutete den Vorgang als persönliche Niederlage; der Konflikt ist bis heute latent vorhanden.
  Unvereinbarkeit: Nur einer konnte die Stelle bekommen.

- Der Großteil eines Kollegiums macht sich auf den Weg, ein Schulprogramm zu entwickeln. Im Laufe der Zeit kommt es zu einem schwer wiegenden Konflikt zwischen den Engagierten und den »Verweigerern und Bremsern«: Die einen fühlen sich ausgenützt – die anderen überfordert.
  Unvereinbarkeit: ausgenützt – überfordert.

A Besprechen Sie alle drei Fälle mit Kolleg/innen und notieren Sie Ihre Vorgehensweisen und Ihre Lösungsvorschläge. Probieren Sie in Simulationsspielen Lösungen.

R   Wenn ich in einen Konflikt involviert bin …

Meine Befindlichkeit	Meine Handlung/Reaktion
☐ irritiert	_____
☐ angespannt	_____
☐ aktiv	_____
☐ stabil	_____
☐ hin- und hergerissen	_____
☐ konzentriert	_____
☐ oder: _____	_____
☐ oder: _____	_____

G   In Konfliktseminaren bat ich Lehrer/innen (aus allen Schularten) um ihre Assoziationen zum Begriff »Konflikt«. Am meisten wurden genannt

1. unangenehme Gefühle, Angst, Trauer, Spannung, Aggression, Wut.
2. Wunsch nach Harmonie, Konsens, Übereinstimmung, Alternativen.
3. Streitereien, Auseinandersetzung, Konfrontation, Frust, Resignation, Ohnmacht.
4. Unzufriedenheit, Sieger – Verlierer, Durchsetzung.
5. Klärung, Kompromiss.
6. Fantasien über die Gegenseite: Betonköpfe, Ignoranten, Bürokraten, Chaoten.

Überwiegend war der Begriff negativ besetzt. Die Reflexion ergab zwei Erkenntnisse: Zum einen machten die meisten der Befragten während ihres Lebens die Erfahrung, dass Konflikte kaum zugelassen und häufig verdrängt wurden und dass Harmonie unter allen Umständen zu erhalten war (Harmonie = alle fühlen und denken das Gleiche!). Zum anderen wurde allen die Wichtigkeit und »Normalität« von Konflikten bewusst, verbunden mit dem dringenden Wunsch, Konflikte zu akzeptieren, sie »sozialverträglicher« zu lösen – und das Ziel aufzugeben, sich durchzusetzen und zu gewinnen.

I   Konflikte werden auf drei Ebenen deutlich, nämlich

a) *Auf der Ebene der Gedanken / Argumente*:
   Personen legen sachliche Argumente und Gegenargumente auf den Tisch, diskutieren kontrovers, möchten andere überzeugen und versuchen, deren Meinungen zu entkräften und »zu Fall zu bringen« …

b) *Auf der Ebene der Gefühle:*
Persönliches kommt ins Spiel, zum Beispiel: »Ich lehne nicht nur deine Argumente ab, sondern auch dich persönlich … Ich mag dich nicht … Ich kann mit dir nicht arbeiten … Ich habe keinen Draht zu dir … Du bist mir unsympathisch … Ich habe schlechte Erfahrungen mit dir gemacht …«
Da Konflikte auf der Gefühls- und Beziehungsebene auch von Kränkungen und Verletzungen begleitet sind, werden sie häufig verdeckt ausgetragen oder auf die Sachebene verlagert. Dies ändert aber nichts an der Tatsache, dass der eigentliche Konflikt (und der damit verbundene »Widerstand«) auf der Gefühlsebene liegt.

c) *Auf der Ebene der gesamten Lebensgeschichte:*
Die Abneigung, die Abwehr und der »Widerstand« gegen bestimmte Argumente und Personen haben ihre Wurzeln in Aspekten der Lebensgeschichte von Menschen. Sie haben etwas zu tun mit ihrer Herkunft, mit ihren Erfahrungen und Sichtweisen, mit ihren Wünschen und Bedürfnissen, mit ihren Nöten und Zwängen. Der Konflikt und dessen »eigentliche Botschaft« werden letztlich nur auf dieser dritten Ebene deutlich und verstehbar:

R Wenn ich an Konfliktregelungen in der letzten Zeit denke:

- Ich agiere meistens auf der _____ Ebene.
- Verhärtungen gab es vor allem auf der _____ Ebene.
- Ich gehe auf die Ebene, die jeweils »Thema« ist.

A In Ihrem Kollegium gab es einen handfesten Konflikt. Sie haben ihn mit den Beteiligten gelöst. Suchen Sie miteinander die Gründe, die zum Erfolg geführt haben:

Auf der Beziehungsebene	Auf der Sachebene

Lösungen

I Mein Angebot: Zehn Schritte der Konfliktlösung (siehe auch Kapitel 20 »Be- und Entlastungen«, S. 222 ff.).

1. *Das Gespräch suchen:* Gesprächsbereitschaft beinhaltet Offenheit für das, was das/die Gegenüber mitteilen wollen – und sei es auch noch so kontrovers und von der eigenen Meinung meilenweit entfernt.

2. *Emotionen zulassen:* »Dampf ablassen« ist erlaubt! Wer sich in einem Konflikt und/oder unter Stress befindet, kann nicht sofort »vernünftig« und cool agieren. Gefühlsäußerungen befreien und machen den Kopf frei für Argumente und Sachklärungen.

3. *Die eigene Befindlichkeit klären:* Sie geschieht durch die *Selbstwahrnehmung*; zum Beispiel: Ich spüre Magendrücken, Herzklopfen … Ich fühle mich angespannt und nervös … Ich brauche jetzt noch etwas Zeit zur Beruhigung, innerer Sammlung und Konzentration … Ich bereite mich sachlich *und* mental vor … Wir sind häufig konditioniert worden und es deshalb auch gewohnt, bei unseren Interaktionen sofort auf das Gegenüber zu achten und uns selbst zu vernachlässigen. »Ohne uns« geht nichts, und *rasch* ins Geschehen zu *stürzen* hat keinen Sinn!

4. *Ziele und Wünsche reflektieren:* Es geht um die *eigenen* Ziele und Absichten und nicht um diejenigen, die wir für *andere* haben, zum Beispiel, dass *sie* sich verändern, dass *sie* ihre Skepsis aufgeben, dass *sie* mitmachen, dass *sie* eine andere Haltung einnehmen … Übrigens: Das wünschen sich die anderen auch von uns als Gegenseite …! – Ich unterscheide deshalb zwischen a) *den eigenen Zielen*, die wir *uns selbst* setzen und *Wünschen*, die wir an *andere* haben.

5. *Die verschiedenen Positionen artikulieren:* Die Beteiligten äußern ihre Meinungen/ Sichtweisen (= Positionen), die unbewertet akzeptiert werden, so wie sie sind. (Es gibt keine falschen Meinungen!) In dieser Phase ist häufig eine »Übersetzungsarbeit« zu leisten, das heißt, herauszuarbeiten, was die Einzelnen wirklich mitteilen wollen, und zwar so lange, bis alle Äußerungen (u.a. Kritik, Vorwürfe, Anschuldigungen, Missbilligungen) als Eigenpositionen klar geworden sind; zum Beispiel: *Ich* sehe dies so, *ich* habe die Absicht, *ich* habe den Wunsch, *meine* Sicht ist … Am Ende entsteht ein u.U. sehr divergierendes *Meinungsbild*.

6. *Einfühlung, Verstehen, Verständnis zeigen:* Gespräche sind Interaktionen und »zwischenmenschliche Pendelbewegungen«, bei denen sich die Einfühlung in den/die anderen als sehr förderlich erwiesen hat. Sie wird dadurch eine wichtige Voraussetzung für Verstehen und Verständnis der gegenseitigen Wirklichkeiten: Wer sich in die »Welt« des anderen hineinversetzen kann, der wird auch sehr förderlich (und nicht kontraproduktiv oder gar destruktiv) mit dessen Ansichten umgehen können.

7. *Perspektiven wechseln und darüber diskutieren:* Die Beteiligten verlassen gedanklich ihre eigene Position, nehmen andere Sichtweisen ein (unter anderem durch Rollenspiele) und sprechen über ihre (neuen) Erfahrungen.
   In dieser Phase geht es nicht um »richtig« oder »falsch«, sondern – im kommunikativen Hin und Her – um die Erhellung, Reflexion und Meinungsvielfalt, mag sie auch noch so kontrovers sein, und um das Verstehen der gegenseitigen Ansichten.

8. *Vereinbarung anstreben:* Sie geschieht aus der Einsicht heraus, dass man nicht der alleinige Besitzer der Wahrheit ist und dass auch die anderen Wahrheiten besitzen – seien sie auch noch so weit von der eigenen entfernt. Vereinbarung bedeutet, Teile des Eigenbesitzes herzugeben und sich auf anderes einzulassen. Aus

dem »Mehr desselben« entstehen neue, anders zusammengefügte Qualitäten. Konfliktfähig ist, wer nicht auf »Besitzständen« verharrt, sondern hergeben kann.

9. *Grenzen beachten:* Alle Meinungsäußerungen sind autonom und deshalb auch selbst zu verantworten – mit allen Konsequenzen. In dieser Phase geht es darum, dass die Beteiligten die Rahmenbedingungen und Grenzen (der »Spielräume«) beachten. Schule ist keine »beliebige Spielwiese«, sondern eine Institution mit bestimmten Regelungen, Vorschriften und Rahmenbedingungen.

10. *Ziele und Absichten realisieren:* Vereinbarungen sind getroffen, Grenzen und Folgen aufgezeigt worden. Nun kann es an die Realisierung der Ziele und Absichten gehen. Dies geschieht durch erste Handlungsschritte. Der Weg kann beginnen …

R   Auf Grund Ihrer Erfahrungen mit Konflikten schätzen Sie bitte ein:
Für mich sind folgende Schritte

- sehr wichtig: die Nr. ……, weil _____
- wichtig: die Nr. ……, weil _____
- unbedeutend: die Nr. ……, weil _____

A   Stellen Sie sich eine Konfliktsituation vor, in der es plötzlich sehr kontrovers zugeht, und klären Sie für sich:

- Wie es mir momentan geht (physisch, psychisch).
- Welche Ziele ich habe, was ich jetzt am liebsten tun möchte.
- Wie ich zu dem/den Gesprächspartner(n) stehe.
- Welche Wünsche ich an ihn/sie habe.
- Weshalb ich andere (nicht) verändern möchte.

Beobachten Sie Personen in Konfliktsituationen (oder auch sich selbst):

- Sachliche Argumente, die ich höre.
- Gefühle, die ich vermute.
- Lebensgeschichtliche Spuren, die sich für mich zeigen.

G
- Während einer Auseinandersetzung zwischen zwei Parteien im Kollegium steht plötzlich der Schulleiter auf und sagt in beschwörendem Ton: »Aber meine Damen und Herren, wir wollen jetzt doch bitte sachlich bleiben!« (Welche Gefühle stecken Ihrer Meinung nach hinter dieser Aussage?)

- An der Tür eines Zimmers in einer Behörde hängt ein Schild mit der Aufschrift: »Hier ist nur sachliche Kritik erwünscht!« (Die »eigentliche« Botschaft der Person *hinter* der Tür?)

R Bitte denken Sie an eine Person in Ihrem beruflichen Alltag, die »so ganz anders ist als Sie« und eine völlig andere Meinung beispielsweise zum Thema »Schulentwicklung« hat:

Meine Haltung gegenüber dieser Person (Ablehnung, Zurückhaltung, Skepsis, Offenheit, Interesse, Neugierde): _____

_____

Sie gehören als Schulleiter/in zur Mehrheit des Kollegiums, die sich auf den Weg eines Veränderungsprozesses macht. Ein kleinerer Teil verweigert das »Mitgehen«:

a) Meine Gefühle: _____

b) Meine Reaktion: _____

A Diskutieren Sie mit anderen folgende Meinungen (oder verwenden Sie sie als Themen für einen Pädagogischen Tag):

- Konflikte muss man offen austragen.
- Harmonie ist wichtiger als kontroverse Auseinandersetzungen.
- Widerstände sind unbedingt zu brechen.
- Meinungsvielfalt und Polarität beleben das Geschäft.
- Ohne Konsens läuft nichts.
- Es ist gut, wenn einer das Sagen hat.
- Konflikte kommen auf den Tisch!

I Tipps zur Konfliktlösung:

- Statt klagen handeln.
- Kleine Schritte gehen.
- Auf die Gefühle achten.
- Ansichten akzeptieren.
- Durchsetzungen vermeiden.
- Selbstbehauptung zeigen.
- Konfrontationen aushalten.
- Kompromisse suchen.
- Auch Teillösungen anstreben.
- Geben und empfangen.
- Vereinbarungen treffen.
- Sich (auch) trennen.

… und dazu ergänzend meine Erfahrungen: _____

_____

Kritisches

I   In Konfliktsituationen wird häufig »Kritik geübt«, eine Tätigkeit, die wirkungslos bleibt und sogar kontraproduktiv sein kann, wenn sie als »Kratzen an der Wirklichkeit« des anderen verstanden wird oder gar als Rache/Vernichtung gemeint ist. (Er bekam eine *vernichtende* Kritik.) Sie ist sinnvoll, wenn sie eigene Positionen verdeutlicht, auf Unterschiede/Gegensätzlichkeiten hinweist und inhumane *Handlungen* verbietet beziehungsweise verhindert.

Feedback-Kultur und faire Kritik bedeuten somit

- Ausdruck von Interesse und Wertschätzung dem Du-Gegenüber.
- keine Veränderung *des* anderen, sondern Mitteilung eigener Ansichten *an* den anderen.
- Angebot und Hilfe, Förderung und Unterstützung, Konfrontation und Zeichensetzung, Aufforderung und Hinweis, Warnsignal und Grenzziehung.
- keine Schimpfkanonaden, sondern Äußerungen eigener Eindrücke, Erlebnisse, Sichtweise in Bezug zu anderen Menschen.

R   Meine Einstellungen und Aussagen, wenn ich »Kritik übe«:

- Ich bin offen für ihre Ansichten; ich verstehe sehr gut, dass Menschen unterschiedliche Meinungen vertreten.
- Oder: Ich mag es nicht, wenn andere Menschen Schwierigkeiten machen; ich lehne sie ab …
- Oder: Konfliktarbeit ist für mich ein interaktives Geschehen, das Chancen zur positiven Veränderung in sich birgt.

I   Es ist schädlich, mit innerem Widerstand an die »Konfliktlösungsarbeit« zu gehen: Wer widerwillig und ablehnend mit Andersmeinenden Kontakt aufnimmt, kann es gleich bleiben lassen! Deshalb ist die *Selbst*klärung so wichtig.

Falsche Kritik: die Wirklichkeit des Gegenübers vernichten wollen, um an deren Stelle die eigene absolut zu setzen.

Da wir kaum über den lebensgeschichtlichen Hintergrund von Menschen Bescheid wissen, wissen wir auch nicht, wie unsere Kritik bei ihnen ankommt und was wir mit ihr auslösen; zum Beispiel:

Kritikresistenz	vs.	Kritikoffenheit
Selbstwertverlust	vs.	Selbstbewusstsein
Erniedrigungserlebnis	vs.	Hilfe zur Weiterentwicklung
Vernichtung	vs.	Förderung
Aggressionen	vs.	Dankbarkeit
Ablehnung	vs.	Zustimmung

R Ich bin kritisiert worden:

- Ich habe Kritik als Hilfe erfahren, weil _____
- Ich habe Kritik als »Abfuhr« erlebt, weil _____

A Menschen, die Sie gut kennen, sagen zu Ihnen:

Die Mitteilung	Meine Gefühle	Meine Reaktion:
• Ihr Stellvertreter: »Ihre Rede neulich kam bei den Kollegen gar nicht gut an.«	_____	_____
• Ein Kollege: »Ihre Konferenzen dauern viel zu lang – und langweilig sind sie auch noch.«	_____	_____
• Ein Vater: »Sie haben immer nur Einwände, wenn ich neue Ideen auf den Tisch lege.«	_____	_____
• Ein Schüler: »Sie bevorzugen in der Klasse die Mädchen. Merken Sie das nicht?«	_____	_____
• Eine Mutter: »Meine Tochter hat richtig Angst vor Ihnen.«	_____	_____

Streiten bedeutet für manche Menschen:

- Ich sehe es richtig, du siehst es falsch.
- Meine Meinung gilt, die deine nicht.
- Ich befehle, du gehorchst.
- Ich setze mich durch, du beugst dich.
- Ich habe gewonnen, du hast verloren.
- Ich bin o.k., du bist k.o.
- Ich setze mich durch um jeden Preis.
- Nur ja nicht nachgeben.
- Bloß kein Gesichtsverlust.

R Das Wort »Streiten« löst bei mir aus: _____

_____

G In Seminaren zum Thema Streitschlichtung gebe ich zu Beginn zwei Teilnehmenden – als Demonstration – Gegenstände, mit denen sie sich bewerfen sollen. Das »Spiel« geht »ewig weiter«, weil die Geschosse in der Hand des einen immer zu Rückgeschossen des anderen werden: Die Waffenmenge bleibt erhalten.

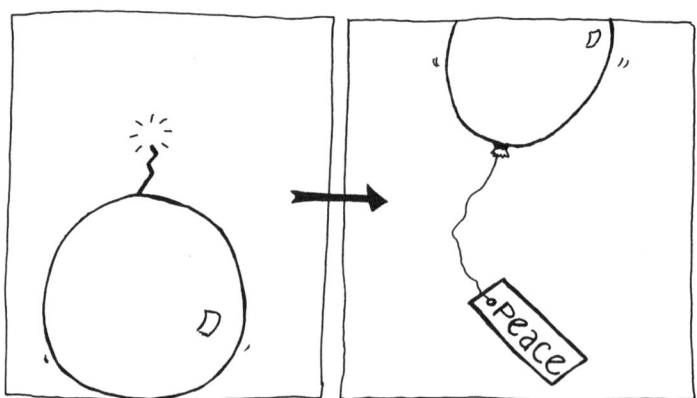

Wer die Waffen im Spiel lässt, gibt dem Frieden keine Chance.

A Hängen Sie den folgenden Text im Lehrerzimmer aus und warten Sie auf Reaktionen.

a) Meine Fantasie im Vorhinein: _____

b) Meine Erfahrungen im Nachhinein: _____

Merkwürdiges im Umgang mit schwierigen Menschen

1. Manche Menschen sind nicht nur für Sie schwierig, sondern Sie sind es möglicherweise auch für sie.
2. Wer einen anderen Menschen als schwierig einschätzt, sagt mindestens so viel über sich aus wie über ihn.
3. Schwierigkeiten zwischen Menschen sind gegenseitige Botschaften und Deutungen.
4. Sie können den »Schwierigen« nicht ändern. (Das muss er schon selbst tun.) Aber Sie können Bedingungen schaffen, dass er sich ändert.
5. Wer von anderen Menschen Änderungen will, gerät in Abhängigkeit, weil sie von ihnen verweigert werden können.
6. Es ist besser zu überlegen, was man selbst tun kann, als von anderen die Lösungen zu erwarten.
7. Je mehr Sie bei sich bleiben, umso mehr kommen andere zu sich, die beste Voraussetzung für Dialog und Verständigung.
8. Die Ecken und Kanten, die Besonderheiten und Schwächen sind das Salz in zwischenmenschlichen Beziehungen.

Literaturempfehlungen

Glasl, F.: Konfliktmanagement. Ein Handbuch für Führungskräfte, Beraterinnen und Berater. Bern/Stuttgart [5]1997.
Keller, G.: Konfliktmanagement in der Schule. Velber 2001.

9. Gewalt

Vor Jahren hätte ich das Thema Gewalt nicht in einem Coaching-Reader für Schulleiter aufgenommen. Die Zunahme an Gewalttaten und vor allem die Ereignisse in Meißen (1999), Brannenburg (2000), Freising (2001) und Erfurt (2002) machen es notwendig, sich über Gewalt, Täter und Opfer intensiv Gedanken zu machen und alles zu tun, um auch handlungskompetent zu werden.

Konfrontationen

Zwar hatten es Lehrkräfte – und in spezieller Hinsicht auch Schulleiter/innen – immer schon mit Disziplinschwierigkeiten zu tun, nicht aber mit gravierender verbaler und körperlicher Gewalt von Kindern und Jugendlichen. Eine Annäherung Schritt für Schritt ist deshalb angebracht:

A Stellen Sie sich eine deftige verbale Entgleisung eines Schülers vor – zum Beispiel bei Erhalt eines Arbeitsblattes: »Den Scheiß können Sie behalten«. Den Kontext bitte selbst herstellen:

Mögliche Gefühle/Gedanken:	Meine Reaktionen:
Unverschämtheit: Ich bin empört.	Ich verweise ihn aus dem Klassenzimmer.
Ein verbaler Ausrutscher …	Ich überhöre den Satz.
Ich fühle mich verletzt.	_____
Typisch: Keine Kinderstube!	_____
Hab ich auch schon mal gesagt.	_____
O Gott, was mache ich jetzt?	_____
Du kannst mich mal …	_____
Kann jedem passieren.	_____
Ich bin geschockt.	_____
Der hat wohl keine Lust?	_____
Oder: _____	_____
Oder: _____	_____

R Bevor Sie zu handeln beginnen, überprüfen Sie, was bei *Ihnen* »abläuft«: Aggression, Empörung, Wut, Hilflosigkeit, Betroffenheit, Klarheit, Distanz, Panik, Verstehen … (Handlungssicherheit setzt Selbstklärung voraus!)

A Sie gehen über den Schulhof und sehen, wie zwei Schüler aufeinander einschlagen; einige andere stehen drum herum …

Meine Gefühle:	Meine Intervention:

I Ich unterscheide:

a) Eingreifen aus dem Affekt (hier sind Sie Ihren Gefühlen ausgesetzt und unkontrolliert):
   - Aus Wut heraus auf Beschimpfungen selbst mit Beschimpfungen reagieren.
   - Aus Rache schlagen, zuschlagen, unangemessen reagieren und bestrafen.

b) Eingreifen mit »Kopf, Herz und Hand«:
   - Schützend sich zwischen zwei Streitenden stellen.
   - Betroffen reagieren und lautstark die Beschimpfenden stoppen.
   - Ärger mitteilen – nachfragen – verstehen …

R Selbstkontrolle:

a) Affekte	Körperausdruck	Handlung
grenzenlose Wut	verzerrtes Gesicht	brüllen
Racheempfindung	geballte Faust	zuschlagen
Oder: _____	_____	_____
b) Gefühle	**Körperausdruck**	**Handlung**
Ärger	Stirnrunzeln	Ärger aussprechen
Sorge	Muskelanspannung	dazwischentreten, schützen
Angst	Muskelverkrampfung	davonlaufen
Oder: _____	_____	_____

Nach einer verbalen Entgleisung oder einer Gewalttat eines Schülers/eines Erwachsenen haben Sie interveniert … Reflektieren Sie im Nachhinein Ihr Verhalten:

a) empört, (leicht) aggressiv, wütend; oder: _____

b) betroffen, gefühlsbewusst, handlungssicher; oder: _____

A Trainieren Sie mit anderen (am besten in Simulations- und Rollenspielen)

a) verschiedene Interventionen bei verbaler Gewalt.
b) verschiedene Interventionen bei körperlicher Gewalt.
c) Achten Sie auf »professionelle Distanz« (= sich nicht hineinziehen lassen):
  - Sich innerlich heraushalten.
  - Als aktiver »Zuschauer«, nicht als Beteiligter handeln.
  - Mit Gefühlen, aber nicht im Affekt handeln.
  - Bewusst und kontrolliert, statt unkontrolliert und spontan agieren.
  - Mitfühlen, aber nicht mitleiden.
(Wer involviert ist, ist schwerlich handlungsfähig!)

R Wenn *ich* jemanden angreife, beschimpfe, beleidige:

- dann geht es mir _____
  (Erleichterung, Triumphgefühle …)
- … und hinterher: _____
  (Schuldgefühle, Reue, Zufriedenheit …)
- Vermutlich geht es meinem Gegenüber: _____
  (Fühlt sich wie ein begossener Pudel; schwört Rache; ist hilflos …)
- Hinter meinen Beschimpfungen steckt (meistens): _____
  (Frust, Gekränktsein, Verletzungen …)

Hinweis: Ich empfehle dringend Trainingsseminare unter versierter Leitung. Sie bestehen meist aus drei Teilen: Konfrontation mit Gewalttätigkeiten im Schonraum der Simulation – Reflexion der Befindlichkeit und des Handelns – Einübung angemessener Interventionen (= Gewinn von Handlungssicherheit).

Akuthandeln

I Der Dreischritt »stoppen – verstehen – verändern helfen« im Zusammenhang mit Gewalt ist sehr wirksam.

Stoppen

Es gibt Verhaltensweisen, die sofort und unmissverständlich gestoppt werden müssen:

a) Verbale Gewalt: Mit Namen ansprechen; und: »Hör sofort auf!« – »Rede nicht so mit mir!« – »Das ging jetzt zu weit.« (Forderungen wiederholen – wie eine »gesprungene Schallplatte«)

b) körperliche Gewalt: festhalten – dazwischentreten – Hilfe holen (siehe auch S. 108) Die Schwere und/oder Gefährlichkeit der jeweiligen Handlung rechtfertigt das sofortige Stoppen mit dem Ziel, Opfer zu schützen und Täter vor weiteren Ausschreitungen zu hindern. (Bitte unterscheiden: Stoppen – anstatt kontern und zurückschlagen …)

Verstehen durch »Übersetzung«

Durch den Vorgang der »vierstufigen Übersetzung« wird deutlich, dass Menschen, vor allem, wenn sie in Konflikte geraten, unter Stress stehen, erschrocken sind oder sich bedroht fühlen, »eigentlich« etwas ganz anderes meinen, als was sie sagen beziehungsweise tun. Verbale Attacken und körperliche Tätlichkeiten erscheinen so in einem anderen Licht und Täter können besser verstanden werden.

Stufe I: aggressives/gewalttätiges Verhalten:
- Sie Riesenarschloch – verpiss dich – halt's Maul …
- zuschlagen – Sachen beschädigen.

Stufe II: dahinter liegende Gefühle, Gedanken:
- Wut, Zorn, Ärger …
- Ich könnt ihn/sie abwürgen; an die Wand drücken.

Stufe III: Ratlosigkeit, Hilflosigkeit, Einengung:
- Ich komme nicht klar, bin hilflos.
- Ich weiß nicht mehr weiter.

Stufe IV: Grundproblem, existenzielle Not:
- Mir wächst alles über den Kopf.
- Ich bin verzweifelt.

Vordergründig: Gewalt, Ausschreitung … – Hintergründig: Not, Problem. Statt vorschneller Verurteilung einfühlsame Suche nach Hintergründen und Nöten.

Weil/wenn Sie über diese Stufen und tiefer liegenden Gründe Bescheid wissen, können Sie entscheiden, was Sie jeweils beim Gegenüber heraushören – und wie Sie anschließend reagieren:

1. Die Beschimpfung/Aggression (und selbst aggressiv werden).
2. Die Gefühle/Gedanken (und selbst Gefühle empfinden/Gedanken haben).
3. Die Hilflosigkeit (und dadurch Verständnis entwickeln).
4. Das persönliche Problem (und die Person sogar verstehen und ihr helfen).

Was dahinter steckt: Wer genug Selbstbewusstsein und Selbstwertgefühl hat, der hält auch die Beschimpfungen anderer aus, weil er sie nicht auf sich bezieht (= Ich ziehe mir den Schuh nicht an), sondern weil er sie als Ausdruck eines Problems, einer Notsituation … *des anderen* »entschlüsselt«. D.h. also: beteiligt sein und sich gegenüber den Vorwürfen … abgrenzen.

A Irgendjemand hat Sie beschimpft. Überlegen Sie bitte: Was könnte er/sie alles über sich selbst sagen? (Ärger, Wut, Frust … Die Beschimpfung *anderer* als Ausdruck *eigener* Probleme!)

Wenn Sie selbst andere angreifen, beschimpfen – und wenn Sie sich wieder beruhigt und »in der Hand haben« –, was hören Sie dann hinter Ihren eigenen Beschimpfungen heraus? Vielleicht:

Statt: »Sie Volltrottel!« »Schade, dass das Glas jetzt kaputt ist.«
Statt: »Du Faulpelz!« »Ich bin enttäuscht wegen deiner Leistungen.«
Statt: »Sie faule Schnecke!« »Ich mag jetzt nicht mehr warten.«

Im Vordergrund die Beschimpfung, dahinter Ihre *eigenen* Schwierigkeiten!

Mit dem oben genannten Schema können Sie also sowohl Angriffe anderer »übersetzen« (= *inter*kommunikativer Vorgang) als auch eigenes Angriffsverhalten »durchschauen« (= *intra*kommunikativer Vorgang). Somit hat Ihre »Übersetzung« mehrere Ziele:

- Verstehen der Vorwürfe, der Angriffe, der Beschimpfungen.
- Schutz vor diesen Angriffen (weil Sie sie anders deuten).
- Förderung des eigenen sozialverträglichen Handelns (= Beginn auf der zweiten Stufe, Gefühle/Gedanken, anstatt auf der ersten, Aggressionen …).

Damit es keine Missverständnisse gibt: Beschimpfungen und körperliche Attacken anderer *verstehen* und sie deuten (= entschlüsseln) heißt nicht, sie einfach hinzunehmen, und ist kein *Freibrief* anderer für Beschimpfungen, nach dem Motto: Der/die hat ja Verständnis, den/die kann man ungehindert beschimpfen!

Entscheiden Sie sich im Bedarfsfall: Zuerst Stoppen und dann Verstehen – oder zuerst Verstehen und dann Stoppen beziehungsweise Klärung herbeiführen – aber erst nach der Akutsituation beziehungsweise Eskalation!

A Erinnern Sie sich an Situationen, in denen Sie beschimpft/beleidigt worden sind, und denken Sie an das Stufenschema:

Situation/Beschimpfung	seine vier Stufen
Ein Vorgesetzter (brüllend): *»Dieser Schnitzer darf Ihnen nicht noch einmal passieren! Sie haben Ihr Hirn wohl zu Hause gelassen?«*	*Aggression:* Sie … *Gefühle:* Wut, Zorn *Hilflosigkeit:* Was mache ich nun? *Problem:* Wie stehe ich als Chef da?
Oder (eigener Fall): _____ _____ _____ _____	*Aggression:* _____ *Gefühle:* _____ *Hilflosigkeit:* _____ *Problem/Not:* _____

G Ein Lehrer schrieb mir, dass er ziemlich durchdrehte, als ihn eine Schülerin vor der ganzen Klasse beschimpfte und ihn ein »Arschloch« nannte. Seine Reaktion (zurückbrüllen, bestrafen …) gefiel ihm im Nachhinein nicht und er wandte sich an mich um »Klärung und Hilfe« … Ich schrieb ihm (u.a.): »Lieber Herr B., sind Sie ein Arschloch? Erbitte Telefonat! Freundliche Grüße. Ihr R.M.« – Zwei Tage später, Lehrer B. am Telefon: »Herr Miller, zuerst habe ich mich über Ihre Zeilen geärgert, dann habe ich über Ihre Frage nachgedacht und nun geht's mir besser: *Ich bin kein Arschloch!* Jetzt erst verstehe ich die Schülerin. Ich glaube, die war ziemlich frustriert.«

Von wem ich mich beleidigen lasse, bestimme ich!

A Notieren Sie Situationen, in denen Sie bei Beschimpfungen ruhig und gelassen bleiben konnten.

Situation:	Verhalten:
Ein Kollege brüllt mich an …	Ich habe nichts geantwortet, sondern ihn nur angesehen …
Mein Partner/meine Partnerin hat mir dauernd Vorwürfe gemacht …	Ich habe zugehört – und erst einige Stunden später das Thema noch einmal angesprochen.
Meine Vorgesetzten … _____	Ich _____ _____
Ein Schüler hat mich provozieren wollen … _____	Ich _____ _____

G

- In einem Wutausbruch beschimpft ein Kollege einen anderen und schreit ihn an: »Sie arroganter Pinkel!!« – Der Kollege ist zwar erschrocken, reagiert aber sehr zurückhaltend. Er wartet ab, bis sich Herr X wieder beruhigt hat, und spricht dann mit ihm über den Grund seines »Ausrastens«, seiner Wut.

  Der Kollege hat sich nicht beleidigen lassen, weil er hinter dem Wutausbruch des Kollegen ein Problem heraushörte (auch wenn er dessen Inhalt noch nicht wusste).

- Ein Vorgesetzter einer Schulbehörde macht einen Mitarbeiter vor »versammelter Mannschaft« ziemlich fertig. Kurz danach geht dieser zu seinem Chef und sagt zu ihm (unter vier Augen): »Ich hatte vorhin den Eindruck, dass Ihre Anschuldigungen nicht mir galten, sondern etwas mit Ihrem eigenen Frust zu tun hatten.«

  Herr M. konnte relativ gelassen reagieren, weil er die Beschimpfung nicht auf sich bezog.

- Ein Lehrer teilt einem Vater mit, dass dessen Sohn das Klassenziel nicht erreicht hat, worauf dieser verbal ausrastet und ihn heftig beschimpft. Der Lehrer bleibt ruhig, lässt den Vater »toben« und wartet, bis er sich wieder beruhigt hat. Dann spricht er mit ihm über die schulische Situation des Sohnes …

  Der Lehrer bezieht die Beschimpfungen nicht auf sich, sondern deutet sie als Ausdruck des Schreckens, der Problemlage des Vaters.

Verändern helfen

Nach der Eskalations- und Verstehensphase sind Hilfen zur Verhaltensänderung angebracht. Deshalb: (Um-)Lernhilfen geben; unter anderem:

- Vom DUzen zum ICHzen: Statt vorwurfsvoll zu reagieren: »Du Vollidiot« – »Du Arschloch …« besser: »Ich ärgere mich, weil …« – »Ich bin sauer, weil …«
- Von der Gewalttat zu sozialverträglichen Handlungen – vom Reden zum Tun: Statt Zuschlagen Formen der Konfliktlösung zeigen/anbieten, einüben/trainieren (Filme, Simulations- und Rollenspiele).
- Von der Anspannung zur Entspannung: Im Schulalltag Bedingungen so ändern, dass er weniger belastend und stressfreier erlebt werden kann (großzügige Stundenpläne, viel Frei- und Bewegungsräume, wertschätzendes Verhalten …).

Empfehlungen

I   Empfehlungen für Sie und Ihre Lehrer/innen.

Zur Vorbereitung:

- Mit den Schüler/innen sprechen: Was tun, wenn jemand ausrastet, einen verletzt? Wer greift ein, wer hilft, wer holt Hilfe? (In der Deeskalationsphase darüber sprechen – quasi als Vorbereitung wie bei einer Feueralarm-Probe!)
- Keinen Unterricht allein auf einem Stockwerk halten (Lehrer von nebenan als Helfer).
- Im Klassenzimmer parat haben: Telefon, Handy, Telefonnummernverzeichnis.
- Vereinbarungen/Absprachen im Kollegium treffen über individuelles und kollektives Handeln.
- Warnsignale/Botschaften von Schülern wahrnehmen, mit potenziellen Tätern verstehende Gespräche führen; auf Folgen hinweisen.
- Sich selbst aggressionsfrei verhalten.

Im Akutfall:

- Den Opfern helfen, sie schützen.
- Abschätzen: Kann ich selbst eingreifen oder brauche ich fremde Hilfe?
- Rasch entscheiden: anfassen, festhalten – ja oder nein?
- Überlegen: Hat die Maßnahme Erfolg?
- Entscheiden: Muss ich, müssen wir flüchten?
- Körperlich präsent sein; selbstbewusst und mit aufrechter Körperhaltung, aber nicht drohend auftreten; mit fester Stimme sprechen; Blickkontakt haben; Abstand nicht unter einer Armlänge.
- Nicht affekt- und rachevoll, sondern selbstsicher einschreiten.
- Sich dem Täter klar und bestimmt zuwenden.

Und hinterher ...

- Den Opfern und Tätern Zeit lassen.
- Gespräche nur in der Deeskalationsphase führen.
- Keine vorschnellen Täter-Opfer-Verurteilungen vornehmen. (Täter können auch Opfer sein.)
- Auf Wiedergutmachung bestehen.
- Soziales Verhaltenstraining durchführen.
- Gewalt im Unterricht thematisieren.
- Projekt durchführen: »Keine Gewalt an unserer Schule!«

Empfehlungen für Ihre Schüler/innen:

- Spielt bedrohliche Situationen. Dadurch können sie euch vertrauter und weniger bedrohlich werden.
- Sprecht miteinander über eure Erfahrungen, Erlebnisse, Gefühle, Fantasien, Ängste …
- Wenn du beschimpft wirst, dann stoppe den verbalen Angreifer mit deutlichen Worten; nimm Blickkontakt auf.
- Wenn du körperlich angegriffen wirst, so wäge ab und entscheide:
    - Kann ich mich selbst wehren?
    - Komme ich dabei in Gefahr?
    - Werde ich Erfolg haben?
    - Soll ich Hilfe holen?
    - Soll ich davonrennen? (Fliehen ist keine Niederlage!)
- Sprich mit dem Angreifer (wenn möglich und für dich ungefährlich!); versuche herauszubekommen, was ihn so aggressiv macht.
- Vermeide selbst Beschimpfungen und Drohgebärden.
- Probier Überraschungen aus, sei kreativ:
    - humorvoll, aber nicht abwertend reagieren,
    - auf etwas hinweisen, ablenken,
    - etwas völlig Unerwartetes tun (das kann die Situation entschärfen).

Drei Hinweise:

1. Habt Mut, Ernstfallsituationen durchzuspielen – auch wenn es komisch aussehen mag: Vorwegtraining gibt Sicherheit – systematisches Training ist absolut notwendig!
2. Deshalb, wenn es möglich ist: Nimm an einem Selbstverteidigungskurs teil! Das stärkt dein Selbstbewusstsein!
3. Wenn du merkst, dass dein Gegenüber völlig ausrastet, nicht mehr ansprechbar ist und (möglicherweise bewaffnet) Amok läuft, dann versuche, dich und andere durch Flucht zu retten und rasch Hilfe zu holen!

Drei Gewaltpräventionen durch

- *Stärkung der Schülerpersönlichkeit;* Erfahrung: Ich bin jemand. Ich werde akzeptiert.
- *Stärkung in der Gemeinschaft/Förderung des Sozialverhaltens;* Erfahrung: Ich bin nicht allein. Ich bin mit anderen zusammen.
- *Stärkung des Lernens und der Leistung;* Erfahrung: Ich entwickle mich … Ich kann …

R   Überlegen Sie, gegebenenfalls mit den Kolleg/innen, Eltern – und durch Rückmeldungen der Schüler/innen: Was wir für diese Stärkung in der Schule zusätzlich zu »gutem« Unterricht noch tun können:

Stärkung der Schülerpersönlichkeit	Förderung des Sozialverhaltens	Förderung des Lernens und Leistens

I   Und schließlich: Kooperation mit allen direkt und indirekt Beteiligten:

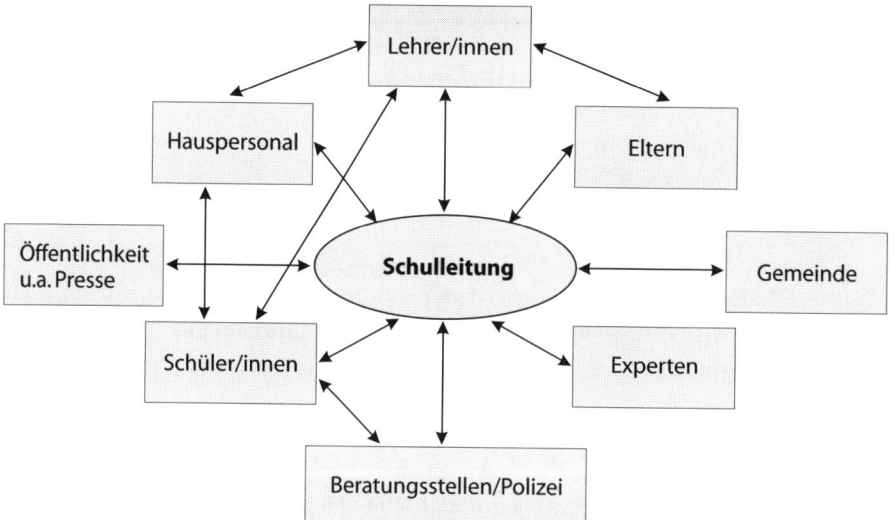

Gemeinsame Aufgaben:
- Information,
- Interaktionen,
- gegebenenfalls Aufarbeitung von Vorfällen,
- Prävention,
- Training.

A Führen Sie ein Projekt durch: **Keine Gewalt an unserer Schule!**
Zur Durchführung einige Tipps:

- Gespräche in Klassen (Jungen und Mädchen zusammen oder getrennt).
- Podiumsdiskussion mit Schulpersonen und Experten.
- Training: Selbstverteidigung, Mediation, Gesprächsführung.
- Aktionen mit Sozialpädagogen, Psychologen, Polizei.
- Ausstellung in der Schule: Zeichnungen, Bilder, Fotos …
- Filme, Theater, Workshops, Börsen.
- Veranstaltungen in der Öffentlichkeit: Schule X auf dem Marktplatz …
- Veröffentlichungen in der Presse.

Dazu ergänzend haben wir vor:

Ich als Schulleiter …
Ich als einzelner Kollege …
Wir im Kollegium …
Ich als einzelner Schüler …
Wir in der Klasse …
Wir als Eltern …
Wir mit anderen von außen …
Wir alle zusammen …

Erfurt hat gezeigt, dass es keine Sicherheiten gibt. Aber wir können sehr viel im Vorfeld tun, damit wir Gewalttaten verhindern und/oder minimieren.

Literaturempfehlungen

»Gewaltig«. Lernende Schule, Heft 13. Velber 2001.
Hurrelmann, K. u. a. (Hrsg.) Gewalt in der Schule. Ursachen, Vorbeugung, Intervention. Weinheim (TB) 1999.

10. Kollegium

Gelungene Kommunikation und Kooperation zwischen Schulleitung und Kollegium ist getragen von gegenseitigem Respekt, von Offenheit und der Fähigkeit, Spannungen auszuhalten, zu lösen und synergetisch zu arbeiten.

Spannungen

G
- Eine Schulleiterin kommt mit folgendem Problem zu mir in die Beratung: Sie war jahrelang Lehrerin in einer Schule, in der sie jetzt Schulleiterin ist. Seitdem spüre sie eine Veränderung der Beziehung zu ihren ehemaligen Kolleg/innen. Sie seien ihr gegenüber distanziert und sie selbst fühle sich von ihnen allein gelassen.
- Als Schulberater ist mir die Tatsache vertraut, dass es in Kollegien immer wieder Lehrer/innen gibt, die sich schon seit Jahren aus dem Weg gehen und nur noch das Nötigste miteinander reden. Schulleitungen haben ihre liebe Müh und Not, die Kontrahenten zu einem einigermaßen akzeptablen Nebeneinander zu bringen.
- Schulleiter/innen berichten mir ebenso, dass sie glücklich in ihrer Schule sind über das dort herrschende Vertrauen, die Offenheit und Kooperation.
- Äußerst niedergeschlagen teilt mir ein Schulleiter seine Angst vor Konferenzen mit: Es gäbe einen Kollegen, der schweigend alles notiere, was er sage und was sich dort ereigne – um ihn anschließend mit Kritik und Vorwürfen zu überhäufen …

I Spannungen zwischen Schulleitung und Kollegium und zwischen den Kolleg/innen untereinander rühren oft daher, dass die Beteiligten in ihren Beziehungen zu wenig Klarheit haben. Dabei spielen drei Fragen eine große Rolle:

1. Welche Bedürfnisse haben sie als einzelne Personen? (persönlicher Aspekt)
2. Was zieht sie an, was stößt sie voneinander ab? (sozialer Aspekt)
3. Was tun sie, um effektiv miteinander zu arbeiten? (kooperativer Aspekt)

F. Riemann gibt in seinem Buch »Grundformen der Angst« erhellende Antworten auf die Frage, warum das menschliche Miteinander bisweilen so schwierig ist. Er nennt vier Grundformen der Angst, die uns von frühester Kindheit an auf unterschiedliche Weise prägen und Auswirkungen in der Gegenwart haben:

Je nach Persönlichkeit und Lebensgeschichte ist die eine oder andere Seite stark ausgeprägt:

- Die einen sind für Schulentwicklung (Wunsch nach Wandel und Risiko), die anderen wollen alles beim Alten belassen (Wunsch nach Dauer und Beharren).
- Der Schulleiter sieht das Kollegium als große Familie (Wunsch nach Nähe und Bindung), andere geraten bei diesem Gedanken in Panik und fühlen sich vereinnahmt (Wunsch nach Distanz und Freiheit).
- Während ein Lehrer sagt: »Ich unterrichte Biologie und Chemie.« (mehr Nähe zu Sachen, mehr Distanz zu Menschen), sagt ein anderer: »Ich freue mich jeden Tag auf meine Kinder. Der Stoff ist mir nicht so wichtig.« (mehr Nähe zu Menschen, mehr Distanz zu Sachen)

Aus dieser Sicht: Ängste, Spannungen, Hin- und Hergerissensein gehören auch in Kollegien zur Normalität.

R Meine »Heimat« im Koordinatensystem: _____
Bisweilen zieht es mich nach _____
Ich pendle gerne zwischen _____

I Wir sind »vierfach gepolt« und befinden uns immer irgendwo in einem Feld dieser vier Grundimpulse. Als bestimmte Persönlichkeitstypen leben wir unsere Unsicherheiten und Sicherheiten, unsere Ängste und Arglosigkeiten, unsere Nöte und Freiheiten unterschiedlich aus.

- *Nähe und Bindung:* möglichst lange dieselben Kinder unterrichten; das Kollegium als Familie und Zuhause sehen; gerne an Ausflügen teilnehmen (Typ: »Kontaktnudel«).
- *Distanz und Freiheit:* nicht immer im Lehrerzimmer sein wollen; lieber sich allein im Direktorat aufhalten; sich bei Schulfesten zurückziehen (Typ: »Eigenbrötler«).
- *Dauer und Beharren:* jedes Jahr die gleiche Klassenstufe unterrichten wollen; immer im selben Kollegium bleiben; jahrelang am selben Ort wohnen (Typ: »Konservativ«).
- *Wandel und Risiko:* häufig die Klassen wechseln; einen Auslandsschuldienst aufnehmen; jedes Jahr den Urlaub woanders verbringen; (Typ: »Wandervogel«).

Zum Trost: Wir sind nicht »festgefahren«, sondern flexibel und manchmal sieht es so aus: Auf der einen Seite stehend blicken wir argwöhnisch oder sehnsuchtsvoll auf die andere Seite. Im Umgang mit diesen Ängsten und Grundimpulsen ist es sinnvoll, nach den Stärken und Schwächen jeder dieser Persönlichkeitsstrukturen zu fragen:

Der Nähetyp
Stärken: kontaktfreudig, ansprechbar (»Wie gut, dass es dich gibt.«)
Schwächen: aufdringlich, vereinnahmend (»O, schon wieder du.«)

Der Distanztyp
Stärken: unaufdringlich, eigenständig (Er/sie übernimmt Verantwortung.)
Schwächen: distanziert, unnahbar (Schade, dass er/sie sich immer zurückzieht.)

Der Dauertyp
Stärken: verlässlich und beständig (Man weiß bei ihm/ihr, wo man dran ist.)
Schwächen: unbeweglich, schwerfällig (Mensch, ist der/die aber stur.)

Der Wandeltyp
Stärken: ideenreich, kreativ (Die Welt ist voller Bewegung und Vielfalt.)
Schwächen: unruhig, immer auf Achse (Wo steckt er/sie schon wieder?)

Wir können lernen, mit unseren Stärken und Schwächen zu leben; wir brauchen uns gegenseitig. In diesem Bewusstsein lösen sich die Spannungen auf:

- Der Nähetyp braucht den Distanztyp, sonst würde er sich im anderen verlieren. (= zu sich selbst kommen)
- Der Distanztyp braucht den Nähetyp, sonst würde er sich isolieren. (= Es braucht zwei, damit einer sich kennen lernt.)
- Der Dauertyp braucht den Wandeltyp, sonst würde er erstarren. (= Leben ist Bewegung.)
- Der Wandeltyp braucht den Dauertyp, sonst würde er »zerfließen«. (= Ruhe als Gegenpol zur Bewegung.)

A   Notieren Sie, wie Sie zu den einzelnen Typen stehen:

- Ich komme gut zurecht mit dem _____ Typ, weil …
- Ich komme nicht zurecht mit dem _____ Typ, weil …
- Was ich tun werde …

Erfahrungen: Was die einzelnen Typen von mir erwarten/was ich geben kann:

Typen	Was sie erwarten	Was ich geben kann
Nähetypen	_____	_____
Distanztypen	_____	_____
Dauertypen	_____	_____
Wandeltypen	_____	_____

Der Nähetyp: Ich habe Angst, dass mich der Schulleiter nicht genügend beachtet.
Schl: Ich kann mich nicht jedem mit der gleichen Intensität widmen.
Der Distanztyp: Ich habe Angst, dass mich der Schulleiter zu sehr bedrängt.
Schl: Ich muss mich doch um meine Kolleg/innen kümmern. Ich habe doch Sorgepflicht.
Der Dauertyp: Ich habe Angst vor den vielen Neuerungen in unserer Schule.
Schl: Schule muss sich doch bewegen.
Der Wandeltyp: Ich habe Angst vor den vielen Richtlinien und Vorschriften.
Sie engen mich ein.
Schl: Vorschriften müssen sein. Formalien sind notwendig und geben Halt.

Ein Kollegium ist ein lebendiges Gebilde im Koordinatensystem der vier Grundformen der Angst, aus denen fruchtbare Grundimpulse entstehen können.

Stichwort *Hierarchie*

G
- Einer meiner Freunde, in der Hierarchie der Schulbehörde weit oben gelandet, sagte mir einmal: »Je höher du steigst, desto einsamer wirst du. Ich bekomme fast kein Feedback mehr von meinen Mitarbeitern.«

- Während eines Pädagogischen Tages erlebe ich Schulleitung und Kollegium als äußerst engagiert, offen und fair in ihrer Kommunikation und Kooperation. Zum Abschied sagte der Rektor: »Besuchen Sie uns wieder. Sie sind herzlich willkommen.« – Ich hatte den Eindruck, einen Tag lang in einer lebendigen Familie verbracht zu haben.

I Eine Hierarchie (griech.: priesterliche Rangordnung) kann auf zweierlei Arten zustande kommen:

a) Eine Organisation baut sich unter *Mitbestimmung* ihrer Mitglieder eine eigene Hierarchie auf (kooperative Form).

b) Eine bereits bestehende Hierarchie ordnet die neuen Mitglieder in ihre Organisation ein – mit oder ohne deren Zustimmung (bürokratische Form).

Trotz dieser Rangordnung ist symmetrische Kommunikation und kooperative Arbeit möglich, vorausgesetzt, beide Seiten akzeptieren die Rangordnung als funktional notwendig und gestalten ihre Kommunikation reversibel. Fehlen diese Voraussetzungen, dann erhöhen sich Störungen und Konflikte.

Übrigens: In deutschen Unternehmen herrschen lediglich etwa 20%–30% symmetrische Kommunikation und befriedigende Arbeitsbeziehungen zwischen Vorgesetzten und Untergebenen.

Förderliche Verhaltensweisen auf beiden Seiten:

- Respekt und Akzeptanz.
- Wertschätzender Umgang miteinander.
- Empathie, Offenheit, Klarheit.
- Transparenz und Grenzziehung.

R Zu dem Begriff *Hierarchie* fällt mir ein: _____

_____

_____

A Fragen Sie Ihr Kollegium (gegebenenfalls die Eltern, ältere Schüler/innen, Ihr Hauspersonal): Wenn diese an Sie als Schulleiter/in und an das Wort Hierarchie denken, was fällt ihnen dann ein? (Methode: Brainstorming – oder schriftliche Umfrage)

Kollegium	Hauspersonal	Eltern / Schüler/innen

G | Einer meiner Vorgesetzten war beispielgebend: Er nahm offen meine Ideen, Anregungen auf, besprach sie und »speicherte« sie. Bevor er Entscheidungen traf, informierte er mich, holte gegebenenfalls meine Meinung ein … und entschied dann. Manchmal entdeckte ich meine Gedanken in Verlautbarungen, manchmal nicht. Damit konnte ich gut leben, denn ich fühlte mich immer »gefragt«.

Stichwort Macht

Das Thema »Schulleitung – Kollegium« berührt auch das Thema *Macht*, verstanden entweder als

- Machen, Vermögen, Können, Einsatz, Engagement …,
- Durchsetzung und Machtmissbrauch.

Macht wird allerdings nur wirksam, wenn die Gegenseite »mitspielt«, insofern ist der Mächtige auch abhängig von seinen Mitspielern: Ohne Knecht kein Herr, ohne Herr kein Knecht.

A Suchen Sie in Ihrer Vergangenheit nach Spuren von Macht/Machtmissbrauch, um gegebenenfalls Klarheit über Ihr Verhalten in der Gegenwart zu bekommen:

	Meine positiven Erfahrungen	**Meine negativen Erfahrungen**
Elternhaus		
Schule		
Studium		
Berufsbeginn		
Partnerschaft		
Familie		

R Rollenwechsel: Schreiben Sie – in der Rolle eines Ihrer Lehrer – einen Brief an Sie als Schulleiter zum Thema Macht: »Lieber Herr Y, wenn ich an Sie und das Wort Macht denke, dann fällt mir dazu ein …«

Und mir fällt als Schulleiter/in ein: Mein Kollegium und ich: wie

- eine Familie: Harmonie ist uns das wichtigste.
- eine Fußballmannschaft: elf Freunde müsst ihr sein.
- ein Bienenschwarm: durcheinander, aber fleißig.
- ein Chaos: niemand fühlt sich verantwortlich.
- _____
- _____

Arbeit in Gruppen

I

Im Kollegium – wie in anderen Gruppen auch – gibt es, idealtypisch gesehen, vier verschiedene Rollenträger, die alle ihre Stärken und Schwächen haben:

Stärken	Schwächen
1. Trägerrollen	
aktiv, den Leiter unterstützend	dominant
prozess- und produktorientiert	übers Ziel hinausschießend
dynamisch/herausfordernd	überfordernd
2. ausgleichende Rollen	
vermittelnd, besänftigend	prozessblockierend
auf Harmonie bedacht	nivellierend
integrierend	konfliktscheu
3. passive Rollen	
zurückhaltend	unterfordernd
abwartend	bremsend, hemmend
beobachtend	belastend
4. dysfunktionale Rollen	
kreativ-unruhig	störend, verwirrend
polarisierend	entzweiend
kritisch	verletzend

Anmerkung: Die dysfunktionalen Personen sind nicht destruktiv, sondern »Bedenkenträger« (in allen Variationen).

G

Während einer Tagung mit über 100 Personen bat ich jede einzelne, sich einzuschätzen, mir auf einem Zettel die entsprechende Nummer aufzuschreiben und auf der Rückseite den Namen zu notieren. Am Abend sortierte ich die Zettel nach den vier Rollenträgern und stellte eine Gruppe der »Passiven« zusammen. Anderntags verlas ich die Namen und gab ihnen – mittels der Aquariummethode – eine Gruppenaufgabe. Nur ich wusste, dass es ausschließlich Personen waren, die sich selbst als »passiv« einstuften. Nach zögerlichem Beginn arbeitete die Gruppe völlig normal – und alle vier Rollenträger waren vorhanden. (Das ist Gruppendynamik!)

- Personen sind in ihren Rollen nicht festgelegt, sondern flexibel.
- Eine funktionierende Gruppe braucht alle vier Rollenträger.

A   a) Schätzen Sie die prozentuale Verteilung der vier Rollenträger in Ihrem Kollegium ein:

Rollenträger	Verteilung
Trägerrollen.	_____
Ausgleichende Rollen.	_____
Passive Rollen.	_____
Dysfunktionale Rollen.	_____

Mein Kommentar: _____

b) Wenn Sie – auf einer Schulleitertagung – in Gruppen arbeiten, in welcher Rolle erleben Sie sich häufig, durchgehend:

- Trägerrolle, wenn/weil _____

- ausgleichende Rolle, wenn/weil _____

- passive Rolle, wenn/weil _____

- dysfunktionale Rolle, wenn/weil _____

I   Die Gruppendynamik wird auch dadurch bestimmt, dass die Beteiligten

Auf der einen Seite	Auf der anderen Seite
offen miteinander reden,	vesteckt kommunizieren,
einander vertrauen,	misstrauisch/argwöhnisch sind,
aktiv und kreativ sind,	sich verweigern,
sich akzeptieren,	sich ablehnend verhalten,
Initiativen entwickeln,	keine Ideen haben,
zusammenarbeiten,	auseinander driften,
sich auf Neues einlassen,	an Altem festhalten,
Konflikte fair austragen,	Konfllikte verdrängen,
Rückmeldungen geben,	über Dritte kommunizieren,
Grenzen respektieren.	Grenzen überschreiten.

Die Gruppendynamik hat große Bedeutung im Kraftfeld menschlicher Beziehungen.

R   Bilanzieren Sie:

Meine Stärken als Gruppenleiter	Meine (noch) Schwächen
• (zum Beispiel): Klarheit: Ich weiß, was ich will	• manchmal zu sehr eingreifend
• _____	• _____
• _____	• _____
• _____	• _____

I   Als Gruppenleiter brauchen Sie

- einen eigenen Standpunkt,
- einen klaren (Über-)Blick,
- eine starke Hand,
- und einen langen Arm.

A   Zum Ausprobieren: Was tun Sie in einer Arbeitsgruppe, die Sie leiten, wenn …

Die Situation	Meine Reaktion
einige Teilnehmer verbal plötzlich aufeinander losgehen,	_____
Ihre Vorschläge negiert werden,	_____
man Ihnen vorwirft, Sie seien,	_____
a) zu lasch,	_____
b) zu autoritär,	_____
die Teilnehmenden unterschiedliche Wünsche haben.	_____
Oder: _____	_____
Oder: _____	_____

R   Rollenkonflikt: Als Schulleiter/in übernehme ich ab und zu auch Tätigkeiten, die sich unter Umständen mit meiner Leiterrolle »reiben« können:

- informieren (= Fachmann für …),
- moderieren (= keine Zuständigkeit für Ziele und Inhalte),
- beraten (= keine Zuständigkeit für Entscheidungen),
- teilnehmen (= zum Beispiel als Mitglied in einer Gruppe),
- anweisen (= begründet Direktiven geben).

Konsequenzen für mich als Leiter: _____

_____

(Siehe auch nächsten Abschnitt: Interaktionen)

Interaktionen

Drei Interaktionsformen zwischen Schulleitung und (Teil-)Kollegium kommen häufig vor und haben hohe Bedeutung:

Konferenzen

Keine Kooperationsform ist in der Schule unter Lehrer/innen so unbeliebt wie Konferenzen. Gelingen sie, können sie sehr fruchtbar sein, ja sogar erwünscht und beliebt werden, vorausgesetzt, es handelt sich nicht um trockene Einwegkommunikation (= Monologe der Schulleitung), sondern um differenzierte Interaktionen.

Vorbereitung

- Einen Konferenzplan für das ganze Schuljahr, zumindest für ein Halbjahr vorlegen.
- Festlegen, wer die einzelnen Konferenzen leitet beziehungsweise moderiert.
- Für jede Konferenz eine Tischvorlage erstellen und auflegen (Gesamtverlauf mit Zeitangaben, Themen, Zielen, Methoden …).
- Differenzieren: Welche Themen werden in der Konferenz angesprochen/bearbeitet – und was kann im Vorhinein schriftlich mitgeteilt werden.
- Materialien, Medien bereitstellen; Protokollanten wählen/bestimmen.

Durchführung (idealtypischer Verlauf):

1. Phase: Eröffnung im Plenum; Begrüßung, Kundgabe des geplanten Verlaufs.
2. Phase: Informationsvermittlung im Plenum, gegebenenfalls Rückfragen, Klärungen. Aufgabenstellung für die Gruppen.
3. Phase: Arbeit in den Gruppen. Vorbereitung der Präsentation.
4. Phase: Präsentation der Ergebnisse im Plenum. Klärung, Aussprache.
5. Phase: Schlussfolgerungen. Absprachen, Vereinbarungen.
6. Phase: Resümee, Abschluss.

Nachbereitung/Reflexion:

- Von Beteiligten Rückmeldung über die Konferenz einholen.
- Auswertung vornehmen (Vergleich: Absichten – Umsetzung).
- Gegebenenfalls auf Grund der Ergebnisse Konsequenzen ziehen.

Als kompetenter Leiter sind Sie in einer – möglichen – Mehrfachfunktion: Gesamtleiter – Informator/Fachmann für … – Moderator – Schlichter. Es ist notwendig, dass Sie die einzelnen Funktionen deutlich trennen und transparent machen, und es erleichtert Ihre Arbeit, wenn Sie delegieren.

A Überlegen Sie deshalb:
Welche Aufgaben wollen/müssen Sie übernehmen?
Welche Aufgaben können Sie delegieren?
Welche Verantwortung übernehmen Sie, welche können Sie abgeben?

Befragen Sie Ihr Kollegium: »Stichwort Konferenzen«
Was war bisher für Sie zufrieden stellend?
Welche Veränderungsvorschläge haben Sie?
Wo und wie können Sie sich eine Mitarbeit in der Gestaltung vorstellen?

G Eine Schulleiterin notierte während einer Konferenz Namen von Kolleg/innen, von denen sie den Eindruck hatte, sie würden sich langweilen (sichtbar beispielsweise durch Korrigieren, Lesen …). Außerhalb der Konferenz sprach sie die Betreffenden an und bat sie um Mitgestaltung bei der Vorbereitung und Durchführung. Einige von ihnen sagten sofort ihre Mitarbeit zu.

Moderation

Im Fernsehen und in öffentlichen Veranstaltungen sind häufig Moderatoren tätig; die wenigsten arbeiten m.E. professionell, da sie einzelne Aufgaben unzulässig vermischen und sich viel zu viel »dreinmischen« (moderat sein = sich mäßigen!). Klarheit ist angebracht.
Als Moderator/in

sind Sie zuständig für die Struktur:
● Zeitplanung,
● Planung des Gesamtverlaufs,
● Planung der einzelnen Phasen,
● Organisation des Rahmens.

begleiten Sie den Prozess durch
● Unparteilichkeit/Wertschätzung,
● Einfühlung/Offenheit,
● Methodenvielfalt,
● Interventionen,
● Transparenz/Klärung,
● Schutz/Begrenzung.

sorgen Sie für die »Balance«:
● Spannung und Entspannung,
● Bewegung und Ruhe,
● Vermittlung,
● Regelhinweise.
Sie sind nicht zuständig für die Ziele und Inhalte, wenn Sie *moderieren*!

R   Konsequenzen, die ich als Schulleiter/in ziehe:

a) Meine Möglichkeiten: _____

b) Meine Grenzen: _____

Es kann sein, dass Ihre Moderatorentätigkeit als Schulleiter/in sehr eingeschränkt ist, da Sie häufig auch für Ziele und Inhalte zuständig sind/sein müssen. Deshalb auch hier: präzise Vorüberlegungen und Vorbereitung (= Was kommt auf mich zu), Klarheit in der Übernahme bestimmter Funktionen, deutliche Trennung und Transparenz der jeweiligen Tätigkeiten!

Vermittlung/Schlichtung

I   Es gibt immer wieder Unstimmigkeiten, Meinungsverschiedenheiten unter den Kolleg/innen. Sie können dazu führen, dass sich die Fronten erhärten. Dann ist unter anderem auch Vermittlung/gegebenenfalls Schlichtung hilfreich beziehungsweise notwendig.

Sie sind zwar als Schulleiter/in in das »eigene System« eingebunden und können (streng systemtheoretisch) nicht vermitteln – dies geht nur durch Außenstehende. Die Realität jedoch sieht anders aus: Wir haben nicht immer Außenstehende personell, zeitlich und finanziell zur Verfügung! Deshalb: Nur Mut zur Vermittlung, auch als Schulleiter/in – allerdings unter bestimmten Prämissen:
1. Die Personen kommen freiwillig zu Ihnen und wollen von Ihnen Vermittlung.
2. Die Personen werden zu keiner Entscheidung gezwungen.
3. Sie können den Personen Unparteilichkeit und Verschwiegenheit zusichern.
Entfällt auch nur eine Variable, dann gibt es keine Vermittlung, sondern andere Wege der Konfliktlösung, der Klärung und Entscheidung! (Siehe auch 5. Kapitel: Beratung, S. 64 ff.)

I   Die fünf Stufen im Vermittlungsprozess:

1. *Begrüßung, Kontakt und Kontrakt*
   - Prämissen (1–3) klären.
   - Zusagen, Vereinbarungen.
2. *Darstellung der verschiedenen Sichtweisen*
   - Meinungen darstellen lassen (Langatmigkeit blockiert).
   - Emotionen zulassen.
   - Botschaften »übersetzen« (siehe S. 104).
3. *Klärung durch »kommunikatives Pingpong«*
   - Nach Ursachen, Hintergründen suchen.
   - Nach Befindlichkeiten, Absichten, Wünschen fragen.
   - Gegebenenfalls Sichtwechsel vornehmen.

4. *Lösungsvorschläge und deren Reflexion*
   - Vorschläge mitteilen lassen.
   - Sie auf ihre Realisierung und Akzeptanz hin überprüfen.
   - Das Aufeinanderzugehen ermöglichen/fördern.
5. *Lösungen, Absprachen, Vereinbarungen*
   - Sich einigen (auch Teillösungen annehmen!).
   - Auf Verbindlichkeit achten.
   - Zeitliche Vereinbarungen treffen.

Verabschiedung

R

Mein bisheriger Erfolg bei Vermittlungsgesprächen:	Hürden, auf die ich immer wieder stoße:	Auf was ich besonders achten werde:

A   a) Führen Sie ein Vermittlungsgespräch, nehmen Sie es auf Band auf (unter Zustimmung der Beteiligten) und analysieren Sie es im Nachhinein.
   b) Fragen Sie nach einem Gespräch die beiden Parteien, wie sie das Gespräch empfunden haben.
   c) Sprechen Sie gegebenenfalls über Änderungen.

Literaturempfehlungen

Langmaack, B./Braune-Krickau, M.: Wie die Gruppe laufen lernt. Weinheim [7]2000.
Miller, R.: Sich in der Schule wohl fühlen. Weinheim 2000 (TB).

Für Ihre Arbeit mit »Neuankömmlingen« im Kollegium empfehle ich besonders:
Böhmann, M./Hoffmann, K.: Kursbuch Berufseinstieg. Basiswissen, Tipps und Trainingsbausteine für die ersten Jahre im Lehrerberuf. Weinheim und Basel 2002.

11. Teamarbeit

Mehr Augen nehmen mehr wahr, viele können mehr als einer, die Kompetenzen verdichten und die Lasten verteilen sich. Zwei oder drei kommen der Wahrheit näher als einer. Teamarbeit ist also sinnvoll, sei sie in der Schulleitung, im Kollegium oder in Klassen.

Teambildung

Die Mehrheit der Lehrer/innen und Schulleiter/innen haben wenig Erfahrungen mit Teamarbeit:

- als Schüler/Student: Alleinarbeiter,
- als Lehrer: Einzelkämpfer,
- als Schulleiter: einsam an der Spitze …

Allmählich gibt es immer mehr Teamarbeit in Schulen. Dabei ist zu beachten:

a) *Teambildung in der Schulleitung:*
   Hier sind die Personen vorgegeben: Schulleiter, Stellvertreter (Team als Tandem) und gegebenenfalls ergänzend Fachbereichsleiter/Fachabteilungsleiter.
b) *Teambildung im Kollegium:*
   Hier haben die Personen einen größeren Spielraum in der Wahl der Zusammensetzung.
c) *Grundsätzlich gilt in beiden Fällen:*
   - Teambildung kann gewünscht, aber nicht erzwungen und die Zusammensetzung nicht verordnet werden. Sie geschieht durch die Beteiligten selbst.
   - Klärung des Einzelnen: Will ich, kann ich im Team arbeiten? Was gebe ich auf, was gewinne ich? Wer passt zu wem?
   - Der Gewinn (Output) muss größer sein als der Aufwand (Input), die Entlastung höher als die Belastung. (Wie in einer guten Ehe!)

Teamarbeit: Nicht wie in einer Ehe, in der die Partner die Schwierigkeiten gemeinsam lösen, die sie nicht hätten, wenn sie allein wären!

R   Wie teamfähig ich mich selbst einschätze:

	4 3 2 1 2 3 4	
Einzelgänger	I—I—I—I—I—I—I	»Betriebsnudel«
kontaktscheu	I—I—I—I—I—I—I	kontaktfreudig
Alleinarbeit gewohnt	I—I—I—I—I—I—I	Arbeit mit anderen gewohnt
als Schüler/in öfter allein	I—I—I—I—I—I—I	als Schüler/in öfter mit anderen
im Studium: Einzelarbeit	I—I—I—I—I—I—I	im Studium: Gruppenarbeit
kaum Teamerfahrung	I—I—I—I—I—I—I	viel Teamerfahrung
sachorientiert	I—I—I—I—I—I—I	beziehungsorientiert
kaum im Lehrerzimmer	I—I—I—I—I—I—I	häufig im Lehrerzimmer
wenig Kontakt mit Schülern	I—I—I—I—I—I—I	viel Kontakt mit Schülern
meist im Rektorat	I—I—I—I—I—I—I	häufig im ganzen Schulhaus
ich und meine Bücher	I—I—I—I—I—I—I	ich und meine Freunde
Teamarbeit lohnt nicht.	I—I—I—I—I—I—I	Teamarbeit bringt Gewinn.

I   Vom »Chaos« zur flexiblen Struktur:

1. Teamarbeit muss bewusst gemacht werden und besteht aus der Planung, der Durchführung und der Ergebniskontrolle.
2. Teams haben gemeinsame Ziele, gemeinsame Aufgaben und gemeinsame Produkte.
3. Die Mitglieder bewegen sich zwischen den Polen von Selbstständigkeit (Ich) und Anpassung (wir/Gruppe).
4. Von Bedeutung sind:
   - Die Akzeptanz durch das Kollegium: kein »Gegenwind«.
   - Die Transparenz von Prozess und Produkt durch die Teams: keine Verschleierung.
   - Die Klärung des Rahmens und der Bedingungen: Sicherheit.
5. Das Team braucht von seinen Mitgliedern:
   - Ein verbindliches Ja zur Mitarbeit.
   - Soziale und fachliche Kompetenzen.
   - Verantwortungsbewusstsein und Verlässlichkeit.
   - Selbstbehauptung und Anpassung.

   Teamarbeit: Von der Beliebigkeit zur Verbindlichkeit.
   Von der Belastung zur Entlastung.
   Vom Guten zum (noch) Besseren.

R   Überlegen Sie: Ich hätte gerne Teamarbeit
   a) in der Schulleitung. Gründe: _____
   b) im Kollegium. Gründe: _____

I Wenn Sie sich zur Teamarbeit entschieden haben, dann ist Folgendes zu tun:

1. Teamarbeit *begründet* anbieten, nach geeigneten Personen Ausschau halten und sie ansprechen.
2. Organisatorisches klären, Strukturen aufbauen, günstige Bedingungen schaffen, die Ziele und Aufgaben definieren.
3. Die Teams je nach Funktionen, Interessen, Absichten zusammenfinden lassen, die Verbindlichkeiten festlegen und die Arbeit beginnen.
   (Die Teams setzen fachliche Prioritäten und erarbeiten Leitlinien, treffen sich zu Teamsitzungen und sind eigenverantwortlich für den Inhalt, die Verteilung der Arbeit und für die Organisation.)
4. Die einzelnen Teams vernetzen (siehe 3. Abschnitt S. 130).

G Ein Schulleiter: Nicht alles ist rosig in unseren Teams. Es gibt dort ebenso Probleme wie anderswo auch, aber wir gehen offener damit um, suchen nach Lösungen und haben keine Angst vor Konflikten. Die positiven Erfahrungen und der Erfolg bestätigen unseren Weg.

I Das TZI-Modell (= themenzentrierte Interaktion) gilt als Paradebeispiel für die Teamarbeit (Näheres siehe Cohn/Erfurt 1995). Es besteht aus vier Variablen:

1. Das Thema (T), die Aufgabe, den Inhalt.
2. Die Einzelnen mit ihren subjektiven Anliegen und Bedürfnissen.
3. Die Interaktionen (I) untereinander, das Wir/die Gruppe.
4. Das Umfeld.

Ziel ist die Durchführung (Prozess) bestimmter Arbeitsaufträge (Produkte) in einer dynamischen Balance von ICH, WIR und SACHE:

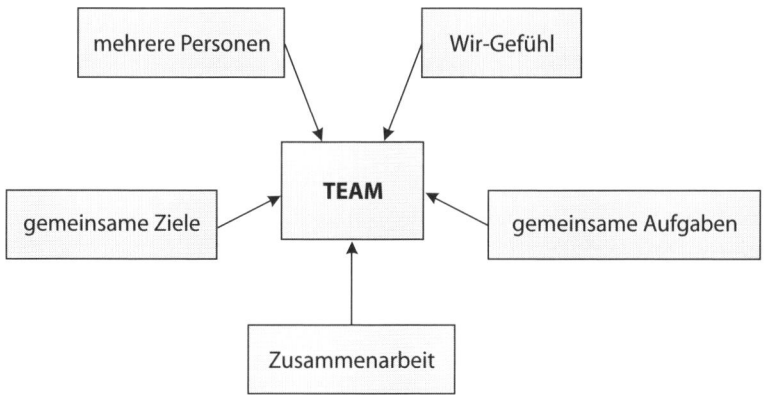

A Falls Sie Erfahrungen in Gruppen- und/oder Teamarbeit haben, so vergleichen Sie diese mit dem TZI-Modell und überprüfen Sie es auf seine Wirksamkeit hin.

Meine Erfahrungen in Gruppen	verglichen mit	dem TZI-Modell

Prozesse

A Zum Einstieg in die Teamarbeit: Ein Spiel (mit hohem Ernstcharakter) zum Ausprobieren und Kennenlernen.

1. Sie bilden Gruppen von vier bis sechs Personen und halbieren diese wieder, sodass jede Gruppe aus zwei Teams besteht.
2. Die Aufgabe lautet: Bauen Sie eine Brücke aus Materialien, die Sie in der Schule zur Verfügung haben. Es kommt darauf an, dass die Brücke
   - möglichst lang ist,
   - originell aussieht,
   - so tragfähig ist, dass man ein Buch darauf legen kann.
3. Beachten Sie bitte: Die Einzelteile dürfen nicht größer sein als ein DIN-A4-Format. Sie können sie biegen, fügen, schneiden, falten, kleben …
4. Zur Ausführung haben Sie ____ Minuten Zeit (vereinbaren).
   Jede Brücke wird von zwei Teams gebaut, die jeweils die linke beziehungsweise die rechte Hälfte der Brücke herstellen. Nach Ablauf der Zeit müssen die beiden Teile zusammengefügt werden. Das Brückenbauen der Partnergruppe darf nur aus der Entfernung beobachtet und über »Botschafter« besprochen werden. Zeichnungen oder Muster dürfen nicht ausgetauscht werden.
5. Nach Ablauf der Zeit werden die Brücken im Plenum präsentiert und auf ihre Tragfähigkeit hin überprüft – und gegebenenfalls prämiert.

R Im Anschluss: Auswertungsgespräch mit allen Beteiligten:

- Befindlichkeiten der Einzelnen, Erfahrungsaustausch.
- Beziehungen und Prozess in den Gruppen.
- Ergebnisse, Erfolg, Spaß …
- Konsequenzen …
- Übertragbarkeit der Teamerfahrung und -bildung auf die Klassen …

I Achten Sie bitte auf die acht Phasen der Teamarbeit (für Kurz- und Langzeitprozesse):

1. *Ankommen, sich orientieren:* Da die Teilnehmenden sich vermutlich bereits kennen, genügt eine kurze Phase des Ankommens (Atem holen) und der Orientierung (beim ersten Treffen: Organisatorisches ...).
2. *Bedürfnisse klären und Ziele vereinbaren:* Äußere Klarheit setzt innere voraus: Was sind die Bedürfnisse der Teilnehmenden, was wollen sie, welche Ziele haben sie – und wie sehen die Vereinbarungen aus: Vom Ich zum Wir und zur Sache.
3. *Auf Empfindungen und Gefühle achten:* Dieser Findungsprozess vollzieht sich nicht immer reibungs- und emotionslos; achten Sie deshalb auf die Gefühle der Einzelnen. Sie sind der »Motor« ihres Handelns.
4. *»Spiel«-Regeln erarbeiten:* Jedes Team braucht Sicherheiten, Absprachen, Verbindlichkeiten – und somit »Spielregeln«. Sie sind gleichsam der Zaun, der die Spielwiese umgibt: Schutz nach außen und Freiräume nach innen.
5. *Den Arbeitsprozess festlegen:* Es wird vereinbart, wer mit wem welche Aufgaben übernimmt, wie die Umsetzung aussieht, welche Arbeitsschritte notwendig sind und in welchem Zeitraum die Arbeit zu tun ist.
6. *An die Arbeit gehen:* Die Arbeitsschritte werden vollzogen ...
7. *Auf Durchhänger und Tiefs achten:* Beziehungen verhaken sich, die Meinungen klaffen auseinander, Arbeitsprozesse verzögern sich, es kommt möglicherweise zu Konflikten: Dann Halt! – Gärungen zulassen, Hänger und Tiefs akzeptieren und auf der Metaebene die »Hürden« klären, bevor es weitergeht.
8. *Den Prozess beenden:* Auf den Ausgangspunkt zurückblicken, die Ziele mit dem Erreichten vergleichen (Ist-Soll-Bilanz), die Ergebnisse festhalten, sie gegebenenfalls präsentieren – und sich untereinander verabschieden ...

A Halten Sie mit den Teammitgliedern von Zeit zu Zeit inne und schätzen Sie Ihre Beziehungen untereinander und Ihre gemeinsame Arbeit ein:

a) **Beziehungen**

Förderlich, weil	*Störfaktoren:*	*Änderungsvorschläge:*
_____	_____	_____
_____	_____	_____
_____	_____	_____

b) **Arbeit**

Förderlich, weil	*Störfaktoren:*	*Änderungsvorschläge:*
_____	_____	_____
_____	_____	_____

Vernetzung

| Das System Schule erfährt durch die verschiedenen Subsysteme (Einzelpersonen, Gruppen, Teams) eine Dynamik, die auch Perturbationen mit einschließt. Um jedoch eine gewisse Stabilität zu erreichen, ist eine Vernetzung der einzelnen Systeme (Teams) notwendig. Sie geschieht durch Kontakte von Personen aus den einzelnen Teams und durch dichten Informationsfluss (Transparenz). Gruppenbildung in Kollegien ist nur dann fruchtbar, wenn sie nicht in Grüppchenbildung ausartet, wenn die Einzelnen miteinander kooperieren und wenn die gesamte Arbeit synergetisch genutzt wird. Konkret bedeutet dies:

- Das Schulleitungsteam trifft sich regelmäßig zu Besprechungen: Zielklärung, Aufgabenverteilung, Feedback …
- Die Teamleiter im Kollegium treffen sich zu Koordinationssitzungen, zusammen mit der Schulleitung.
- Etwa zweimal im Schuljahr treffen sich alle Teams zu einer Teamgroßveranstaltung (zum Beispiel im Open-Space-Verfahren): Erfahrungsaustausch, Präsentation der Arbeit, Diskussion der Projekte, der weiteren Vorhaben, der Visionen …

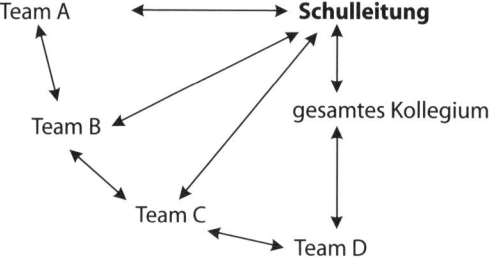

A Stellen Sie einen Vernetzungsplan auf: Schulleitungsteam (ST) – Teamleiter (TL) – alle Teammitglieder (TM) treffen sich …

Monat	Tag	Ort	Uhrzeit	Teamer
September	25.	Direktorat	14.30	ST
	28.	Direktorat	14.30	ST + TL
Oktober				ST + TL + TM
		usw. bis …		
Juni	17.	Aula	14.00	ST+TL+TM

Führen Sie einen Pädagogischen Tag durch mit dem Thema:

Teambildung – Teamarbeit

Mögliche Unterthemen:

- Teamarbeit: pro und Kontra (Podiumsdiskussion).
- Teambildung: Hürden und Brücken (Kurzreferat).
- Teamarbeit im Klassenzimmer (Gruppenarbeit).
- Teamarbeit im Kollegium (Gruppenarbeit).
- Teamarbeit: Umsetzung ab morgen … (Vereinbarungen im Plenum).

Für Ihre Kolleg/innen – ans schwarze Brett:

Zwischen Schmunzeln und Ernstfall

10 (goldige) Regeln zur Verhinderung von Teamarbeit.

1. Komme immer zu spät zur Schule und gehe früher nach Hause, damit du keine Kolleg/innen triffst, die dich zur Teamarbeit auffordern könnten.
2. Meide das Lehrerzimmer. Es könnte sein, dass dort über Teamarbeit diskutiert wird.
3. Vermeide Kontakte mit deinem Schulleiter; er könnte dir Teamaufgaben übertragen.
4. Gehe finsteren Blicks durch das Schulhaus, damit du möglichst wenig angesprochen wirst.
5. Verschanze dich in deinem Klassenzimmer und erwecke den Eindruck einer total gestressten Lehrkraft.
6. Sprich immer abfällig über Teamarbeit und gib zu verstehen, dass Gruppendynamik nur etwas für Psychologen ist.
7. Zeige dich nie im Gespräch mit anderen, damit dein Image als Einzelgänger erhalten bleibt.
8. Schreibe anonyme Briefe, in denen steht, dass Teamarbeit nur eine Versammlung von frustrierten Wichtigtuern ist.
9. Schreibe an die Schulhauswände: Gebt Teamern keine Chance!
10. Lasse dich nie dazu überreden, in deinen Klassen Gruppen- und Teamarbeit einzuführen.

Literaturempfehlungen

Ratzki, A. u.a. (Hrsg.): Team-Kleingruppen-Modell Köln-Holweide. Theorie und Praxis. Frankfurt a.M. 1996.

Philipp, E.: Teamentwicklung in der Schule. Weinheim und Basel [3]2000.

12. Eltern

Die Alltagserfahrungen von Lehrer/innen und Eltern reichen von gegenseitigen Vorurteilen und Abneigung über distanzierte Beziehungen bis hin zu spannungsfreien Begegnungen und beeindruckender Zusammenarbeit mit der Maxime: Ohne Elternmitarbeit keine gute Schule!

Ambivalenzen

I Eltern sind vorwiegend nur dann an Schule interessiert, solange ihre Kinder diese besuchen. Die Zusammenarbeit ist also funktional, zweckmäßig und zielorientiert – das heißt aber nicht, dass sie deshalb distanziert, kühl, formal sein und »auf Sparflamme« gesetzt werden muss.

Die Begegnungen und die Zusammenarbeit wirken sich letztlich für beide Seiten umso entlastender aus, je weniger sie als (notwendige) Forderungen der Eltern und als Pflichtübung der Lehrerschaft gesehen werden, sondern vielmehr als ein sinnvolles und förderliches gemeinsames Tun in einer *Balance* zwischen berechtigten Ansprüchen seitens der Eltern und angemessener Arbeit durch die Schule:

G
- Ein neuernannter Schulleiter wurde von einem Kollegen befragt: »Nicht wahr, wenn es Zoff mit den Eltern gibt, dann kann ich doch mit Ihrem Rückhalt rechnen.« Seine Antwort: »Aber selbstverständlich, ich stehe immer hinter Ihnen.«

  Falle Nr. 1: Balance verloren zu Ungunsten der Eltern.

- Eines Morgens hängt ein Zettel am schwarzen Brett im Lehrerzimmer: »Was sollen wir von einem Schulleiter halten, der sich immer auf die Seite der Eltern stellt?!«

  Falle Nr. 2: Balance verloren zu Ungunsten des Kollegiums.

- Eine Lehrerin sagte zu einer Mutter, die einen sehr niedergeschlagenen Eindruck machte: »Sie können mich jederzeit anrufen, Tag und Nacht.«

  Falle Nr. 3: Balance verloren zu Ungunsten der eigenen Person.

R Meine Erfahrungen – Meine Meinung zu den drei Fällen:

1. _____

2. _____

3. _____

Konflikte in den Beziehungen zwischen der Lehrer- und Elternschaft entstehen häufig dadurch, dass beide Seiten divergierende Interessen haben *und* dass es ihnen nur schwerlich gelingt, diese als *eigene subjektive* Sichtweisen wahrzunehmen, zu akzeptieren und im *Dialog* zu Vereinbarungen zu kommen. Häufig werden Botschaften als Vorwürfe geäußert und auch als solche gehört. Es wird weniger gesagt, was man selbst will, sondern was die anderen tun sollen. Zum Beispiel:

Blockierende Äußerungen	Sozialverträgliche Mitteilungen
Vater: »Sie gehen viel zu schnell mit dem Stoff vor.«	»Ich habe die Sorge, dass mein Sohn den Anschluss verliert.«
Lehrer/in: »Mischen Sie sich nicht in meine Angelegenheiten ein!«	»Ich erkläre Ihnen gern meine Absichten und mein Vorgehen.«
Mutter: »Sie ziehen den Stoff durch und erklären ja viel zu wenig.«	»Mein Sohn kommt überhaupt nicht mit. Ihr Tempo ist ihm viel zu schnell.«
Lehrer/in: »Wenn er nicht mitkommt, muss er die Schule wechseln.«	»Ich schlage Ihnen vor, mit ihm über seine Schulsituation zu reden.«

Viele Belastungen durch Enttäuschungen, Verhärtungen und Verletzungen lassen sich vermeiden, wenn auf beiden Seiten die Einsicht herrscht:

- Wir haben verschiedene Erfahrungen, Sichtweisen, Ansichten … und wir teilen sie *als solche* auch mit.
- Wir sind bestrebt, aus den subjektiven Sichtweisen im »kommunikativen Pingpong« Lösungen anzustreben, Gemeinsamkeiten zu finden, Toleranz zu zeigen, aber auch Verschiedenheiten zu akzeptieren (siehe auch Kapitel 4 »Kommunikation«, S. 48)

Verstehen heißt, sich immer mehr der Wirklichkeit des anderen zu nähern – ohne die eigene aufzugeben!

Das Verstehen der Eltern gegenüber der Schule erhöht sich, wenn man ihnen Einblick in das schulische Geschehen gibt, sie teilhaben lässt an der Arbeit und sie informiert und »aufklärt« über erzieherische und unterrichtliche Entwicklungen, Neuerungen und Vorhaben (zum Beispiel Unterricht früher – Unterricht heute!).

Als Schulleiter/in gehört es zu Ihren wichtigsten Fähigkeiten – im professionellen Umgang mit Eltern –, deren Botschaften bisweilen zu »übersetzen« und dahinter zu hören, was sie »eigentlich« meinen. (Näheres siehe 8. Kapitel: Konflikte, S. 90 ff.)

Vor allem in Stress- und Konfliktsituationen sind Menschen nicht (immer) in der Lage, ihr eigentliches Anliegen mitzuteilen, sondern sie verfallen in Vorwurf, Anklage, Schuldzuweisungen, Beschimpfungen … Deshalb hat die »Übersetzungsarbeit« (die Training verlangt!) zwei wichtige Funktionen:

1. Sie fördert das Verstehen = Was du über mich sagst, sagt mehr über dich aus als über mich und
2. Sie gibt Schutz, denn: Ich bestimme/entscheide, was und wie ich »höre«.

Der Vorwurf:	Das eigentliche Anliegen dahinter:
»Sie nehmen keine Rücksicht auf die Langsamen in der Klasse.«	»Ich habe Sorge, dass meine Tochter das Klassenziel nicht erreicht.«
»Sie können nicht richtig erklären.«	»Mein Sohn versteht dies … nicht.«
»Sie hätten nicht Lehrer/in werden dürfen.«	»Ich habe mir von Ihnen etwas anderes erwartet …«

G Ein Vater, Rechtsanwalt, war ganz und gar nicht einverstanden, dass sein Sohn in der Grundschule keine Empfehlung für das Gymnasium bekam. Er beschimpfte die Lehrerin und setzte sie unter Druck. In einem zweiten, längeren Gespräch und durch die Vermittlung einer dritten Person, sagte der Vater schließlich: »Was soll ich denn nun machen? Wer übernimmt denn später meine Kanzlei?«

Vordergründig: Aggressionen, Beschimpfungen
Hintergründig: Enttäuschung, Hilflosigkeit; Zerplatzen von Lebensträumen …

A Reagieren Sie verständnisvoll auf Vorwürfe:

Eltern	Mögliche Antwort
»Sie kümmern sich ja doch nur um die besten Schüler.«	»Haben Sie Sorge, dass ich Ihr Kind vernachlässige?«
»Nur bei Ihnen fallen die Arbeiten so schlecht aus.«	a) »Ich kann Ihre Enttäuschung verstehen, dass …«
	b) »Wenn Sie wollen, erkläre ich Ihnen meinen Bewertungsschlüssel.«
Oder: _____	_____
_____	_____

I In den Konflikten zwischen Schule und Elternhaus zeigen sich manchmal auch unverarbeitete Konflikte aus deren eigener Kind- und Schulzeit.

G Ich habe wiederholt Eltern über ihre eigene Schulzeit befragt und sie gebeten aufzuschreiben, was ihnen in Erinnerung geblieben ist:

- viele Hausaufgaben,
- Strafen/Strafarbeiten,
- ruhig und still sein,
- strenger Lehrer,
- Langeweile,

- Versagensängste,
- Zeugnisse,
- lernen müssen,
- rechnen und schreiben,
- nicht drankommen,

- spielen dürfen,
- Pausenhofgespräche,
- verständnisvolle Lehrer,
- Schuldgefühle,
- Ermutigung, Anerkennung.

Die negativen Erfahrungen überwiegen. In *Gegenwarts*konflikten mit der Lehrerschaft kommt es deshalb vor, dass die alten, früheren Erfahrungen reaktiviert und eingebracht werden. (Phänomen der Übertragung; siehe Miller [3]1999, S. 128 ff.) Es ist wichtig, als Lehrerin/Lehrer darüber Bescheid zu wissen, um besser mit den beteiligten Personen und deren Konflikten umgehen zu können.

Übertragung ist Irrtum

a) *In der Person:* nicht du, sondern jemand anders ist gemeint.
   (Im Lehrer A von heute sehe ich Herrn B von früher, den ich negativ in Erinnerung habe.)
b) *Im Ort:* nicht hier, sondern dort hat sich dies und das ereignet.
   (Die Schule X erinnert mich an meine Schule in Y, in der ich manchmal Schlimmes erlebte.)
c) *In der Zeit:* nicht jetzt, sondern früher ist dies geschehen.
   (Was jetzt passiert ist, ruft in mir Erlebnisse wach, die damals sehr unangenehm waren.)

Aus der Vergangenheit spuken öfters noch *Meinungen, Fantasien und Vorurteile* in den Köpfen der Eltern- und Lehrerschaft herum. Sie verzerren die Wahrnehmung und produzieren oft unrealistische Gebilde: Eltern und Lehrer/innen beispielsweise als Gegner, Unruhestifter, Dreinmischer, Nörgler, Besserwisser … – aber auch positive: Eltern und Lehrer als Helfer, Unterstützer, sorgende »Väter« und »Mütter« …

R Sind es die Meinungen/Vorurteile, die uns steuern?
Sind es die Erfahrungen, die uns beeinflussen?
Wie heißen unsere Wahrnehmungen, Wirklichkeiten, Interpretationen?
Genau hinsehen: Realität oder Fantasie?

A   Überprüfen Sie sich: Wenn es Meinungsverschiedenheiten, Konflikte … mit Eltern gibt, dann höre ich häufig (eher) heraus:

sachliche Mitteilung	☐	Kritik an meiner Arbeit	☐
persönliche Anliegen	☐	Vorwurf	☐
Not, Sorge	☐	Infragestellung meiner Person	☐
Hilferufe	☐	Skepsis	☐
Angebote	☐	Missgunst	☐
Beratungswünsche	☐	Unverschämtheiten	☐
Oder: _____		Oder: _____	
Oder: _____		Oder: _____	

Wenn ich merke, dass ich in meiner Person in Frage gestellt werde, dann

reagiere ich aggressiv	☐	überlege ich	☐	rechtfertige ich mich	☐
ziehe ich mich zurück	☐	frage ich nach	☐	lässt mich das kalt	☐
werde ich ironisch	☐	verteidige ich mich	☐	bemühe ich mich um Klärungen	☐
Oder: _____		Oder: _____		Oder: _____	
Oder: _____		Oder: _____		Oder: _____	

Kooperation

I   Die Interessen der Eltern und Lehrer decken sich meist in den Zielen: den Kindern die beste Erziehung und Bildung zu ermöglichen. Was die Wege betrifft, so gehen diese bisweilen weit auseinander. Es kommt zum Konflikt, wenn die Erwartungen der Eltern hinsichtlich der Leistungen ihrer Kinder nicht erfüllt werden, wenn sie der *Meinung* sind, die Lehrer/innen hätten nicht das ihnen Mögliche getan, oder wenn »pädagogische Kunstfehler« nachgewiesen worden sind oder vermutet werden.

Der Weg von Vorurteilen bis zu offenen Begegnungen und zum gegenseitigen Verstehen ist oft mühsam und beschwerlich, aber lohnenswert und – vor allem im Hinblick auf die anvertrauten Kinder und Jugendlichen – geboten und erforderlich:

Viele Lehrer/innen sind auch Eltern.
Alle Eltern waren auch Schüler/innen.
Viele Schüler/innen werden Eltern.
Manche Schüler/innen werden Lehrer/innen.
Sollte es da keine Gemeinsamkeiten geben?

R Meine Haltung/Einstellung zu den Eltern:

offen	☐	abwartend	☐	Oder: _____	
erwartungsvoll	☐	skeptisch	☐	Oder: _____	
ohne Vorurteile	☐	ambivalent	☐	Oder: _____	
sachlich	☐	ablehnend	☐	Oder: _____	

Schlussfolgerungen: _____

R Wenn ich an Elternkooperation denke,

Dann macht mir Folgendes Stress:	Dann freue ich mich auf
Die bohrenden Fragen.	interessante Gespräche,
Die Zweifel.	Erfahrungsaustausch,
Das Infragegestellt-werden.	gemeinsame Tätigkeiten,
Sich rechtfertigen müssen.	gemeinsame Lösungssuche,
Das Zücken des Notenbuches.	konstruktive Auseinandersetzungen,
Nicht zu wissen, wie ich mich verhalten soll.	die Herausforderungen,
	das Gefragtsein als Experte/Expertin.
Oder: _____	Oder: _____

Schlussfolgerungen:

a) Alles im »grünen Bereich«.
b) Ich werde ändern: _____
c) Ich brauche Hilfe: _____

I Gefahren, Fallen und Lösungen bei Auseinandersetzungen und Konflikten an Eltern-abenden:

Gefahren und Fallen	Lösungen
Kontern (Gefahr der Eskalation).	Verschiedene Sichtweisen zulassen. Botschaften »übersetzen«.
Tribunal (hält psychisch niemand aus).	Gespräche in kleinem Kreis führen, Vermittler hinzuziehen.
Auseinandersetzungen im Plenum (Frontenbildung).	Vermittler hinzuziehen und in kleinem Kreis miteinander reden.
Klärungen im Plenum (zu viel Diskutierende).	Klärung durch Vertreter in überschaubarer Runde.

A Befragen Sie die Eltern, was ihnen an der Schule gefällt, was ihnen missfällt und welche Vorschläge sie haben:

Was mir/uns gefällt	Was mir/uns missfällt	Änderungswünsche

Mögliche Themen:

- Allgemein die Schule betreffend (Bau, Räume, Gestaltung).
- Die Kinder/Jugendlichen betreffend (Atmosphäre, Beziehungen, Lernen).
- Die Lehrer/innen betreffend (Kompetenzen, Unterricht, Lehren).
- Die Schulleitung bereffend (Ansprechpartner, Kooperation).
- Sonstiges: _____

Mit Hilfe dieser Angaben können Sie einen Fragebogen ausarbeiten, der speziell auf Ihre Schule zugeschnitten ist.

I Kooperation mit Eltern: Dürfte kein Problem sein, wenn Sie

- sich mental vorbereiten,
- sich sachlich kundig machen,
- Kontakt aufnehmen ohne Vorurteile,
- grundsätzliche Wertschätzung zum Ausdruck bringen,
- wahrnehmen, beobachten, die Mitteilungen als subjektive Botschaften betrachten und (zu-)hören, ohne gleich zu widersprechen,
- verschiedene Sichtweisen zulassen (vieles ist Ansichtssache!),
- Botschaften übersetzen,
- Wünsche äußern ohne Angst und Misstrauen,
- den gemeinsamen Erziehungsauftrag im Auge behalten,
- auf Fehler und Missstände klar hinweisen (ohne die *Person* zu beschuldigen),
- die gegenseitigen Erwartungen als *Erwartungen* und nicht als Befehle hören,
- im Dialog Entscheidungen herbeiführen und Vereinbarungen treffen,
- Emotionen zulassen! (Sie sind Zeichen der Vitalität von Menschen!)
- gelassen, bisweilen aus der Distanz und mit Humor reagieren,
- die Tagesarbeit realistisch einschätzen,
- mit Wünschen leben können: nicht alles ist erfüllbar und machbar,
- sich abgrenzen,
- gegebenenfalls Gesprächsvermittler hinzuziehen,
- akzeptieren, dass es auch ohne einen Teil der Elternschaft gehen muss.

I Wenn sich Elternhaus und Schule über ihre gemeinsamen Ziele einig sind, dann werden Eltern zu wichtigen Verbündeten der Schule.

Eltern lassen sich jedoch nicht missbrauchen, um alle möglichen Löcher zu stopfen, für die sich niemand sonst zuständig fühlt, nach dem Motto: »Das ist ja nicht unbedingt erforderlich, aber machen Sie nur …!« Sie sind in der Regel gern bereit, tatkräftig mitzuarbeiten, wenn es um das Wohl ihrer Kinder und um Qualitätsverbesserung von Erziehung und Bildung geht.

G
- Eine Lehrerin möchte für ihre Klasse einen zweiten PC anschaffen, doch sind Mittel im Schuletat dafür nicht vorhanden. Die Klassenpflegschaft macht's möglich, und zwar mit Unterstützung des Schul-Fördervereins!

- Für eine wohnliche Atmosphäre wären Gardinen angebracht, was aus Sicht der Gemeinde ein »unnützer Firlefanz« ist. Eltern machen sich an die Arbeit und beginnen, selbst zu nähen …

- Eigentlich, findet die Schulleitung, ist die Renovierung einiger Klassenzimmer dringend erforderlich, doch der Schulträger signalisiert zwei Jahre Wartezeit … Eltern renovieren in Eigenregie.

- Ab und zu laden Lehrer/innen Eltern als Experten zu bestimmten Themen in den Unterricht ein.

- Pädagogischer Tag einer Schule mit Lehrer/innen, Eltern und Schüler/innen. Thema: Förderlich miteinander reden. Als Fortsetzung ergab sich daraus ein mehrteiliges Seminar mit Lehrern und Eltern.

- Als die Schule gebaut wurde, galten fensterlose Fachräume als das »Nonplusultra«: naturwissenschaftlicher Unterricht in Laboratmosphäre … Zehn Jahre später forderte die Schulleitung zum Wohle der Jugendlichen Umbaumaßnahmen, die die Stadtverwaltung ablehnte. Im Rahmen des Kommunalwahlkampfes machte die Elternpflegschaft zusammen mit der Schulleitung Druck und setzte den Umbau durch.

I Nachfolgend ist die Bandbreite von Möglichkeiten der Kommunikation und Kooperation mit Eltern aufgeführt. Anhand der angegebenen Stichpunkte können Sie sich einen Überblick verschaffen und überlegen, was alles getan werden kann/muss:

Erstkontakte
Schüler/innen kommen neu in die Schule.
Beginn 1. Klasse
Beginn HS
Beginn RS
Beginn Gymnasium
Beginn Gesamtschulen
Beginn Berufliche Schulen
Sonstige Schulart

Einzelgespräche
Anlass
Beteiligte
Sachliche Vorbereitung
Mentale Vorbereitung
Zeit (von bis …)
Raum/Raumgestaltung

Gespräche mit mehreren Personen
Anlass
Beteiligte
Sachliche Vorbereitung
Mentale Vorbereitung
Zeit (von bis …)
Raum/Raumgestaltung

Konfliktsituationen
Informationen an
Beteiligte
Gegebenenfalls Vermittlung durch
Sachliche Vorbereitung
Mentale Vorbereitung
Ort/Zeit/Raum
Bekanntgabe der Lösung
Vertagung auf …
Notizen

Schulkonferenz/Klassenkonferenz
Einladungen an
Ort/Zeit/Raum
Sachliche Vorbereitung
Mentale Vorbereitung
Sonstiges
Ergebnisse: Vereinbarungen

Eltern als Experten
Gegebenenfalls Vorschriften beachten
Wer unterrichtet
Ziel/Thema
Vorbereitungen
Organisatorisches
Beteiligte

Gemeinsame L-E-Sch-Aktivitäten
Vorträge
Workshops
Seminare
Projekte
Feste
Wir könnten mal wieder

Begleitung bei Unterrichtsgängen/ Ausflügen
Vorschriften beachten
Besprechung am Elternabend
Mit den Schüler/innen sprechen
Gemeinsame Planung/Vorbereitung

Eltern- oder Förderverein
Gründung
Neuwahlen/Wahlen
Sitzungen/Treffs
Jahresplanung/Vorhaben

Sponsoring
Vorschriften beachten
Anfragen an
Kontaktaufnahmen
Besprechung mit Eltern
Verwendung

Sonstiges
Mir fällt noch ein. Notizen

Eltern-»Abende«

R Elternabend bedeutet für mich:

a) notwendiges Übel, weil _____
b) lästige Pflicht, weil _____
c) wichtiger Termin, weil _____
d) erfreuliche Kür, weil _____

A Nehmen Sie sich in einer Konferenz Zeit, mit Ihren Lehrer/innen das Thema »Eltern« und »Elternabende« zu besprechen:

- Einstellungen und Befürchtungen, Belastungen und Entlastungen, Wünsche und Vorhaben, Machbares und Grenzen.
- Ziele, Themen, Inhalte, Kooperationsmöglichkeiten.
- Formen der Durchführung (Methodenvielfalt!).

Ihre Einstellung und Motivation bestimmen die Art der Gestaltung von Elternabenden. Ihre entsprechende »Stimmung« kommt garantiert zu den Eltern »rüber«!

Also: Einstellung klären und gegebenenfalls ändern, um professionell handeln zu können!

Für Sie und Ihre Lehrer/innen:

Einladung:

a) Bitte klären, wer einlädt: Normalerweise laden die Elternvertreter ein – meist mit Unterstützung/Hilfe der Klassenlehrerin/des Klassenlehrers.
b) Bitte »recht freundlich«: Der Einladungsbrief soll – im wahrsten Sinn des Wortes – ansprechend und einladend sein, in einer ausgewogenen Mischung aus persönlicher Note, Sachinformationen und »Programm« (Inhalt und Verlauf des Abends).

Zeit, Ort, Raum:

a) Zeit: Es muss nicht immer 20 Uhr sein; im Fernsehprogramm blättern: Welcher Wochentag ist ungünstig (Fußball, Krimi …), welcher ist günstig? (Nicht vergessen: auch das voraussichtliche Ende angeben!)
b) Ort: Ich plädiere für die Schule: Der Elternabend ist eine schulische Veranstaltung. (Die »Kneipe um die Ecke« kann hinterher besucht werden.)
c) Raum: Es soll möglichst dasjenige Klassenzimmer sein, in dem die Kinder der Eltern unterrichtet werden. Sie sollen es kennen lernen und wissen, wo und in welcher räumlichen Atmosphäre ihre Kinder arbeiten.

Gestaltung/Sitzordnung:

a) Gestaltung: Es macht einen »sehr günstigen« Eindruck, wenn die Eltern auf Stühlen für Erstklässsler sitzen (das ist so richtig bequem); wenn sie die Stühle von den Bänken herunternehmen »dürfen« (man kommt in Bewegung); wenn die Tafel voll geschrieben ist (Abwischen erinnert an die eigene Schulzeit); wenn der Boden mit Papierfetzen übersät ist (Eltern erleben dann das »kreative Chaos« ihrer Kinder); wenn …

b) Sitzordnung: Wenn möglich nicht frontal, sondern »kommunikativ«: Hufeisenform, Sitzkreis …

Begrüßung/Vorstellung:

Normalerweise begrüßt die/der Elternvorsitzende(r); dann stellen sich die anwesenden Lehrer/innen vor, wenn möglich mit einer Mischung aus persönlichen und beruflichen Daten; anschließend wird das »Programm« des Abends bekannt gegeben.

Kennen lernen:

Die Palette der Gefühle reicht von »peinlich« über »skeptisch« bis »neugierig« und »erwünscht«, wenn es um Vorstellungsmethoden geht. Deshalb: Vorsicht und Feinfühligkeit! Wenn es sich um den Erstkontakt handelt (1. Klasse, weiterführende Schulen), dann ist eine Vorstellungs-/Kennenlernrunde sehr wichtig. Bitte erkundigen Sie sich über Ihr »Eltern-Klientel«: gemischt, Schichtzugehörigkeit, Anteil nichtdeutscher Eltern …, um für jede Gruppe geeignete Vorstellungsmethoden (verbal, zeichnerisch/bildhaft, spielerisch …) zu haben.

Informationen:

Überlegen Sie:

a) Worüber können die Eltern bereits im Vorfeld schriftlich informiert werden?

b) Welche Informationen sind für die Eltern unerlässlich/wichtig? (Zum Beispiel: Noten, Versetzung, Berufsberatung, Schulwechsel u.Ä.)

c) Wer informiert: Elternvertreter/in, Lehrer/in, Schulleiter/in …?

d) Wie methodenreich wird die Informationsphase gestaltet? (nur verbal … oder auch visuell … Folien, Plakate)

Wahl der Elternvertreter:

Hier ist »alles möglich« – aber nicht immer alles erlaubt:

a) Erkundigen Sie sich bitte über die Vorschriften zur Wahl der Elternvertreter (Vorsitzende/r, Vertreter/in).

b) Durchführung je nach Vorschrift.

c) Wenn es keine Vorschrift gibt, dann nach Vereinbarung mit den Eltern: offen per Handhebung, geheim schriftlich, mehrere Durchgänge …

Einblicke:

a) Geben Sie Einblick in den Lernalltag der Kinder:

- Schulhaus, Gänge, Unterrichtsräume, Klassenraum, Sitzplatz …
- Ausstellung von Schülerarbeiten, Vorzeigen von Materialien.
- Vorstellung verschiedener Unterrichtsformen.

b) Arbeiten Sie mit den Eltern/spielen Sie gegebenenfalls »Unterricht«:

- Wie ist das, wenn sie wieder auf der Schulbank sitzen?
- Wenn sie allein oder mit anderen arbeiten?
- Wenn sie Erfolge/Misserfolge haben?
- Wenn sie »aufgerufen« oder »ermahnt« werden, an der Tafel stehen …?
- Welche Erinnerungen werden bei ihnen wach? (angenehme, unangenehme)

Erfahrungen machen und informiert werden erhöht das Verständnis für die Schule, minimiert »Klagelieder« und fördert das Miteinander von Elternhaus und Schule.

Themen:

a) Eruieren Sie Themen, die für die Eltern – und für Sie – von Bedeutung sind:

- schriftlich im Vorfeld durch Befragung.
- schriftlich oder mündlich am Elternabend (im Plenum oder in Gruppen).

b) Erstellen Sie eine Rangordnung nach Dringlichkeit.

c) Vereinbaren Sie gemeinsame Termine und Themen.

d) Entscheiden Sie, wer für welche Themen fachlich zuständig ist: Lehrer/innen, Schulleitung, Elternvertreter, andere Experten.

Gespräche:

Beachten und unterscheiden Sie bitte:

a) *Das Plenum* ist der Ort für Informationsvermittlung, für Rückfragen und Klärung, Abstimmung und Vereinbarungen …

b) *Gruppen* sind der Ort für Austausch von Erfahrungen, Diskussion und Aufarbeitung, Interaktionen, Herstellung von Materialien etc. (Im Plenum von 20 bis 30 Personen kann nicht diskutiert werden: zu hoch ist der Zuhöranteil, zu gering der Redeanteil »… und dann reden sowieso nur die, die schon immer reden …«)

c) Sehr sinnvoll (und praktikabel) ist die sog. »visualisierte Kommunikation« (Meta-Plan-Technik), durch die eine größere Anzahl von Personen mittels beschrifteter Karten und deren Präsentation miteinander ins Gespräch kommen.

Verlauf:

Achten Sie bitte darauf, dass der Elternabend – von meist zwei Stunden Dauer – ebenso eine »didaktische Struktur« aufweist wie ein (guter) Unterricht; zum Beispiel: Einleitung, Aufgabenstellung und Klärung im Plenum, Arbeit in Kleingruppen, Rückmeldung und Präsentation im Plenum, gegebenenfalls »Gesprächsinseln« im Klassenzimmer; wieder Plenum (Mitteilungen aus den Gruppen, Zusammenfassung), Abschluss (Vereinbarungen …). Es ist Abschied zu nehmen von Elternabenden, die aus langen Lehrermonologen, Dauerstatements einiger weniger und »Zweistunden-Sitzen-Zuhören« bestehen.

Konflikte:

Konflikte zwischen Eltern- und Lehrerschaft nicht im Rahmen von Elternabenden lösen. Die Gefahr der Frontenbildung und Tribunalisierung ist zu groß. Mit 30 Personen kann man nicht diskutieren, geschweige denn konstruktive Konfliktgespräche führen. Deshalb:

a) Konflikte (sei es, dass sie außerhalb oder während der Elternabende entstehen) an den Elternabenden selbst »nur« ansprechen und die Bereitschaft zur Lösung anbieten.

b) Eltern bitten, einige Vertreter/innen zu wählen, die sich an der unmittelbaren Lösung beteiligen und einen geeigneten Termin vereinbaren.

c) Konfliktgespräch(e) durchführen (gegebenenfalls einen Vermittler hinzuziehen) und am nächsten Elternabend die Anwesenden über die Ergebnisse informieren. Wirkliche Lösungen ergeben sich nur durch intensive Gespräche in Kleingruppen!

Protokoll:

Auf jeden Fall ein kurzes Protokoll anfertigen: Zum einen als »Erinnerungszeichen« und zum anderen als Nachweis, falls Beschwerden, Klagen o.a. kommen.

Pausen:

a) Siehe »Verlauf«.

b) Pausen haben nicht nur Verschnauf- und Erholungscharakter, sondern sie sind wichtig für informellen Austausch: In Zweier- oder Dreiergesprächen fühlen sich manche besser in der Lage, sich zu äußern, als im Plenum.

Getränke/Speisen:

a) Siehe auch »Ausklang«.

b) Pausengetränke (wenn finanziell und ohne großen Aufwand möglich): ja.

Kurze Wege:

Manchmal sind, zusätzlich zu den bereits terminierten Elternabenden, Zusammenkünfte notwendig (wichtige Informationen bekannt geben, Vorfälle besprechen, rasch Entscheidungen treffen …). Deshalb ist es wichtig, kurze Kontaktwege zu vereinbaren:

a) Normalerweise Briefe an die Eltern über deren Kinder.

b) Adressenliste (nach Zustimmung aller!) den Eltern geben.

c) Vereinbarung: Wer verständigt in dringenden Fällen
(per Telefon/Fax, E-Mail) wen?

Ende:

Es besteht (mindestens) aus zwei Phasen:

a) Aus einer so genannten Feedback-Runde, in der noch, wer möchte, zu Wort kommen kann:

- Was ich sachlich noch klären will
- Wie es mir geht
- Was ich sonst noch sagen möchte

b) Aus einer »offiziellen Verabschiedung«, zum Beispiel durch Worte der Vorsitzen-
den, der Lehrer/innen; durch Musik, Dias, Filmausschnitt; Spiel oder Darbietung
durch Schüler/innen …
Ausklang (inoffiziell): Wer möchte sich noch in der »Kneipe nebenan« treffen?

Schulalltag: Manchmal ohne Eltern – manchmal mit ihnen.
Aber nie gegen sie!

Literaturempfehlungen

»Eltern«. Lernende Schule, Heft 10. Velber 2000.
Henning, C./Ehinger, W.: Das Elterngespräch in der Schule. Donauwörth 1999.

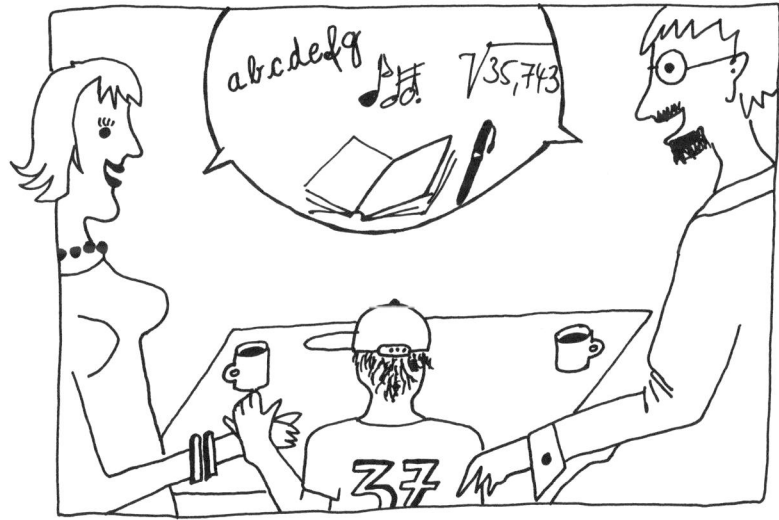

13. Schüler/innen

Schüler/innen begegnen der Personen der Schulleitung auf dreierlei Weise: als Rektor/Direktor (früher »Direx« genannt), der die Schule leitet; als Lehrerin/Lehrer, die sie im Unterricht erleben, und als Person, die sie entweder fördert, lobt, schützt oder ermahnt, begrenzt, bestraft. Schulleiter/innen wiederum begegnen ihnen sporadisch im Schulhaus, kontinuierlich im Klassenzimmer und situationsbedingt anlässlich besonderer Vorfälle (von der Preisverleihung bis zum Schulausschluss). *Erziehung, Beziehung* und die sich daraus ergebenden *Freiräume und Grenzen* sind somit nahe liegende Themen, die es zu erörtern gilt:

Erziehung

G

- Erziehungsmaßnahmen des Johann Jakob Häberle aus Oberschwaben nach 51 Lehrerjahren (um 1820):

911.527 Stockschläge,	10.235 Maulschellen,
124.010 Rutenhiebe,	7.905 Ohrfeigen,
136.715 Handschmisse,	3.001 den Sack tragen,
115.800 Kopfnüsse,	777 auf Erbsen knien,
10.989 Linealklapse,	612 auf Holzscheiten knien.
12.763 Schläge mit der Bibel,	

- Alle zwei Jahre brauchte er eine neue Bibel – ca. alle drei Minuten erfolgte eine Züchtigung!

- Nach einer amerikanischen Untersuchung bekommen bereits Vierjährige pro Tag etwa 420 Appelle: »Reiß dich zusammen!« – »Komm nicht zu spät!« – »Hör auf zu jammern!« – »Trödel nicht so herum!« – »Stell dich nicht so an!« – »Steh nicht so herum!« – »Sei nicht so eigensinnig!« – »Räum dein Zimmer auf!« – »Sag schön danke!« usw.

- Aber auch Erwachsene werden (von Erwachsenen) erzogen: Während eines Gesprächs mit einem Mann beginnt eine Frau zu weinen, worauf dieser sagt: »Jetzt hör doch mit deinem blöden Geheule auf!« (= Ich verbiete dir Gefühlsäußerungen und erziehe dich zu mehr Selbstbeherrschung.)

- Während einer Zugfahrt liest der Mann Zeitung, die Frau blickt zum Fenster hinaus. Plötzlich reißt sie ihm die Zeitung aus der Hand und fährt ihn an: »Jetzt hör doch zum Lesen auf und schau dir mit mir die schöne Landschaft an!« (= Ich verbiete dir deine Eigenständigkeit und erziehe dich zu mehr Kontaktfähigkeit.)

Angesichts der Ergebnisse der Evolutionsbiologie, der Hirnforschung und der Lernpsychologie kann Erziehung nicht (mehr) als »Formung eines Ungeformten durch einen Formenden« verstanden werden oder als einen Vorgang, den jungen »unfertigen« Menschen zu einem »fertigen« zu machen, sondern sie ist zu verstehen als ein Ausbalancieren der Bedürfnisse der Einzelnen. Deshalb steht vor der *Erziehung* die *Beziehung*, aus der heraus deutlich wird, welche Tätigkeiten der Erziehenden angemessen, sinnvoll und förderlich für die Zu-Erziehenden sind. So wird aus einer Subjekt-Objekt-Beziehung eine Subjekt-Subjekt-Beziehung (M. Buber).

Dem deutschen Wort Erziehung liegt das lateinische Wort educare (= herausführen) zu Grunde, ein Begriff, der weitaus besser ausdrückt, dass es sich um ein Herausführen aus der Abhängigkeit hin zur Selbstständigkeit handelt: Führen ist jedoch nur möglich, wenn der Geführte es zulässt – im Gegensatz zum Befehlen und Ziehen, die Fremdbestimmung bedeuten. Fremdbestimmung und Zwang sind dann notwendig und ethisch verantwortbar auszuüben, wenn Menschen anderen gegenüber physische und/oder psychische Gewalt anwenden.

Der Begriff Erziehung enthält zu viele Assoziationen an Ziehvorgängen. Wenn ich dennoch von Erziehung spreche, dann im Sinne von

a) *Pflege/Fürsorge:* physisch, psychisch, materiell versorgt werden.
b) *Schutz:* körperlich, geistig-seelisch unversehrt bleiben.
c) *Orientierungshilfe:* sich in der Welt zurechtfinden lernen.
d) *Verdeutlichung von Rechten und Einforderung von Pflichten:* Verantwortung übernehmen.
e) *Begrenzen:* Respekt vor den Freiräumen der anderen haben.

Es ist Abschied zu nehmen von der Vorstellung, wir könnten andere Menschen nach *unseren* Vorstellungen »bilden«. (Der Mensch ist keine »triviale Maschine«!) Aber wir können Bedingungen schaffen, dass andere sich entwickeln, gemäß ihrer Persönlichkeitsstruktur *und* ihrer Durchlässigkeit für Außenwirkungen. So betrachtet ist Erziehung Wahrnehmen und Beobachten, Einfühlen und Erspüren, Entwicklungsförderung und Lebenshilfe, Zulassen der Möglichkeiten und Grenzen ziehen.

Diese verantwortungsvollen Tätigkeiten sind, jenseits von Willkür und Beliebigkeit, immer auch konflikthaft besetzt, da wir nie die Gewissheit eines »richtigen« Handelns haben. In der Erziehung gibt es keine Vorhersagbarkeit, keine Kausalität im Sinn des »Wenn … – dann …« Es ist immer zu fragen: Stimmt das Handeln für uns selbst   und stimmt es im Hinblick auf die Zu-Erziehenden?

G   Beobachtungen zur Erziehungskausalität:

- Zwei Kinder erfahren im Elternhaus Ordnung und Sauberkeit. Das eine ist später selbst sehr ordnungsliebend, das andere fühlt sich im »Chaos« wohl.
- Im Musikunterricht lernen die Kinder klassische Musik kennen. Die einen gehen später in klassische Konzerte, die anderen meiden sie.
- 13 Jahre Schulzeit: Die einen sind heilfroh, dass sie zu Ende ist, andere werden (sogar) Lehrer/innen!

R   »Was ein Häkchen werden will, krümmt sich beizeiten!«
Krümmt es sich selbst oder wird es gekrümmt?
»Solange du deine Füße unter meinen Tisch stellst, solange bestimme ich hier.«
Wer bestimmt über wen, wer übt Herrschaft aus?
Erziehungseinflüsse: Wie wirksam war Erziehung bei Ihnen?
Waren Sie folgsam, brav, angepasst, eigensinnig, renitent, stur …?

A   Erinnern Sie sich an Ihre Kindheit und Jugend: Erziehung war für mich

- angenehm, weil _____
- unangenehm, weil _____
- hilfreich/wirksam, weil _____
- blockierend/hemmend, weil _____

R   »… für die anderen wissen, wo es langgeht …«:
Versetzen Sie sich in Ihre eigene Kindheit und Jugend, denken Sie an Personen, von denen Sie erzogen worden sind, und spannen Sie den Bogen bis in die Jetztzeit:

a) Was haben Sie von Ihren Erziehern *genauso übernommen?* (= in *deren* Spuren weitergegangen)
b) Was haben Sie davon eigenständig *weiterentwickelt?* (= *eigene* Spuren gezogen)
c) Was haben Sie *ganz anders* gemacht? (= in *entgegengesetzte* Richtungen die Spur gezogen)

R   Meine Erfahrungen aus meiner Kindheit und Jugend im Umgang mit »Eigen-Sinn«:

»Sei nicht so *eigen*sinnig.«	Oder: »Toll, deine Ideen!«
»Mach, was *ich* dir sage!«	»Probier's aus, wenn du magst.«
»Du hast zu *gehorchen.* Basta!«	»Ich seh das anders.«
»Das gehört sich so. *Keine Widerrede!*«	_____
»Ich bestimme, wo es langgeht.«	_____
»Wo kämen wir denn da hin, wenn …«	_____

R   Vier Fragen zum Weiterdenken:

a) Welche *Vorstellungen* über Erziehung in der Schule haben Sie selbst?
b) Wie lauten die *Vorgaben/Verordnungen* über Erziehung?
c) Welchen *Erziehungsauftrag* haben Sie und Ihre Kolleg/innen?
d) Sind beide – Vorstellungen und Auftrag – kompatibel oder klaffen sie (weit) auseinander?

Schlussfolgerungen: _____

A   Notieren Sie – nach einem Schultag oder nach einer Schulwoche – Ihre erzieherischen Tätigkeiten und ordnen Sie sie nach dem Grad der Belastung:

Erzieherisches Tun	sehr belastend, weil …	belastend, weil …	nicht belastend, weil …
Während des Unterrichts häufig ermahnt.	☐	☐	☐
Gelobt, ermutigt bestärkt.	☐	☐	☐
Gerügt und zurechtgewiesen.	☐	☐	☐
Mehrmals einen Streit geschlichtet.	☐	☐	☐
Positive Beispiele gegeben.	☐	☐	☐
Oder: _____	☐	☐	☐
Oder: _____	☐	☐	☐

Vergleichen Sie Ihre Eintragungen mit denen Ihrer Kolleg/innen und besprechen Sie, was Sie *gemeinsam* verändern können, um weniger Belastungen zu haben.

A   Erzieherische Tätigkeiten in der Schule: aufpassen, begleiten, belehren, beobachten, beschützen, bestätigen, disziplinieren, drohen, ermahnen, ermutigen, fördern, fordern, helfen, kontrollieren, korrigieren, lenken, loben, loslassen, manipulieren, observieren, strafen, unterdrücken, unterstützen, warnen, ziehen, züchtigen, zulassen …

Und: _____

Für mich kommen hauptsächlich in Frage: _____

R   Überlegen Sie: Wenn Menschen Ihnen etwas mitteilen, haben *Sie* dann rasch Ratschläge, Empfehlungen, Appelle parat? Zum Beispiel:

- Eigenes Kind: »Ich weiß nicht, was ich jetzt machen soll.«
  Als Vater/Mutter: »Dann mach doch …!«
- Schülerin/Schüler: »Mir geht's gar nicht gut.«
  Als Lehrerin/Lehrer: »Hättest du nicht …« – »Dann nimm doch, dann tu doch …!«
- Kollegin/Kollege: »Also die 7b hat doch heute wieder …«
  Als Schulleiter/in: »Dann müssen Sie halt …«
- Partnerin/Partner: »Ich kann mich nicht entscheiden …«
  Als Partnerin/Partner: »Dann mach doch …!«
- Und: _____

A   a) Antworten Sie einmal mit Appell und einmal mit Selbstmitteilung:

Ich komme zu Ihnen und sage: (Antwort als: a = Appell, b = Selbstmitteilung)

»Mensch, hab ich eine Sauwut auf …«   a) _____
                                       b) _____

»Mir ist zum Heulen.«   a) _____
                        b) _____

»Ich bin mit meinem Latein am Ende!«   a) _____
                                       b) _____

»Diesen Job mache ich nicht mehr lange.«   a) _____
                                           b) _____

»Endlich Erfolg in der 7b.«   a) _____
                              b) _____

»Ob ich das wohl schaffe?«   a) _____
                             b) _____

b) Zählen Sie Ihre Appelle (oder lassen Sie sie von anderen feststellen) während

- einer Unterrichtsstunde,
- eines Beratungsgesprächs mit Eltern,
- einer Situation im Privatbereich (Essen, Spaziergang …).

c) Notieren Sie sich einige Appelle und formulieren Sie sie in Selbstmitteilungen um:

Statt:	Besser:
»Sag endlich was!«	»Es fällt mir schwer, zu warten.«
»Halt deinen Mund!«	»Jetzt möchte ich reden.«
»Schmier nicht so!«	»Ich kann's nicht lesen.«
»Hör auf zu weinen!«	»Weinen kann ich nur schwer aushalten.«
»Kommen Sie nicht zu spät!«	»Unpünktlichkeit macht mich ganz nervös.«
»Schießen Sie mal los …«	»Ich höre Ihnen zu.«
Oder: _____	Oder: _____
Oder: _____	Oder: _____

Vorsicht: Wer bisher (fast) nur Appelle gewohnt ist, für den können Selbstmitteilungen zunächst ziemlich unverständlich sein – und patzige Reaktionen hervorrufen! Dennoch, alles in allem:

Selbstmitteilungen sind annehmbarer als häufige Appelle und fördern die Selbstständigkeit.

G   In einer Supervisionsgruppe sagte eine Kollegin, es sei kein Problem für sie, wenn sie Appelle bekäme. Die interpretiere sie als Zuwendung und »die tut mir gut«. – Daraufhin meinte eine Teilnehmerin: »Tut es dir wirklich gut, wenn andere sagen, was du tun sollst?« …

Beziehung

I In Beziehungen geht es um Interaktionen zwischen zwei oder mehreren Personen; die Beteiligten bleiben in einer *Balance* zwischen »für sich sorgen« und »auf den anderen zugehen.«

Erziehung
Erziehung im »alten Stil«:
als Beeinflussen von außen
mit dem Ziel der Verhaltensänderung von Personen
(Subjekt-Objekt-Relation)

Beziehung
Erziehung im »neuen Stil«:
als Beziehung durch Begleiten
und Fördern mit dem Ziel der
Entwicklung von Personen
(Subjekt-Subjekt-Relation)

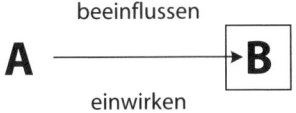

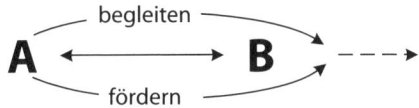

»**Erst der Abstand schafft Beziehung.**« (M. Buber)

R Meine »Beziehungsweisen«:

a) Manchmal muss ich mich durchsetzen (= Ich als Gewinner?), zum Beispiel, wenn _____

b) Manchmal gebe ich nach (= Ich als der Verlierer?), zum Beispiel, wenn
_____

c) Manchmal handle ich Kompromisse aus (= Ich und das Gegenüber als Gewinner), zum Beispiel, wenn _____
_____

Ergebnis:
- Kompromisse, Vereinbarungen, Absprachen.
- Kooperation, aber auch: gütliche Trennung.

I

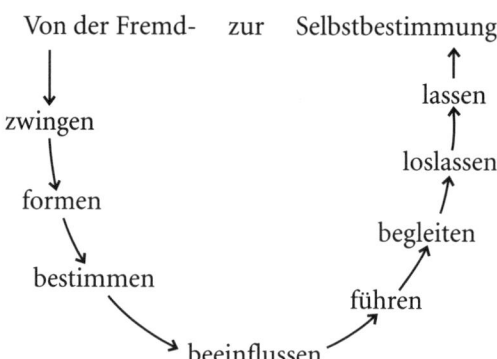

R   Überlegen Sie: In Beziehungen kommt es – auf Grund der verschiedenen Bedürfnisse, Interessen – immer wieder zu Konflikten, zum »Widerstand«, zu Machtkämpfen. Ich bin eher ein

a) Durchsetzungstyp (Ich behalte die Oberhand.),
b) führender Typ (Ich zeige, wo es langgeht.),
c) begleitender Typ (Da gehe ich mit.),
d) nachgebender Typ (Harmonie geht über alles.),
e) ausgleichender Typ (Es geht so, aber auch anders.).

Oder, in anderer Variante: Ich bin eher

a) egozentrisch: Ich bestimme, du gibst nach.
b) dialogisch: Wir beide handeln aus.
c) altruistisch: Du bestimmst, ich gebe nach.

Oder sind Sie ein »Wechseltyp«, bei dem es jeweils auf die entsprechende Situation ankommt?

Erziehung zur Selbst-Ständigkeit: Das Freigeben des/der anderen in *seine/ihre* Welt! Meine Meinung dazu: _____

Gib dem anderen statt eines Fisches eine Angel und lehre ihn das Angeln, so ist er selbstständig und du bist entlastet.

I Stärken können in Beziehungen zu Schwächen werden, und dies durch zu viel Zuwendung:

Stärken	werden zu Schwächen
● Vater/Mutter sein,	● Übervater/»Glucke« sein,
● behüten, umsorgen,	● keinen Raum lassen, ersticken,
● vormachen,	● an Stelle des anderen tätig werden,
● da sein, zuständig sein,	● behalten, nicht loslassen,
● Ressourcen einsetzen,	● erschöpft/ausgebrannt sein,
● etwas anbieten	● sich anbiedern.
● Oder: _____	● Oder: _____
● Oder: _____	● Oder: _____
● Oder: _____	● Oder: _____

G Trainingstag mit Jugendlichen. Ein Junge sagt in der Pause sinngemäß zu mir: Wissen Sie, im Grunde genommen können wir unsere Lehrer schon leiden. Aber wir mögen es gar nicht, wenn sie meinen, sie könnten sich beliebt machen und daherkommen wie wir. Wir brauchen keine Lehrer mit umgedrehten Mützen auf dem Kopf.

I Für sich selbst günstige Bedingungen schaffen als Voraussetzung für förderliches Miteinander:

● Sich entspannen.	● Abschalten, loslassen.
● Sich Zeit nehmen.	● Zeit haben.
● Nicht gleich in die Luft gehen.	● Auf dem Boden bleiben.
● Immer mal wieder auf Distanz gehen.	● Über den Tellerrand gucken.
● Sich nicht »jeden Schuh anziehen«.	● Humorvoll reagieren.
● Oder: _____	● Oder: _____
● Oder: _____	● Oder: _____

Wer nach *allen* Seiten offen ist, ist nicht ganz dicht!

I Die Lehrer- und Schülerwelten klaffen oft weit auseinander – und beide Personengruppen meinen, bisweilen auf verschiedenen Sternen zu leben. Die Suche nach Gemeinsamkeiten, nach Verbindungen ist deshalb wichtig, wenn sie sich gegenseitig im Auge behalten wollen:

Was uns trennen kann	Was uns verbinden kann
• Alter,	• Gebrauchtwerden, Vertrauen,
• Kleidung,	• Beachtung, Anerkennung,
• Musik,	• Abschalten, Entspannung,
• politische Ansichten,	• Sehnsucht nach Frieden,
• Alltagsgestaltung,	• Selbstverwirklichung,
• Einstellungen,	• Suche nach Lebenssinn,
• Sprache, Ausdrucksweise,	• gleiche Bedürfnisse,
• Aggressionen,	• zu Grunde liegende Gefühle,
• Lehr- und Lernverhalten.	• Ziel: Schulabschluss.

R Was mich mit meinen Schüler/innen verbindet: _____

_____

_____

_____

A Befragen Sie und Ihre Kolleg/innen Ihre Schüler/innen, um mehr über sie zu wissen, um sie zu verstehen und um sie besser fördern zu können. Hier mein Vorschlag (bitte nach Bedarf modifizieren):

Liebe(r) _____
    (Wenn du magst, trage deinen Namen ein.)

Du bist neu in unserer Schule: Herzlich willkommen!

Damit wir als Lehrer/innen dich und die anderen in deiner Klasse besser verstehen, selbst gut unterrichten können und du möglichst viel Erfolg beim Lernen hast, möchten wir dich/euch näher kennen lernen. Zusätzlich zu den Gesprächen geben wir dir/euch deshalb einen Fragebogen, nicht, weil wir neugierig sind, sondern weil wir Interesse an dir/euch haben:

Lies ihn bitte in Ruhe zuerst einmal durch.

Beantworte nur das, was du auch wirklich beantworten kannst und willst.

Fragen zu deiner Person, zu dir selbst

1. Gehst du zurzeit gern in die Schule?

   ☐ Ja, weil _____

   ☐ Geht so, weil _____

   ☐ Nein, weil _____

2. Hast du diese Schule wählen können?

   ☐ Ja

   ☐ Nein, weil _____

   ☐ Meine Eltern haben die Schule bestimmt.

3. Wenn du an die Schule denkst:

   Worauf freust du dich?   Wovor hast du Angst?

   _____   _____

   _____   _____

   _____   _____

4. Welcher Satz stimmt für dich?

   ☐ Ich gehe gern in die Schule.

   ☐ Mal gehe ich gern, mal nicht gern in die Schule.

   ☐ Wenn's nach mir ginge, würde ich überhaupt nicht in die Schule gehen,
      aber ich muss ja.

5. Was machst du am liebsten in deiner Freizeit? (Hobbys …)

   _____

6. Weißt du jetzt schon, was du einmal werden möchtest?

   ☐ nein   ja _____

7. Bist du am Nachmittag lieber allein für dich oder lieber mit
   anderen zusammen (oder teils/teils)?

   ☐ lieber allein   ☐ lieber mit anderen   ☐ teil/teils

Fragen zu deinem Zuhause

1. Um wie viel Uhr stehst du an Schultagen auf?

   Etwa um: _____

2. Frühstückst du

   ☐ mit deinen Eltern/Geschwistern,

   ☐ allein,

   ☐ gar nicht?

3. Wie viele Minuten brauchst du, um in die Schule zu kommen?

   Etwa _____ Minuten.

4. Hast du ein Zimmer für dich allein?

   ☐ ja   ☐ nein

5. Hast du einen Lernplatz/Schreibtisch für dich allein?

   ☐ ja   ☐ nein

Fragen zu deinen Lerngewohnheiten

1. Lernst du am Nachmittag

   ☐ allein   ☐ mit anderen

2. Hilft dir jemand bei deinen Hausaufgaben?

   ☐ nein   ☐ wenn ja, wer: _____

3. Welche Schulfächer magst du am liebsten, welche überhaupt nicht?

   am liebsten   *überhaupt nicht*

   _____   _____

   _____   _____

   _____   _____

4. Wie viel Zeit brauchst du täglich für die Erledigung deiner Hausaufgaben?

   Durchschnittlich ungefähr _____ Stunden.

Fragen zu deinen Interessen/Wünschen …

1. Wie sollte deiner Meinung nach dein Klassenzimmer, deine Schule aussehen? Du kannst darüber schreiben, eine Zeichnung anfertigen, ein Bild malen, ganz wie du willst und kannst. (Benütze die Rückseite dieses Blattes.)

2. Was möchtest du uns Lehrer/innen noch zusätzlich mitteilen?

   Welche Wünsche hast du an uns?

   _____

   _____

   _____

3. Was sollten wir auf gar keinen Fall tun?

   _____

   _____

   _____

Danke für deine Mühen, die du dir gemacht hast.

Freiräume und Grenzen

I In den beiden vorhergehenden Abschnitten haben Sie Informationen und Anregungen zum Thema *Erziehung/Beziehung* bekommen. Nun gilt es, diese in Ihr Kollegium zu bringen und darüber zu sprechen mit dem Ziel, zu Vereinbarungen über Freiräume und Grenzen im schulischen Alltag zu kommen. Dazu Folgendes:

Je größer eine Gruppe ist, desto banaler ist ihr Konsens. Bei unter Umständen 50 bis über 100 Lehrer/innen ist es äußerst schwer, einen tragfähigen *Konsens* zu erreichen. (Viele Köche verderben den Brei.)
Konsens heißt »eines Sinnes sein«. Man kann keinen Menschen zwingen, seinen *Sinn* zu ändern.
Deshalb spreche ich lieber von *Vereinbarung* als einen Prozess und aktiven Vorgang, in dem die Beteiligten sich auf Argumente und Vorschläge einlassen, mit dem Ziel, zu gemeinsamen *Handlungen* zu gelangen (auch wenn der eigene *Sinn* unter Umständen anders lauten mag).

R a) Meine Meinung dazu: _____

_____

b) Meine Erfahrungen mit *Konsensbildung* im Kollegium: _____

_____

_____

A Thema »Erziehung/Beziehung« mit Blick auf Vereinbarungen:

- Erörtern Sie mit Ihren Kolleg/innen meine/Ihre Gedanken.
- Eruieren Sie miteinander, wie das Klima, die Atmosphäre an Ihrer Schule ist.
- Formulieren Sie – auf Grund des Erziehungsauftrages der Schule – konkrete Einstellungen und Verhaltensweisen auf Lehrer- und auf Schülerseite.
- Einigen Sie sich auf wenige, aber wichtige Postulate, einschließlich bestimmter Handlungskonsequenzen.
- Ergänzen Sie die Postulate mit Angaben über Verhaltensüberprüfung und Sanktionen.
- Beziehen Sie Schüler/innen (zum Beispiel SMV) mit ein = die Betroffenen zu Beteiligten machen!
- … und noch ergänzend aus Ihrer Sicht: _____

_____

_____

I Lassen Sie sich nicht vom Kollegium zum »Deus ex Machina« machen, zu dem man Schüler/innen schicken kann, mit denen man als Lehrer/in disziplinarisch selbst »nicht fertig« wird. Besprechen Sie in Konferenzen Maßnahmen, die sie *gemeinsam* durchführen, und Hilfen, die sie sich gegenseitig geben können:

- Das soziale Lernen fördern (braucht allerdings Zeit!).
- Günstige Lernbedingungen schaffen (minimiert Diszplinstörungen).
- Gute Gespräche führen (fördert das Schulklima).
- Übereinstimmungen über Sanktionen herbeiführen (gibt Handlungssicherheit).
- Konsequent handeln (bewirkt Erfolg).

Für Sie und Ihr Kollegium – als Diskussionsgrundlage und gegebenenfalls »Fahrplan«: *Zusammenleben braucht Regeln!*

1. Umgang mit vorhandenen Regeln
- Auf sie hinweisen und schriftlich bekannt geben.
- Deren Sinn und Wirksamkeit erklären/erfahren lassen.
- Helfen, sie einzuüben und einzuhalten.
- Auf die Verbindlichkeit hinweisen.
- Sanktionen bekannt machen und bei Regelverletzung anwenden.
- Positive Verstärker geben.

2. Entwicklung von Regeln
- Erfahrungen machen (lassen), dass Regeln wichtig sind.
- Regeln finden und formulieren (lassen).
- Regeln ausprobieren und gegebenenfalls ändern.
- Sanktionen erarbeiten/vereinbaren.
- Regelverhalten einüben.
- Regeln verbindlich festlegen.

3. Formulierung von Regeln
- Regeln haben Aufforderungscharakter und sagen aus, was zu tun beziehungsweise zu unterlassen ist.
- Regeln müssen handlungsorientiert formuliert werden, zum Beispiel: »Bitte der Reihe nach sprechen« – »Warten, bis ich komme!«
- Wenn möglich, das »nicht« unterlassen:

Statt:	*Besser:*
»Bitte nicht den Rasen betreten!«	»Bitte auf den Wegen bleiben!«
»In der Pause nicht im Klassenzimmer bleiben.«	»In der Pause in den Hof gehen.«
»Wir wollen nicht dreinreden.«	»Bitte höre zu!«
»Du sollst nicht lügen.«	»Sag die Wahrheit.«

- »Wir-Regeln« haben einen geringeren Aufforderngscharakter als Ich-Formulierungen:

Statt:	*Besser:*
Wir sind pünktlich.	Ich bin pünktlich.
Wir sprechen leise.	Ich spreche leise.
Wir hören zu.	Ich höre zu.

- »Wollen«-Formulierungen tendieren zur Unverbindlichkeit:

Statt:	*Besser:*
Wir wollen uns ausreden lassen.	Ich lasse die anderen ausreden.
Wir wollen niemanden verletzen.	Ich verletze niemanden.

4. Überprüfung bestehender Regeln

- Die Regeln auf ihre Erreichbarkeit überprüfen (Schüler wollen meist Regeln einhalten, können dies aber nicht immer. Sie sind überfordert; brauchen Hilfen bei der Umsetzung …).
- Die Regeln auf ihren Nutzen und ihre Wirksamkeit überprüfen.
- Regeln gegebenenfalls ändern oder abschaffen.

A Sprechen Sie im Kollegium über das Thema »Freiräume und Regeln« und modifizieren Sie meine Vorschläge.

Empfehlung: Es ist entlastend (für Sie) und hilfreich (für alle), wenn Sie eine Pädagogische AG gründen, in der sich die Teilnehmenden kontinuierlich mit Erziehung, sozialem Lernen und Disziplin(-störungen) beschäftigen!

Thema: Strafen

R Impulse zum Weiterdenken und angemessenen Handeln: Lehrer/innen bestrafen.

negativ:	*positiv:*
• unkontrolliert (weil affekthaft),	• kontrolliert (weil überlegt),
• rachsüchtig (weil verletzt),	• betroffen (weil gefühlsmäßig),
• aggressiv (weil hilflos),	• angemessen (weil professionell),
• fehlerhaft (weil unter Stress),	• sinnvoll (weil ohne Stress),
• kontraproduktiv (weil panisch),	• konstruktiv (weil distanziert),
• inkonsequent (während der Eskalation).	• konsequent (nach der Eskalation).

Folgen für Schüler/innen

negativ:	*positiv:*
• Störung der emotionalen Beziehung.	• Kein Beziehungsabbruch; Zuwendung, trotz Strafe.
• Beschädigung des Selbstwertgefühls.	• Erfahrung: Trennung von Verhalten und Person.
• Fehlende Handlungsalternativen.	• Angebote von Handlungsalternativen.
• Angst, Aggressionen.	• Erkenntnis/Einsicht.
• Keine (Um-)Lernhilfen.	• (Um-)Lernhilfen.

I Bisweilen fällt es Schüler/innen schwer, gut miteinander auszukommen. Sie können ihnen dabei helfen, indem Sie ihnen folgende fünf Schritte zeigen:

Besser miteinander auskommen: Fünf Schritte!

Wenn jemand/einige dich anmachen, an dir herummeckern, kurzum, dich stören, belästigen …, so hast du (mindestens) fünf Möglichkeiten, zu handeln:

1. Schritt: Stoppen!
Wenn dir jemand zu nahe kommt, dich verletzt, kränkt, dann schätze ab, wie nah du auf ihn/sie zugehen kannst, und sage deutlich und unmissverständlich (zum Beispiel): Hör sofort auf! Lass das! Tu das nie wieder!

2. Schritt: SELBST-Mitteilung!
Sag, was dich ärgert, verletzt, wehtut … zum Beispiel: Mich ärgert's, wenn du mich dauernd anrempelst …; meine Sachen auf den Boden wirfst …; mich verletzt es, wenn du mich auslachst, mich beschimpfst …; es tut mir weh, wenn du mich boxt … Ich find's bescheuert, dass du …
(Fachleute nennen diesen Schritt »Selbst-Mitteilung«, weil du etwas von DIR SELBST sagst. Vermeide das »Zurückschlagen«, das Kontern, beispielsweise durch Vorwürfe, Anklagen, Beschimpfungen; dadurch wird alles nur noch viel schlimmer: DU blöde Sau, verschwinde! DU Rindvieh, hau ab! DU Penner, verpiss dich! …)

3. Schritt: »Übersetzung«!
Versuche zu »übersetzen«, was der/die andere *eigentlich* meint. Das ist manchmal spannend und schwer zugleich. Denn: Alles, was andere zu dir oder über dich sagen, hat etwas mit ihnen selbst zu tun:
A sagt zu dir: »Du blöde Ziege« und meint *eigentlich*: »Ich bin neidisch auf dich, weil ich keine so schicken Kleider habe wie du.«
B sagt zu dir: »Du Arschloch« und meint *eigentlich*: »Ich ärgere mich, weil ich nicht so gute Noten habe wie du.«
C sagt zu dir: »Du Wichser, verpiss dich.« und meint *eigentlich*: »Ich bin stinksauer, weil ich nicht so angesehen in der Klasse bin wie du.«
D sagt zu dir: »Du Schlampe« und meint *eigentlich*: »Ich kann dich nicht leiden, weil ich nicht so viel Freunde habe wie du.«
Wenn dich also jemand beschimpft, redet er zwar mit dir, sagt aber auch viel über sich selbst aus.

4. Schritt: Hilfe holen!
Bitte andere um Hilfe, wenn du allein nicht mehr zurechtkommst; wenn du Schutz brauchst; wenn du dich bedroht fühlst. Das hat überhaupt nichts mit »Petzen« zu tun! (Petzen ist, wenn du selbst keine Hilfe brauchst, sondern jemand anderen »anschwärzen«, mies machen, schaden möchtest, indem du über ihn/sie schlecht daherredest!) Also: Trau dich, Hilfe zu holen!

5. Schritt: Auf Distanz gehen!
Gehe »aus dem Feld«, wenn es dir zu gefährlich ist oder wenn du dich schützen möchtest. Das hat nichts mit Feigheit zu tun, sondern mit Klugheit und vernünftigem Handeln. Du musst nicht mit jedem/mit jeder auskommen können. Du kannst auch Abstand nehmen und andere in Ruhe lassen. Es ist völlig normal, dass es in einer Klasse von ca. 30 Personen Menschen gibt, die man mag oder nicht mag. Besser also: Abstand halten – als sich stören, sich gegenseitig fertig machen, sich verletzen …

Wenn Sie Ihren Schüler/innen etwas Gutes tun wollen, dann bestellen Sie Ihnen: R. Miller: »Bock auf Schule!« – ein Arbeitsheft (64 Seiten), um sich in der Schule wohl zu fühlen. Weinheim 2003.

R Für mich und mein Kollegium bleibt jetzt noch zu tun:

- Informations- und Klärungsgespräche mit den Eltern.
- Fortbildung von Kolleg/innen (Trainingsseminare).
- Trainings mit den Schüler/innen.
- Streitschlichterprogramme/Mediation.
- Peergroup-Consulting (Gespräche unter Jugendlichen in Gruppen).
- Gesprächsgruppen für Kinder/Jugendliche unter Leitung von (Beratungs-)Lehrer/innen.
- Oder: _____
- Oder: _____
- Oder: _____

Literaturempfehlungen

Fleischer, T.: Zur Verbesserung der sozialen Kompetenz von Lehrern und Schulleitern. Hohengehren [2]2000.
Miller, R.: Beziehungsdidaktik. Weinheim und Basel [3]1999.

14. Schulentwicklung

Zwar haben sich Schulen schon immer (weiter-)entwickelt (Blicke in die Vergangenheit belegen dies hinreichend), aber angesichts der umfassenden lokalen bis globalen und sich beschleunigenden politischen, gesellschaftlichen und wirtschaftlichen Veränderungen, der sehr differenzierten individuellen Entwicklung der Kinder und Jugendlichen (intellektuell, emotional, sozial, kulturell/ethnisch) kann Schulentwicklung kein sporadisches und beliebiges Vorgehen sein, sondern muss sich den vier P's verpflichten:

pädagogisch, das heißt letztlich auf die Schüler/innen gerichtet,
präzise, das heißt bewusst und gezielt,
pragmatisch, das heißt nützlich und sachbezogen,
praktikabel, das heißt umsetz- und realisierbar.

Dabei sind (nach H.G. Rolff) Schulleiter/innen *Türöffner* für Schulentwicklungsprozesse – jedoch keine *Antreiber:*

> **Don't push the river!**
> **Er hat seine eigene Fließgeschwindigkeit.**

G Ein Schulleiter berichtete mir begeistert von »seiner« Schulentwicklung und lud mich zu einem Pädagogischen Tag ein. In der Vorbesprechung mit ihm und einer Vorbereitungsgruppe bemerkte ich sehr rasch Spannungen und Differenzen zwischen ihm und den anwesenden Kolleg/innen, die darin bestanden, dass sie sich durch sein vorgelegtes Tempo überfordert fühlten.

Visionen und Ziele

I Schulentwicklung ist ein langfristiger, systematischer und geplanter Prozess, bestehend aus Analyse, Problemlösevorhaben und Erneuerungsaktivitäten, im Spannungsfeld zwischen den Vorgaben und Vorschriften der Administration und der Selbststeuerung der Beteiligten mit ihren Visionen und Zielen, Wünschen und Absichten. Auf oberster Ebene nennt der Schulforscher P. Dalin u.a.:

Visionen/Ziele	und Belastungen
● Harmonie mit der Natur,	● Umweltkatastrophen,
● gerechte Demokratie,	● Demokratieverdrossenheit,
● Frieden der Völker,	● Völkerwanderungen, Kriege,
● soziale Gerechtigkeit,	● soziale Not, Ungerechtigkeit,
● Arbeit für viele,	● Arbeitslosigkeit/Arbeitskampf,
● humane Techniken,	● Inhumanität,
● Weltethos.	● Ethikverlust.

A Leiten Sie mit Ihren Kolleg/innen konkrete Ziele für Ihre Schule ab, zum Beispiel:

● demokratisches Handeln	● Respekt und Wertschätzung
● sozialverträglicher Umgang	● Leistungswille /-bereitschaft
● _____	● _____

SE zielt im Kern auf die ständige Verbesserung von Unterricht ab, und zwar durch

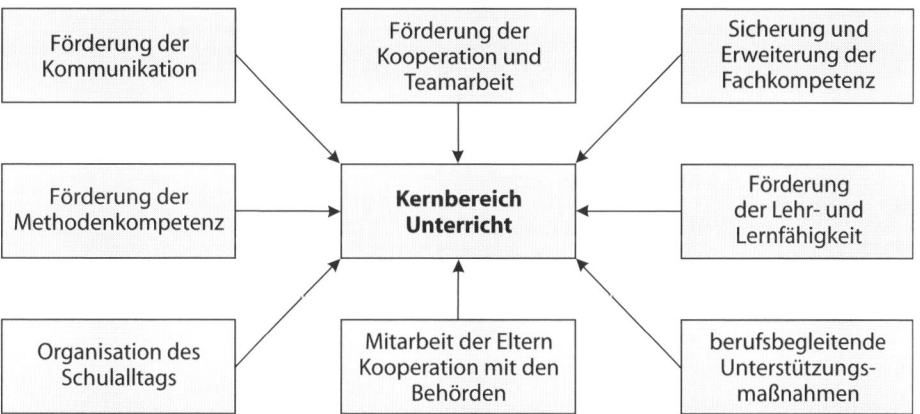

... mit den zwei Hauptzielen: – persönliche Zufriedenheit aller – Förderung der Entwicklung und Leistungsfähigkeit der Schüler/innen.

I Wir träumen von neuen Schulzeiten und sind noch in alten verhaftet:

Von alten (Schul-)Zeiten ... *(von denen manche auch heute noch ihre Stärken haben)*	zu neuen (Schul-)Zeiten *(in die aufzubrechen notwendig ist ...)*
● zufällige Entwicklung,	● gezielte Entwicklung,
● Statik, Beharren,	● Dynamik, Flexibilität,
● Zentralisierung,	● Dezentralisierung,
● Steuerung von oben,	● Steuerung von unten,
● Organisation von außen,	● Organisation von innen,
● Unterrichtsschule,	● multifunktionale Schule,
● konstante Berufsrolle,	● sich verändernde Berufsrolle,
● begrenztes Lernen,	● lebenslanges Lernen,
● Schwerpunkt: Wissensvermittlung,	● Schwerpunkt: Lernprozesse,
● abfragender Unterricht,	● offene Unterrichtsformen,
● Fachkompetenz,	● Fach- und Sozialkompetenz,
● Lehren und Belehren,	● Lernförderung, Lernhilfe,
● (zu häufiges) Eingreifen,	● Entfaltenlassen,
● (zu viele) Vorgaben,	● Schaffung günstiger Bedingungen,
● lehrerzentrierter Unterricht,	● handlungsorientierter Unterricht,
● Medienarmut.	● Computer/neue Medien.
● Und: _____	● Und: _____
● Und: _____	● Und: _____

R ... und meine Träume dazu: _____

_____

I Ein bedeutsames Ziel ist die Dezentralisierung/*Teil*-Autonomie von Schulen (Abbau von Bürokratie), um flexibel auf die Herausforderungen reagieren zu können. Die Grundgedanken dabei sind:

- Statt Loslösung gegenseitiges Vertrauen und Kooperation *mit* der Administration.
- Statt Durchsetzung Zielvereinbarungen und Gestaltungsfreiräume.
- Statt Reglementierung Beteiligung und Partnerschaft.
- Statt Schwerfälligkeit Transparenz und Flexibilität.
- Statt Willkür und Beliebigkeit Verantwortung und Verlässlichkeit.
- Statt Blockaden Brücken und Synergie.

Dies heißt konkret für die einzelnen Schulen:

1. Pädagogisch: Freiheit in der Gestaltung der Lehrpläne, Inhalte und Ziele.
2. Personell: Mitbestimmung in der Auswahl der Lehrpersonen.
3. Finanziell: Verfügung über Schulkonten, Grundmittel, Budgetierung.
4. Organisatorisch: Freiräume für Deputate, Klassengrößen, Vertretungen …
5. Verwaltungstechnisch: Zuständigkeit für Bau, Mobiliar, Hauspersonal.
6. Überprüfend: Durchführung von Selbst- und Fremdevaluation.

R   a) In unserer Schule ist bereits realisiert: _____
   b) Möglich ist noch Folgendes: _____
   c) Derzeit (leider) nicht machbar: _____

A   Ihre Erfahrungen/Vermutungen:

Vorteile der Teilautonomie	Nachteile der Teilautonomie
_____	_____
_____	_____
_____	_____
Fazit: _____	
Konsequenzen: _____	

Prozesse

I Ein Teil des Kollegiums – oder das gesamte – hat sich für einen SE-Prozess entschieden. Acht Zentralfragen können gleichsam ein Leitfaden bei ihren Veränderungsprozessen sein:

1. **Was wollen wir behalten, bewahren?**
   Bleibendes gibt Stabilität.
2. **Was möchten wir verändern?**
   Veränderungen bringen Bewegung.
3. **Was befürchten wir?**
   Befürchtungen produzieren »Widerstand«.
4. **Welche Ziele haben wir?**
   Ziele weisen die Richtung.
5. **Welche Vereinbarungen treffen wir?**
   Vereinbarungen ebnen den Weg.
6. **Wie werden wir vorgehen?**
   Wegbeschreibungen geben Sicherheit.
7. **Was haben wir erreicht?**
   Evaluation zeigt Erfolge/Misserfolge auf.
8. **Wie geht es weiter?**

R Lassen Sie diese Zentralfragen Revue passieren und diskutieren Sie sie im Kollegium: Bedeutsamkeit – Stellenwert – Bedenken – Umsetzbarkeit.

G Ein kleiner Junge ging mit seinem Vater in den Park. Blumen aller Farben waren zu sehen und Bäume standen in ihrer vollen Blüte. Der kleine Junge lief staunend und freudig kreuz und quer, hin und zurück, roch an den Blumen, zupfte an Blättern und streichelte die Bäume. Der Vater freute sich ebenfalls – wurde aber nach einiger Zeit unruhig und sagte: »Komm, wir gehen weiter.« Und als er diesen Satz einige Male wiederholte, schaute ihn der Junge an und fragte: »Wohin denn weiter?«

I Gehen Sie in Ihrem Prozess zirkulär vor:

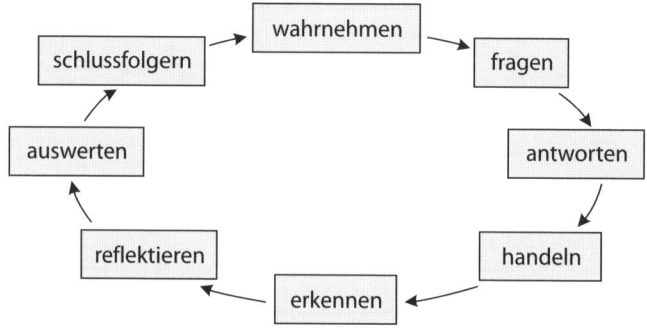

A Stopp! – innehalten und notieren: Es gibt (zum jetzigen Zeitpunkt) folgende Fragestellungen, Probleme:

- Für uns in der Schulleitung: _____
- Für die Kolleg/innen: _____
- Für andere Beteiligten: Hauspersonal, Schüler, Eltern: _____

I Konkret kann dann, auf Grund der anstehenden Probleme, ein SE-Weg folgendermaßen aussehen:

Artikulationsphase:	Äußerung von Unbehagen/Unzufriedenheit, Interessen, Wünschen, Erwartungen und Veränderungsabsichten (Problemerkennung).
Kontakt- und Kontraktphase:	Klärungsgespräche und Vereinbarungen über die Aufgaben der Beteiligten (zum Beispiel Bildung einer Planungsgruppe) und über das gesamte Vorgehen.
Diagnosephase:	Wahl der Diagnoseinstrumente, Durchführung der Datenerhebung (u.a. Ist-Analyse), Auswertung der Ergebnisse und Datenrückkoppelung an die Beteiligten.
Planungsphase:	Zielvereinbarungen und Absprachen über die verschiedenen Handlungsschritte (Aktionsplan) und Vorgehensweisen (Methoden).
Realisierungsphase:	Gegebenenfalls Vorlauf (Erprobungen); Durchführung der geplanten Arbeitsschritte, Zwischenbilanzierung.
Evaluationsphase:	Ist-Soll-Vergleich, Ergebnis- und Erfolgskontrollen, Endbilanzierung.
Abschlussphase:	Rückblick und Gesamtbewertung; Entscheidung über Beendigung oder Weiterführung des Prozesses.

A Thematisieren Sie in Ihrem Kollegium, in Gruppen diese Fragen:

- Wollen wir uns auf einen SE-Prozess einlassen?
- Wer beteiligt sich (Kollegium, Teilkollegium)?
- Wie viel Zeit können wir investieren?
- Was sind unsere Ziele, was erwarten wir?

| *Erfahrungen:* Es hat sich gezeigt, dass die anfänglich zu groß angelegten Ziele, die langen Wege und umfangreichen Aktivitäten viel Zeit und Investitionen, physisch wie psychisch, benötigen. Manche Schulen sind dazu in der Lage, vielen geht allerdings auch die Luft aus ... Deshalb meine Empfehlung: mit kleinen Schritten beginnen – innehalten – weitergehen ... – ist besser als nach Anfangseuphorien und großen Plänen auf der Strecke bleiben!

Beginnen Sie mit denjenigen Personen, die auch wirklich interessiert sind. Dies lässt die noch Unentschlossenen nicht unberührt. Es ist wie mit einem Netz: Bewegt sich ein Knotenpunkt, so bewegen sich auch die anderen: Man weiß allerdings nicht, wie schnell und wohin. Immerhin: Es tut sich was!

Lieber kurzfristige Wege gehen als langfristige gar nicht!

| Verfahrensweisen, die Sie auf diesem Weg anwenden können; zum Beispiel:

- Schriftliche Befragungen (Fragebogen, Multiple-Choise, Kartenabfrage u.Ä.).
- Open-Space-Verfahren (Erfahrungsaustausch in großen Kollegien).
- Interviews, Feedbackformen (Blitzlicht, Rundgespräch).
- Aquarium (Aktive im Innenkreis, Beobachter im Außenkreis).
- Podiumsdiskussion (Aktive und Zuhörer im Wechselspiel).
- Meta-Plan-Techniken (visualisierte Kommunikation).
- Kleingruppenarbeit (mit Präsentation der Ergebnisse im Plenum).

Zentraler Bestandteil in SE-Prozessen sind die *Diagnose* des Ist-Zustandes eines Kollegiums (= wie es derzeit bei uns aussieht) und die *Zielfindung* (wohin wir wollen). Ich stelle Ihnen drei Methoden vor, durch die Diagnose und Zielfindung durchgeführt werden können:

a) **Die SOFT-Methode:** Analyse von Stärken und Schwächen in Kollegien:
   Satisfactions = Zufriedenheit; bisher befriedigende Ergebnisse.
   Opportunities = Möglichkeiten der Veränderung, Chancen.
   Faults = Fehler, Probleme Unzulänglichkeiten.
   Threats = Bedenken, Bedrohungen, Gefahren, Ängste.
   Sehr geeignet als Einstieg in langfristige SE-Prozesse.

b) **Die BVB-Methode:** Analyse von Ist-Zuständen und Veränderungsabsichten
   Was wollen wir **behalten**, bewahren? Was hat sich bisher bewährt?
   Was wollen wir **verändern**?
   Was **befürchten** wir, welche Bedenken haben wir?
   Sehr geeignet bei mittel- und kurzfristigen SE-Prozessen.

c) **Die PUBO-Methode:** Darstellung von Veränderungsabsichten in vier Feldern:
   Veränderungen der einzelnen **P**ersonen.
   Veränderungen des **U**nterrichts.
   Veränderungen der **B**eziehungen untereinander.
   Veränderungen in der schulischen **O**rganisation.
   Sehr geeignet für kurzfristige Prozesse; rasche Handhabung.

Alle drei Methoden bestehen aus umfangreichen Befragungen, hauptsächlich durch visualisierte Kommunikation (Meta-Plan-Technik).

R Welche der drei Methoden sind für Sie und Ihr Kollegium derzeit sinnvoll? Wägen Sie ab: Vor- und Nachteile, Aufwand und Effekt/Nutzen, Engagement und Wirksamkeit; Verhältnis Input–Output?

Es kann nun sein, dass Sie Ihre Prozesse in einem Schulprogramm festhalten, darstellen und veröffentlichen wollen (wie ein Künstler bei seinen Veranstaltungen, um zu zeigen, was er kann und was auf die Besucher zukommt). Von der Absicht bis zur Veröffentlichung sind es 12 Schritte:

1. **Ein Schulprogramm wollen:** Es kann nicht von oben verordnet werden, sondern muss von Schulleitung und Kollegium gewollt sein.
2. **Eine Begleit(Steuer-)gruppe wählen:** Sie hat unter anderem folgende Aufgaben:
   - Die Umsetzung organisieren, die Zeitabläufe planen.
   - Ansprechpartner für Einzelne oder Gruppen sein.
   - Impulse geben, initiieren, führen, Aufgaben delegieren.
   - Die Tätigkeiten der einzelnen Gruppenleiter koordinieren.
   - Mit der Schulleitung in Kontakt sein; sie informieren.
   - Konferenzen vorbereiten und leiten.
   - Gegebenenfalls externe Berater einladen und instruieren.
   - Mit Schüler/innen und Eltern zusammenarbeiten.
   - Für die Öffentlichkeitsarbeit zuständig sein.
3. **Die Betroffenen beteiligen:** Kein »Top down«, sondern Befragung, Einbindung und Mitarbeit der Beteiligten.
4. **Daten erheben, ordnen, bündeln, auswerten:** Daten sind die Grundlage für weiterführende Aktivitäten.
5. **Leitgedanken, Ziele finden:** Ohne Ziel kein Weg! (Wer nicht weiß, wohin er will, muss sich nicht wundern, wenn er ganz woanders rauskommt.)
6. **Inhalte, Aufgaben und Verfahrensweisen festlegen:** Sie sind die Pflastersteine auf dem SE-Weg.
7. **Kontroversen zulassen und klären:** »Umwege« erhöhen die Ortskenntnisse!
8. **Zu Vereinbarungen kommen:** Wo kämen wir hin, wenn alle in verschiedene Richtungen gingen?
9. **Überprüfungsmodalitäten festlegen:** Wer überprüft wann mit welchen Mitteln welche Strecken?
10. **Das Schulprogramm erproben:** Anfangen – gehen – ausprobieren – Erfahrungen machen – revidieren …
11. **Die sechs Ws festschreiben** Wohin?: (Zielklärung) – wer? (Gruppenleitung) – mit wem? (Teilnehmende) – was? (Thema) – wie? (Verfahren) – wie lange? (Zeit)

12. **Das SP veröffentlichen (mit folgendem Inhalt):**
    - Präambel: Pädagogische Grundsätze und Leitideen.
    - Informationen über die Schule mit ihren Spezifika.
    - Ziele, Inhalte, Methoden und Schwerpunkte der Arbeit.
    - Regeln und Rituale des Zusammenlebens.
    - Evaluationsverfahren.

A   Und nun alles Gute bei der Gestaltung des Programms Ihrer eigenen Schule …

Wir können gleich anfangen … _____

Es gibt noch Hürden: _____

Wir können übernehmen: _____

Zusätzlich gilt für uns: _____

I   Wenn Sie sich mit Ihren Kolleg/innen entschieden haben, bestimmte Aktivitäten in Ihrer Schule durchzuführen, können Sie einen *Organisationsplan* aufstellen, der offen legt:
- Ziele, Themen, Verfahrensweisen,
- Personen und Vernetzung,
- Termine.

Ein Beispiel:

Was	Verbesserung der Kommunikation	Unterrichtsqualität	Projekte	Gespräche: L-Sch-Gruppe	Verschönerungen in der Schule
Wer (Ltg.)	Herr K.	Frau P.	Herr F.	Herr M./ Tina R.	Frau Sch./Herr T.
Mit wem	A, B, C	D, E, F	A, G, H	I, J, K	L, M, N.
Wo	Lehrerzimmer	KL. 7b	nach Wahl	Musiksaal	nach Vereinbarung
Wie	Training	U.Hosp.	nach Bedarf	Gespräche	Aktionen
Von wann bis wann	Okt. bis Dez.	Jan. bis März	2. Halbjahr	ab Feb.	Okt. bis Juli

→ Kontakte der Gruppenleiter untereinander: 20. 11. – 10. 2. – 8. 5. – 7. 7.
→ Info in der GLK: 26. 11. – 6. 2. – 12. 5. – 25. 7.

Evaluation

I Evaluation ist eine *systematische* Vorgehensweise, die aus gezielten Beobachtungen, Bewertungen/Interpretationen von erhaltenen Daten und Schlussfolgerungen besteht, mit dem Ziel der Qualitätsverbesserung von Schule und Unterricht. Sie kann als Selbst- und Fremdevaluation geschehen.

Vorgehensweise:
Evaluation benötigt die Einwilligung und Akzeptanz von den Personen, deren Verhaltensweisen und Leistungen evaluiert werden sollen, und die Offenlegung der Vorgehensweisen (kein »Hintenherum«, keine Verschleierung).
Beobachtete und Beobachtende bestimmen gemeinsam die Ziele/Absichten, Verfahrensweisen und Auswertungsmodalitäten.
Wichtig ist die Unterscheidung und deutliche Trennung von Beobachtung, Beschreibung, Dokumentation/Präsentation, Interpretation/Deutung, Auswertung und Schlussfolgerungen (Veränderungswünsche/-notwendigkeiten).
Vorteile: Stärken entdecken, Schwächen aufdecken, Fehler abstellen, Hilfen zur Veränderung geben, Qualität verbessern.

R Für uns ist Evaluation

* derzeit machbar, weil _____
* derzeit nicht durchführbar, weil _____
* Wir haben vor: _____

I Aktivitäten der Selbst- und Fremdevaluation (siehe auch ausführlich mit vielen Beispielen Schratz u.a. 2002, S. 163 ff.):

* *Befragungen:* mündlich (Interviews), schriftlich (mittels Fragebogen).
* *Begleitung/Beschattung* (Schüler, Lehrer, Schulleitung): A erlaubt B, ihn zu begleiten und zu beobachten (im Schulhaus/Schulhof, im Klassenzimmer/Lehrerzimmer), im Unterricht.
* *Beobachtungen:* persönlich (Notizen, Checklisten), medial (Tonband, Videoaufzeichnungen).
* *Blitzlicht:* Gesprächsumfrage zur Befindlichkeit und zu bestimmten Themen.
* *Brainstorming:* Mitteilungen von Assoziationen zu einem vorgegebenen Thema.
* *Dokumentationen:* Bilder, Fotos, Filme, Videos.
* *Gesprächsformen:* Pro und Kontra, (Podiums-)Diskussionen, Aquarium (Innen- und Außenkreissitzordnung).
* *Mind Maps:* Grafische Darstellung von Beobachtungen.
* *Peer Review:* gegenseitiges kollegiales Feedback zur Ermittlung von Verhaltensweisen und Leistungen (Schwerpunkt: Unterricht).
* *Portofolio:* Sammlung von selbst erstellten Dokumenten schulischer Arbeiten.

- *Simulations- und Rollenspiele:* spielerisches Darstellen von Beobachtungen (inkl. anschließender Auswertung).
- *Stärke-Schwäche-Analyse* (ebenfalls mittels Fragebogen).
- *Visualisierung* (mittels Karten, Posters) von Beobachtungen, Informationen.
- *Tagebuch:* persönliche Aufzeichnungen.
- *Tests:* mündlich und schriftlich.

A   Notieren Sie, was in Ihrer Schule bereits realisiert wird, was Sie vorhaben und was nicht in Frage kommt:

Wird realisiert	Vorhaben	Derzeit kein Bedarf

Literaturempfehlungen

Krainz-Dürr, M. u.a. (Hrsg.): Was Schulen bewegt. Sieben Blicke ins Innere der Schulentwicklung. Weinheim und Basel 1997.

Schratz, M. u.a.: Serena, oder: Wie Menschen ihre Schule verändern. Innsbruck 2002.

15. Fortbildung

Ein bedeutsames Kennzeichen guter Schulen sind die Fortbildungsaktivitäten von Lehrer/innen, die im Spannungsfeld zwischen Freiwilligkeit und Zwang, Lust und Verpflichtung, Angebot und Nachfrage, Belastung und Entlastung stehen.

Pflicht und Kür

I   Die heutige Zeit ist vor allem gekennzeichnet durch die *Beschleunigung* von Veränderungen. Dies hat zur Folge, dass das in der Ausbildung gewonnene Wissen und die erlangten Kompetenzen nicht mehr ausreichen, den Beruf qualifiziert auszuüben: *Fortbildung als Notwendigkeit.*

G
- Musste sich beispielsweise ein Kfz-Lehrling vor 30 Jahren noch ca. 500 Seiten an Wissen aneignen, so sind es heute derzeit ca. 5.000; dies ist allein gar nicht zu schaffen: Team-Arbeit und Computer sind unerlässlich – und immer wieder: Fortbildung, Weiterbildung …

- Berufsschullehrer (und nicht nur die) klagen deutlich: Manchmal sind wir höchstens eine Seite weiter als unsere Schüler, manchmal wissen oder können sie mehr als wir. Die Erwartungen und der Druck seitens der dualen Partner ist riesengroß.

- Als Lehrer nahm ich einmal an einer Fortbildung zum Thema »Disziplinschwierigkeiten« teil. Kaum wieder in der Schule, fragt mich ein Schüler: »Herr Miller, waren Sie auf Schulung?« – »Ja. – Wie kommst du denn drauf?« Mark: »Sie sind irgendwie anders.«

I   In den Klassenzimmern sitzen keine »Einheitstypen«, sondern höchstunterschiedliche Lernerinnen und Lerner, die ein Recht auf ihnen gemäße, differenzierte Lehr- und Lernmethoden haben – und damit auf Lehrer/innen, die sachlich und fachlich auf dem Laufenden sind: *Fortbildung als Verpflichtung.*

Für Schulleitungen und Lehrer/innen heißt dies: Über die Verpflichtung hinaus hat Fortbildung nur Sinn und wird akzeptiert, wenn sie gut ist, wenn sie »etwas bringt« und wenn sich der Aufwand lohnt: *Fortbildung als Gewinn, Lust und Kür.*

R Ich bilanziere: Meine bisherige Fortbildung war für mich

Gewinn, weil _____

_____

_____

Verlust, weil _____

_____

_____

Sie, als Schulleiterin/Schulleiter, hin- und hergerissen bezüglich der Abwesenheit durch Fortbildung Ihrer Kolleg/innen:

... auf der einen Seite	... auf der anderen Seite
• großer Befürworter,	• Bedenken wegen Unterrichtsausfall,
• Gewinn durch Neues,	• Zeitverlust durch Nacharbeit,
• hoher Bedarf,	• Verweigerung von Kolleg/innen,
• Verpflichtung,	• pädagogische Freiheit,
• Freude, Entlastung,	• Belastung anderer (Vertretungsstunden),
• Elternzustimmung.	• Eltern-»Schelte«.
• Und: _____	• Und: _____

Wie so oft, so auch hier: den Mittelweg gehen.

G • Ein Schulleiter: »Ich möchte, dass meine Kolleginnen und Kollegen einsehen, dass sie sich fortzubilden haben.« – Wie kann man »Einsehen« einsichtig machen?

• Wer immer nur auf der »lehrenden/belehrenden Seite« steht, verliert leicht die Balance und das eigene Lernen aus den Augen:

• Als (noch junger) Leiter eines mehrtägigen Seminars übernahm ein Teilnehmer – nach Vereinbarung mit allen – für einen halben Tag die Leitung. Ich saß plötzlich »auf der anderen Seite« – für mich bereichernde Erfahrungen: Perspektiven und Wahrnehmungswechsel, andere Aktivitäten, Gruppenmitglied ... Als hauptberuflicher Lehrerfortbildner ist seit dieser Zeit »mich selbst fortbilden« zur Selbstverständlichkeit geworden.

A Fortbildung: Blick über den Tellerrand (Checkliste): Befragen Sie Personen aus anderen Berufen über deren Fortbildungsverhalten und vergleichen Sie die Aussagen mit Ihrer eigenen Einschätzung:

	Sie selbst	Kfz-Meister	Inge-nieur	Bank-kauf-mann	Arzt	Kollege X	Person Y
Fortbildungstage pro (Schul-)Jahr							
Fachzeitschrift							
Fachbücher pro Jahr							
Vorträge							
Ausgaben (privat) pro Jahr							

Ihre »Aha«-Erlebnisse: _____

_____

_____

Ansprüche anderer (Vorgesetzte, Kolleg/innen, Schüler/innen, Eltern …) bezüglich Ihrer Fortbildung und Kompetenzerweiterung an Sie: _____

_____

_____

_____

Ihre Konsequenzen: _____

_____

_____

Wissen ist Macht, Können gibt Sicherheit.

Angebot und Nachfrage

I Es gibt die

a) schulexterne, überregionale Fortbildung, meist in Form von Lehrgängen und Kursen (stark fachorientiert);
b) regionale Fortbildung in Form von Tages- oder Nachmittagsveranstaltungen;
c) schulinterne Fortbildung:

	derzeit realisiert
● *Pädagogische Konferenzen:* Erörterung pädagogischer Fragen und Probleme, Gesprächsrunden in Gruppen und Plenum	☐
● *Pädagogische Tage:* ein- oder zweitägige Veranstaltungen eines ganzen Kollegiums zu pädagogischen Themen nach Wahl	☐
● *Intervallseminare:* eine Reihe von Pädagogischen Konferenzen oder Pädagogischen Tagen mit einer bestimmten Themenfolge	☐
● *Fachkonferenzen:* Arbeit fachspezifischer Gruppen eines Kollegiums	☐
● *Trainingsgruppen:* Darstellung, Reflexion und Änderung von Verhaltensweisen mittels verschiedener Trainingsangebote	☐
● *Supervision:* Darstellung, Reflexion und Klärung ausgewählter Ausschnitte der beruflichen Arbeit	☐
● *Schulerkundung:* Recherchen und Befragungen innerhalb einer Schule unter bestimmten Aspekten	☐
● *Exkursion:* »Blick über den Zaun« und Erleben anderer Schulwirklichkeiten	☐
● *Unterrichtshospitation:* Beobachtung, Reflexion, Auswertung und Einschätzung von Unterricht durch eine oder mehrere Kolleg/innen	☐

Das beste Lernmodell für die Lehrer/innen sind diese selbst.

Deshalb halte ich die schulinterne Lehrerfortbildung (SchiLF) und die Unterrichtshospitation (oder auch Peer Review) für die wirksamsten Formen der Fortbildung (Näheres siehe 3. Abschnitt: Realisierung, S. 178).

Stichwort *Controlling:* Es ist, wenn es professionell angewandt wird, im Rahmen der Fortbildung sehr nützlich und wirksam, weil dadurch

a) die Qualität schulischer Arbeit ermittelt wird,
b) Erfolge bestätigt und Misserfolge aufgedeckt werden,
c) Zielsetzungen vereinbart und
d) Veränderungshilfen angeboten werden.

Die Erfahrung zeigt allerdings, dass ein Großteil der Lehrerschaft mit dem Begriff *Kontrolle* immer noch (unangenehme) Prüfungssituationen verbindet (»Der Schulrat kommt«):

G Als Fortbildner höre ich immer wieder die gleichen Aussagen (bei Unterrichts-mitschau, Rollen- und Simulationsspielen, Interaktionsübungen), wenn es um Wortmeldungen und Mitarbeit geht:

- Ich trau mich nicht; ich geniere mich.
- Ich habe Angst, mich zu blamieren, Fehler zu machen.
- Ich habe Angst, meinen eigenen Ansprüchen nicht zu genügen.
- Ich bin's nicht gewohnt, vor anderen mich darzustellen.
- Ich weiß nicht, wie die anderen mich einschätzen.

R Was ich als Schulleiter/in tun kann, um die Bedenken und Ängste zu minimieren:

_____

_____

_____

I Folgende Einstellungen und Verhaltensweisen fördern ein angstfreies Lernklima und minimieren Ängste und Bedenken:

- Gegenseitiger Respekt und Wertschätzung vermitteln.
- Lernen als Entwicklung und Prozess sehen, der Irrtum und Fehler einschließt.
- Präzise beobachten und klare Rückmeldungen geben (Feedback*kultur*!).
- Gesprächsrunden fair leiten.

G Ich hatte als Student und junger Lehrer das Glück – nach anfänglichen Vorbehal-ten und Ängsten –, jahrelang in Gruppen zu lernen, was immer dann am inten-sivsten war, wenn Offenheit, Vertrauen und Wertschätzung gelebt wurden.

R Meine eigenen Lernerfahrungen:

	Positiv, weil	**negativ, weil**
a) als Student/in		
b) als Lehrer/in		
c) als Schulleiter/in		
d) als _____		

G Am Beispiel der Fortbildung im Computerbereich zeigt sich derzeit am deutlichsten, wie Lehrer/innen zu ihrem eigenen Lernen und zu Fortbildungsmaßnahmen stehen. Ich nehme eine ganze Palette von Reaktionen wahr (und vergleiche sie mit den Schüler/innen):

Reaktionen von Lehrer/innen	Vergleiche mit Schüler/innen
Gruppe A: Die grundsätzlich Interessierten und technisch »Begabten« sind gleich Feuer Flamme.	Wie froh sind wir über die »grundsätzlich interessierten« und lernwilligen Schüler/innen.
Gruppe B: Sie lassen sich Zeit, warten erst mal ab und beginnen dann zu lernen.	Gott sei Dank, dass ein Großteil der anderen nun endlich auch mitmacht.
Gruppe C: Erst nach längerem Zaudern und mehrmaliger Einladung beginnen sie mit der Fortbildung.	Immer wieder das lästige Mahnen …
Gruppe D: Abwehr, Ablehnung, Verweigerung – mit echten und »unechten« Begründungen.	Wohin mit den Desinteressierten und Renitenten?

R Von diesen Aussagen sind mir sehr bekannt:

- Was mich selbst betrifft: _____
- Was mein Kollegium betrifft: _____

Realisierung

Wenn Sie ein Fortbildungsmuffel sind (oder schon alles können), dann überblättern Sie die nächsten Seiten und lesen weiter auf S. 183.

R Grundsätzliche Überlegungen für mich und meine Kolleg/innen:

a) Ich benötige keine Fortbildung (mehr), weil

    ☐ ich schon zu alt bin.
    ☐ ich nur schlechte Erfahrungen gemacht habe.
    ☐ _____
    _____
    _____

b) Ich bin nur für freiwillige Fortbildung, weil

    ☐ ich unter Zwang sowieso nicht lernen kann.
    ☐ _____
    _____
    _____

c) Ich bin für Pflichtfortbildung, weil

☐ dies zu meinem Berufsverständnis gehört.
☐ _____
_____
_____

d) Wenn ich ehrlich bin: Manchmal kostet mich die Fortbildung große Überwindung. Ich schaffe es aber dann doch immer wieder:

☐ Der Ehrgeiz packt mich.
☐ Ich bin es mir und meinen Schüler/innen schuldig.
☐ _____

A Denken Sie bitte an die fünf Kompetenzen als Schulleiter/in (S. 15 ff.) und überlegen Sie, was Sie noch gern im Rahmen der Fortbildung erweitern, lernen beziehungsweise sich aneignen wollen/sollten (wobei Sie auch Ihre »kritischen Freunde« um Rückmeldung bitten können):

1. **Selbstkompetenz**
Mehr Selbstbewusstsein.
Mehr Abgrenzungsfähigkeit.
Und: _____

2. **Sozialkompetenz**
Mehr Gruppenerfahrung.
Mehr Wissen über Gruppendynamik.
Und: _____

3. **Fachkompetenz**
Mehr Wissen über Hirnforschung, Lernbiologie, Lernpsychologie.
Möglichkeiten der Selbstevaluation.
Und: _____

4. **Gesprächskompetenz**
Mehr Training.
Streitschlichtung: mehr Training.
Und: _____

5. **Planungskompetenz**
Teilnahme an einem Kurs »Schulmanagement«.
Und: _____

I   Schulinterner Fortbildungsplan (Beispiel):

(Vergleiche auch: Organisationsplan »Schulentwicklung«, S. 170. Durch ihn wird ersichtlich, welche schulinternen Fortbildungsmaßnahmen in einem Schuljahr geplant sind.)

Aktivität	_____	_____	_____	_____
Zeit	_____	_____	_____	_____
Leitung	_____	_____	_____	_____
Teilnehmende	_____	_____	_____	_____
Bemerkungen	_____	_____	_____	_____
Koordinationstreffen der Leitung	_____	_____	_____	_____
Information in der GLK	_____	_____	_____	_____

R   Vergleichen Sie bitte Ihr eigenes Lernverhalten, Ihr Interesse an Fortbildung, Ihre Bedenken mit den Wünschen an Ihre Kolleg/innen (= wie Sie sie gern hätten). Vielleicht ergeben sich für Sie interessante Erkenntnisse:

Mein eigenes Lernverhalten	**Wie ich meine Kolleg/innen gerne hätte …**
● Ich bin grundsätzlich interessiert.	● Ebenso.
● Ich warte ab, zögere.	● Spontaner. (Ich muss zu viel ziehen.)
● Ich wähle sehr sorgfältig aus.	● Keine Wünsche: Kolleg/innen wählen ebenfalls sehr sorgfältig aus.
● Ich reagiere nach momentanem Bedarf.	● Ebenso – vorausgesetzt, ich kann organisatorisch angemessen handeln.
● Oder: _____	● Oder: _____

Fünf Empfehlungen zur Erweiterung der Kompetenzen durch Fortbildung:

1. Holen Sie Fortbildungsexperten von außen in Ihre Schule! (u.a. auch Eltern!)
2. Ermuntern Sie Ihre Kolleg/innen, als Experten in der Schule ihr Wissen und ihre Erfahrungen einzubringen! (eigene »Bordmittel«)
3. Bitten Sie Ihre Kolleg/innen, nach schulexternen Fortbildungen ihre Erkenntnisse dem Kollegium beziehungsweise den Fachgruppen zu vermitteln.
4. Ermöglichen Sie es, dass in der Schule immer mehr Gruppen für Unterrichtshospitationen entstehen:
   - Kolleg/innen treffen sich – nach Absprache und entsprechender Organisation –, um gegenseitig im Unterricht zu hospitieren.
   - Sie beobachten das Unterrichtsgeschehen unter bestimmten, vorher vereinbarten Kriterien.
   - Sie besprechen und reflektieren nach dem Unterricht gemeinsam ihre Beobachtungen und geben sich Hilfen für Änderungsmaßnahmen.
5. Seien Sie selbst sowohl Fortbildungsexperte als auch Fortbildungsbeispiel!

Und schließlich: Ein Auswertungsbogen für schulinterne LFB-Veranstaltungen (aus: Lernende Schule 16/2001, S. 45):

Aussagen	sehr	mittel	wenig	nicht, weil …
1. Das Thema war für mich wichtig.	☐	☐	☐	_____
2. Die Ziele waren klar und strukturiert.	☐	☐	☐	_____
3. An der Vorbereitung konnte ich mich beteiligen.	☐	☐	☐	_____
4. Die Referent/innen	☐	☐	☐	_____
a) stellten sich auf unsere Bedürfnisse ein.	☐	☐	☐	_____
b) waren kompetent.	☐	☐	☐	_____
5. Der Einsatz der Methoden war angemessen und stimmig.	☐	☐	☐	_____
6. Theorie und Praxis standen in einem ausgewogenen Verhältnis.	☐	☐	☐	_____
7. In der Lerngruppe fühlte ich mich wohl.	☐	☐	☐	_____
8. Die Ergebnisse kann ich gut auf den Schulalltag übertragen.	☐	☐	☐	_____
9. Es wurden klare Absprachen für die Weiterführung getroffen.	☐	☐	☐	_____

I *(M)ein Schlusswort zum Thema Fortbildung:* Personen kommen durch Selbstwahrnehmung, durch Fremdbeobachtung, Feedback und Empfehlungen anderer Menschen zur Einsicht, dass sie für ihre persönliche Entwicklung und für die Ausübung ihres Berufes bestimmte Lernangebote brauchen und dass dies in Form von Fortbildung geschehen kann.

Sie ist kein Mittel, um Menschen von außen zu verändern, sondern sie ist Hilfe zur Selbstentfaltung auf dem Boden von Vorhandenem. Die Lernenden gewinnen durch ihre Fortbildungstätigkeiten zusätzliches Wissen, neue Erkenntnisse und erfahren eine Erweiterung ihrer Kompetenzen. Drei Fragen begleiten sie dabei in ihrem Lernprozess:

R 1. Was kann ich?
2. Was möchte ich dazulernen?
3. Wo sind meine Grenzen?

Die Antworten können sowohl erfreulicher als auch schmerzlicher Natur sein, vor allem, wenn Menschen an ihre Grenzen stoßen:

G Ein Schulleiter bat mich um Beratung, weil er in seiner Schule mit sich und den Kolleg/innen nicht mehr zurechtkam. In mehreren langen Gesprächen wurde ihm bewusst, dass der Schulleiterberuf ihn permanent überforderte und für ihn nicht mehr geeignet war. Es dauerte einige Zeit, bis er diese für ihn schmerzlichen Erkenntnisse verarbeitet hatte und er sich schließlich durchringen konnte, die Leitung seiner Schule aufzugeben, was letztlich für ihn eine befreiende Erfahrung war.

Liebe Schulleiterin, lieber Schulleiter,
ich wünsche Ihnen, dass Fortbildungen Ihre Kompetenzen erweitern, Ihre persönliche Weiterentwicklung fördern und in Ihrer ganzen Schule fruchtbar werden.

Literaturempfehlungen

Miller, R.: Schilf-Wanderung. Wegweiser für die praktische Arbeit in der schulinternen Lehrerfortbildung. Weinheim und Basel [3]1992.
Miller, R. (Hrsg.): Schule selbst gestalten. Weinheim und Basel [2]1998.

16. Unterricht

Der Bildungsauftrag der Schulen wird vor allem durch Unterricht (i.w.S.) ausgeführt. Als Schulleiter/in gehört es zu Ihren wichtigsten Aufgaben – in Zusammenarbeit mit den Behörden und Ihren Kolleg/innen –, ihn personell, inhaltlich und organisatorisch zu gewährleisten und Ansprechpartner für unterrichtliche Fragen und Probleme zu sein.

Grundsätzliches

I Man kann heute nicht mehr von einer einheitlichen Sicht von Unterricht ausgehen. Die Meinungen, was »guter« Unterricht ist, gehen weit auseinander. (Ich habe in jüngster Vergangenheit ca. 600 Lehrer/innen *aller Schularten* eine Unterrichtsmitschau (Videoaufzeichnung) gezeigt, die in der Notenbewertung von 1,5 bis 5,5 lag.)

Wir sprechen heute von einer sog. »subjektiven Didaktik« (Kösel [3]1997) und meinen damit die »Modellierung von Unterrichts-Lernwelten« aus subjektiver Sicht. Sie öffnet jedoch keiner Beliebigkeit Tür und Tor, sondern begründet – durch Plausibilität und »Stimmigkeit« – das jeweilige didaktische Handeln, basierend auf bestimmten, allgemein anerkannten Kriterien, zum Beispiel: Richtigkeit des Sachaspekts – Struktur/Verlauf – Schülerorientierung – Methodenvielfalt – Interaktionsbreite – Beziehungsklarheit und Ähnliches.

Was »guter« Unterricht – als *Interaktionsgeschehen* – ist, muss jeweils durch Diskurs und Diskussion vereinbart werden: pädagogisch/didaktisch und fachspezifischmethodisch. Dies geschieht durch die Erarbeitung eines gemeinsamen Unterrichtplateaus, das Ausgangspunkt für die Einschätzung/Bewertung und Benotung von Unterricht ist.

A Bilden Sie kleine Gruppen, am besten fachspezifisch, und geben Sie den Teilnehmenden folgende Aufträge:

a) Erarbeiten Sie Kriterien für »guten« Unterricht.
b) Erstellen Sie – fachspezifisch – ein sog. »Unterrichtsplateau«.
c) Präsentieren Sie die Ergebnisse der Gruppen.

Abschließend: Klärungen und Entscheidung darüber, was an Gemeinsamkeiten und Unterschieden akzeptiert wird.

I Es ist Abschied zu nehmen

1. **Von einer »didaktischen Monokultur«:**
   Eine Lehrkraft für 25–30 verschieden Lernende.
   Ein Thema für 25–30 unterschiedlich Interessierte.
   Ein Ziel für 25–30 in verschiedene Richtung Gehende.
   Eine Methode für 25–30 verschiedene Lerntypen.
   Ein Lerntempo für 25–30 Schnelle und Langsame zugleich.
   Ein Lernprozess für 25–30 »Lernwelten« …

2. **Von der Ansicht, Stoffvermittlung sei bereits Lernen:**
   Stoffvermittlung ist »Aussenden«, aber noch lange nicht »genauso Ankommen«.
   Dass es hohe »Übernahmewahrscheinlichkeiten« gibt, hängt damit zusammen,
   dass Sender und Empfänger (Lehrer und Schüler) ähnliche Hirnstrukturen,
   meist gemeinsame Erfahrungen, Sprache, Kultur … haben. Dies ändert jedoch
   nichts an der Tatsache, dass Lernen die *Eigengestaltung empfangener Energie* ist.
   Nur der Lernende kann sein Lernen selbst bestimmen – und der Lehrer kann
   ihm dabei helfen (= Lehr*anteile* in einem Lernprozess!). Dieses Verständnis ver-
   ändert die Rolle der Lehrer/innen grundlegend:
   Vom Besserwisser zum Mehrwisser (Fachmann/-frau).
   Vom Lehren zum Lernfördern (Lernhelfer).
   Vom Eingreifen zum Entfaltenlassen (Lernbeobachter).
   Vom Korrigieren zum Arrangieren (Lernmoderator).
   Vom »Über-die-Schulter-Schauen« zum »Nebeneinandergehen« (M. Wagen-
   schein: »Unterricht ist das gemeinsame Anschauen einer Sache …«).
   Vom Belehren zum Begegnen, vom Lenken über das Führen zum Begleiten …
   Dabei sind *prinzipielle Differenzierung* – abgestimmt auf die Lerndispositionen,
   Bedürfnisse und Fähigkeiten der Schüler/innen – und *Methodenvielfalt* unab-
   dingbar.

3. **Von starren »Stunden«-Plänen:**
   Sie sind schädlich, ungesund und lernhinderlich für alle Beteiligten.

   Beispiel: 7. Klasse Hauptschule

	Montag	Dienstag	Mittwoch	Donnerstag	Freitag
1. Stunde	Wi-Lehre	Deutsch	Sport	—	Chemie
2. Stunde	Deutsch	Mathe	Sport	Förder-U.	Deutsch
3. Stunde	Mathe	Englisch	Mathe	Englisch	Mathe
4. Stunde	Englisch	Erdkunde	Musik	Biologie	Physik
5. Stunde	Gesch/Gk	Gesch/Gk	Deutsch	T/HTW	Wi-Lehre
6. Stunde	Religion	Religion	Deutsch	T/HTW	
7. Stunde	Sport		Bild. Kunst	T/HTW	

Beispiel: 11. Klasse Gymnasium: »Toleranz haben wir schon gemacht!«
Und das *alles* an *einem* Vormittag!

1. Stunde:	Englisch:	»Slavery in the South«
2. Stunde:	Physik:	»Trägheitsgesetz«
3. Stunde:	Ethik:	»Toleranz«
4. Stunde:	Erdkunde:	»Kollisionsgebirge Himalaja«
5. Stunde:	Mathe:	»Nullstellen«
6. Stunde:	Deutsch:	»Vater-Sohn-Problematik bei Kafka«

(Als die Ethiklehrerin zwei Tage später wieder an das Thema »Toleranz« anknüpfen wollte, meinte ein Schüler: »Frau X, Toleranz haben wir doch schon am Mittwoch gemacht.«)

Rein in ein Fach – raus aus dem Fach – hinein in ein anderes – usw. Diese 45-Minuten-Takt-Didaktik hält kein Organismus aus – es sei denn, er sucht sich »Aus-Wege« …, zum Beispiel:

a) *Auf Lehrer/innenseite:* längeres Verweilen im Lehrerzimmer über die (knappe) Pausenzeit hinaus, vermehrter Zigaretten- und Kaffeekonsum, aggressive und abwertende Verhaltensweisen den Schüler/innen gegenüber, Flucht zu Tabletten und in Krankheiten …

b) *Auf Schüler/innenseite:* abschalten, stören, schwänzen, zerstören; Aggression oder Rückzug, Flucht in Tagträume, in Suchtverhalten, in Krankheiten.

I Mediziner, Psychologen, Hirnforscher und Lernbiologen sagen es deutlich: Ein Schulvormittag, der aus sechs bis sieben Unterrichtsstunden besteht (und diese wieder in der Hauptsache aus Sitzen, Zuhören, Aus- und Abschreiben), der (fast) keine Pausen kennt und der von einer »Rhythmisierung des Lernens« meilenweit entfernt ist – ein solcher Unterricht ist für *alle* Beteiligten gesundheitsschädigend und lernblockierend.

A Sie und Ihr Kollegium sind gefragt: Ihre Konsequenzen als

a) Schulleiter/in: Didaktische Erneuerungen initiieren.
b) Führungsperson: mit den Kolleg/innen gehen – und nicht gegen sie.
c) Organisator: Stundenpläne verändern – dringend notwendig!
d) Informator: Eltern informieren.
Und nun: step by step …

I Meine Veränderungsvorschläge:

- Veränderung der Organisation des Lernens, Umgestaltung der Stundenpläne (Einzel- und Doppelstunden, Projektvormittage/Projekttage/Projektwochen …).
- Modifizierter Einsatz der Lehrkräfte (u.a. Teamarbeit).
- Projekt für die Schüler/innen: das Lernen lernen.

- Angebote für soziales Lernen: gute Beziehungen als Voraussetzung für effektives Sach- und Fach-Lernen.
- Rhythmisierung der Wochentage, der Lernzeiten.
- Und: _____

_____

_____

Wenn Lernen ein Prozess ist, dann kann er nicht »auf Knopfdruck« beendet – und schon gar nicht in ein »45-Minuten-Korsett« eingezwängt werden. Einen Trichter kann man mit Wissen voll stopfen, nicht aber lebendige Menschen, die ihre Lernwege selbst bestimmen und die eigene Lernrhythmen haben.

R Was bedeutet dies für die Organisation des Lernens?
- Wie müssen Stundenpläne, Tagesabläufe … aussehen?
- Was muss verändert werden, dass sowohl individuelles als auch gemeinsames Lernen in der Schule möglich ist?
- Wie viel Zeit brauchen die Schüler/innen, um sich von der Erfahrung der Fremdbestimmung zu lösen und Erfahrungen des eigenbestimmten Lernens zu machen? (Was anfänglich allerdings mit »Störungen« verbunden sein kann!)

I Eine gute Unterrichtsstunde/ein guter Unterrichtsvormittag enthält vier Sozialformen:

Plenum

Einzelarbeit   **Partnerarbeit**

Gruppenarbeit

A »Durchleuchten« Sie – mit Kolleg/innen zusammen – den Unterricht auf dem Hintergrund dieser vier Sozialformen:

Sozialform	sehr häufig	mittel	selten/kaum
Plenum/Frontalunterricht	☐	☐	☐
Einzelarbeit	☐	☐	☐
Partnerarbeit	☐	☐	☐
Gruppenarbeit	☐	☐	☐

Unsere Konsequenzen: _____

_____

_____

_____

Die Vorbereitung und Planung des Unterrichts (unter Umständen Lehrer/innen und Schüler/innen gemeinsam) werden in Zukunft einen breiteren Raum einnehmen als bisher, jedoch eine wesentliche *Arbeitsentlastung* für die Lehrenden *während* des Unterrichts mit sich bringen. Die Lehranteile des Lehrers gehen zurück, die Lernanteile der Schüler nehmen zu, ebenso die Verantwortung für ihr eigenes Lernen:

G

Lehrer/innen müssen also nicht mehr seufzen:

Ich muss doch die Schüler motivieren.
Ich bin doch für deren Lernen verantwortlich.
Ich habe ein schlechtes Gewissen, wenn die Schüler nichts können.
Ich bin sauer, weil sie keine Hausaufgaben machen.
Ich bin gekränkt, weil sie nicht das tun, was ich will.
Ich bin enttäuscht, weil die Schüler nicht so erfolgreich sind, wie ich es mir vorstelle.

Lernen

I

Wer wirkungsvoll lehren will, muss *vorher* über das Lernen von Menschen Bescheid wissen: Aus Sicht der *Lernbiologie* besteht die Lernfähigkeit des Menschen darin, Erfahrungen für künftiges Verhalten zu speichern und zu verwerten, wobei diese Leistung an das Gedächtnis gebunden ist. Um dies zu ermöglichen, werden die Außenreize, also alles, was »auf den Menschen zukommt«, über die Sinne, die die Eingangskanäle bilden, aufgenommen. Was wahrgenommen wird, entsteht im Gehirn, ist dessen *Konstruktion* und *keine Abbildung* der Außenwelt im Sinne einer fotografischen Aufnahme. Dies erklärt u.a. die Tatsache, dass beispielsweise dieselben Reize bei Menschen unterschiedliche Reaktionen (= Gehirnleistungen) hervorrufen. Somit besteht die Fähigkeit des Gehirns aus folgenden Aktivitäten: Wahrnehmung der Sinnesreize – Aufmerksamkeit – Einschätzung/Bewertung – Speicherung (Gedächtnis) – Erinnern/Erkennen – Abrufen/Handeln.

Anlage und Umwelt beeinflussen sich gegenseitig, das heißt, die Gene/Erbinformationen »bewegen« sich in einer bestimmten Umwelt, sind also flexibel und anpassungsfähig. Beispiel: Zwei Sonnenblumen entwickeln sich unterschiedlich, wenn sie verschiedene Standorte haben: viel/wenig Sonne; viel/wenig Regen, lockerer/fester Boden; geschützt/ungeschützt … Für das Wachstum, die Entwicklung gibt es zwar Prognosen, aber keine sicheren Vorhersagen, gibt es Wahrscheinlichkeiten, aber keine Gewissheiten, auf keinen Fall ein »Wenn so …, dann so …!« (Das ist es, was das Lehren und Lernen so unberechenbar, aber auch so spannend macht!)

Bekannt ist auch die Aufteilung in linke und rechte Hemisphäre des Gehirns (wobei die »Lateralisierung« bei den Lernenden unterschiedlich und nicht gleich ist!). *Linke Gehirnhälfte:* Logik, Analytik, Linearität, Zahl, Zeit, Folge, Sprache … *Rechte Gehirnhälfte:* Bilder, Fantasien, Raum, Rhythmus, Farben, Ganzheit …

Die beiden Hälften arbeiten »simultankorreliert«, d.h., sie sind paarig vorhanden und nicht »streng« getrennt. Es gibt gegenseitige Übertragungen der Inhalte und Verknüpfungen der beiden Hemisphären. Ein Beispiel (Lernen eines geometrischen Sachverhalts): rechts: visuelle Vorstellung – links: Durchführung der Berechnung. Entscheidend für das Lernen ist die Aktivierung und Verknüpfung möglichst *vieler* Zentren: Analytik *und* Ganzheit, Linearität *und* Raum, Logik *und* Fantasie, Rationalität *und* Emotionalität …

Beispiele für Hemisphären-Verknüpfung

»links«	*»rechts«*	
753	Rom kroch aus dem Ei	} sich einen Reim
333	bei Issos Keilerei	daraus machen!
Zahl Pi: 3,14151926 …	How I want a drink, alcoholic of course	
(Buchstaben pro Wort)	(3 1 4 1 5 9 2 6)	
Texte	Unterstützung durch Bilder, Farben, Muster …	
Begriffe	eine (Fantasie-)Geschichte daraus machen	

Besonders wichtig bei Lernprozessen sind die Gefühle. Sie sind schnelle und lebenswichtige Reaktionen auf Umwelteindrücke (schneller als der Verstand – und geschichtlich auch älter!). Deshalb: Lernen mit »Kopf, Herz und Hand«, mit Verstand und Gefühl.

G Wenn Sie sich an Ihre Schulzeit erinnern, in der Sie vielleicht vom Lehrer an der Tafel »vorgeführt« wurden, so haben Sie eben diese für Sie *emotional belastete Situation* behalten, vermutlich kaum aber die Lehr*inhalte*, um die es damals ging.

A Beobachten Sie Ihren Unterricht oder den anderer unter Aspekten der *Lernbiologie:*

1. Aktivierung der Sinne; mehrkanaliges Lernen
2. Förderung der Aufmerksamkeit
3. Verschiedene Arten der Speicherung von Wissen
4. Abrufimpulse des Wissens und Umsetzung in Handeln
5. Abwechslung der rechten und linken Hemisphäre

Konsequenzen aus Ihren Beobachtungen: _____
_____
_____

▌ Erkenntnisse der *Lernpsychologie*

1. Es gibt verschiedene Grundformen des Lernens (ausführlich in: Edelmann [6]2000):

   a) **Das assoziative Lernen:** Darunter versteht man vor allem das Reiz-Reaktion-Lernen. Das Gehirn sucht sich »Verknüpfungspunkte«: Du erinnerst mich an …; was fällt dir ein, wenn du an eine grüne Wiese denkst …? Plötzlich kommt ein Hund auf Sie zugelaufen … (Freude, Schreck, Angst) – Wenn ich dich schon sehe, dann …

   b) **Das instrumentelle Lernen:** Es besteht im Einsatz von Mitteln/Instrumenten. Die wichtigsten sind: Verstärkung (zum Beispiel Lob), Löschung (zum Beispiel Nichtbeachtung), Bestrafung (unangenehme Konsequenzen), wobei die Wirkung von »Instrumenten« nicht vorhersehbar ist; es gibt höchstens Vorhersagen und Wahrscheinlichkeiten.

   c) **Das Modell-/Imitationslernen:** Damit ist vor allem die Nachahmung i.w.S. gemeint: Aneignung durch Aufmerksamkeit, Lernen durch Beispiel und Vorbild, durch Beobachtung und Identifikation: Ich mache es so wie … Ich möchte so sein wie … (Vorbild für jemanden wird allerdings nur derjenige, der bereits den eigenen Vorstellungen sehr nahe ist!)

   d) **Das kognitive Lernen:** Hier besteht das Lernen aus Informationsaufnahme und Verarbeitung: nämlich Kategorisierung, Begriffs- und Hierarchiebildung, Entwicklung von Lern- und Denkstrategien, Wissenserwerb … mit dem Ziel, zu einer klaren, stabilen und geordneten Wissensmenge zu gelangen.

   e) **Das handelnde Lernen:** Es besteht aus dem Planen und Problemlösen, aus Versuch und Irrtum, aus Lernen durch Handeln und Erfahrung, aus Erkennen durch Tun.

2. Lernblockaden können durch so genannte Interferenzen entstehen:

   a) **Vorwärtshemmung:** Inhalt 1 verhindert die Aufnahme von Inhalt 2 (Weil 1 interessant, dominant, spannend … war, ist man davon noch »besetzt«.).

   b) **Rückwärtshemmung:** Inhalt 1 wird überdeckt von Inhalt 2 (Weil 2 so beeindruckend war, vergisst man rasch 1.).

   c) **Ähnlichkeitshemmung:** Moor – Mohr, Meier – Meyer, Stalagmiten – Stalaktiten (Weil die Wörter so ähnlich sind, fällt es schwer, sie beim Lernen auseinander zu halten.).

   d) **Gleichheitshemmung:** Lernen *und* Lärm. (Das eine kann das andere blockieren.)

   e) **Affekt-/Gefühlshemmung:** Lernprozesse werden durch Angst und Stress be-/verhindert.

3. Es gibt drei verschiedene Gedächtnisarten:
   a) **Das Ultrakurzzeitgedächtnis:** Wahrnehmung und Aufnahme von elektrischen Schwingungen von ca. 10–20 Sekunden Dauer.
   b) **Das Kurzzeitgedächtnis:** Wahrnehmung und Aufnahme der Schwingungen (bei bestimmter »Unterstützung«) von ca. 20 Minuten.
   c) **Das Langzeitgedächtnis:** Behalten als biochemischer Vorgang; Speicherung in Milliarden von Nervenzellen.
      Einflussgrößen auf das LZG sind: Bedeutsamkeit des Inhalts, emotionale Verbindung, Anzahl der Erfolgerlebnisse, Schwierigkeitsgrad, Wahl der Eingangskanäle, Identifikation; instruktives *und* selbstständiges, intrinsisches *und* extrinsisches, selbst motiviertes *und* fremdmotiviertes, lustvolles *und* schweißtreibendes Lernen (Wasser macht nass *und* durstig; Leistung kostet Anstrengung *und* bringt Erfolg.).

A Beobachten Sie Ihren Unterricht oder den anderer unter Aspekten der *Lernpsychologie*:

1. Anwendung der verschiedenen Lernformen.
2. Lernhemmungen/-blockaden – Lernbrücken durch die Lehrperson.
3. Umgang mit den Gedächtnisarten (rasche Impulse, Wiederholungen …).
4. Lernen mit »Kopf, Herz und Hand«.

Konsequenzen aus Ihren Beobachtungen: _____

_____

_____

I Schüler/innen sollen über ihr eigenes Lernen Bescheid wissen; am besten geeignet ist hierfür das Projekt »Das Lernen lernen« mit folgenden Inhalten (ausführlich bei: Hitzler 2001):

- Motivation und Konzentration.
- Gestaltung des Arbeitsplatzes.
- Beschaffung und Anwendung des Arbeitsmaterials.
- Zeitmanagement und Planung des Lernens.
- Lerntypengerechtes Lernen, Wiederholungslernen.
- Ausgewählte Lernmethoden.
- Problemlösen, Ordnen und Speicherung von Wissen.
- u.v.m.

Hier ein kleiner »Vorgeschmack«: Lerntipps für Schüler/innen

Lernen kann mehreres bedeuten

a) Auswendiglernen: Vokabeln, Formeln, Jahreszahlen, Fakten, Gedichte …
b) Verstehenlernen: Verhaltensweisen von Menschen, Texte, bestimmte Vorgänge (zum Beispiel in der Natur)
c) Lösungslernen: Fragestellungen (Wieso ist das so und so …?), Probleme (Warum …?), Aufgabenstellungen (Was mache ich, wenn …?)
d) Handlungslernen: Fertigkeiten, Können (zum Beispiel: am PC arbeiten; sich in einer Bibliothek zurechtfinden; Gruppenergebnisse vor der Klasse präsentieren.

Schulisches Lernen beinhaltet alle diese vier Arten des Lernens. Fachleute sagen, dass es dazu noch verschiedene Lerntypen gibt. Um herauszukriegen, wie du am besten lernen kannst, gibt es dazu Tests. Frag mal deine Lehrer danach!

Vier Lern-Typen – und überlege, welcher du selbst bist:

a) *Der Seh-Typ*: Du verstehst und behältst besser, wenn du etwas siehst (Bilder, Texte, Tafelanschrieb) ☐
b) *Der Hör-Typ*: Du verstehst und behältst besser, wenn du etwas hörst beziehungsweise zuhörst (Vortrag, Musik) ☐
c) *Der Rede-Typ*: Du verstehst und behältst besser, wenn du über einen Sachverhalt redest (Gespräch, Diskussion) ☐
d) *Der Handlungs-Typ*: Du verstehst und behältst besser, wenn du etwas tust, anfertigst, herstellst (Modelle, Collagen, Bilder) ☐

Diese Typen gibt es selten in »Reinkultur«; meistens sind sie gemischt. Erfolgreiches Lernen findet besonders dann statt, wenn die vier Formen gemischt sind. Zum Beispiel: Du liest (sehen) etwas laut (hören), redest mit anderen darüber (sprechen) und schreibst, malst, zeichnest, fertigst etwas dazu an (handeln).

Besser lernen!

Jetzt hast du einiges über das Lernen erfahren. Hier meine Vorschläge: Redet mit euren Lehrern, setzt euch alle zusammen und besprecht, was ihr ändern wollt. Folgende Fragen können dabei hilfreich sein:

- Machen deine Lehrer Lerntypentests mit euch? (um herauszukriegen, wie ihr überhaupt lernt – und um selbst dann gut zu lehren)
- Geben euch die Lehrer Hilfen, wie man gut lernen kann? (= zeigen, wie man das Lernen lernt)
- Wechseln die Lehrer im Unterricht ab? (Arbeit in der ganzen Klasse – Alleinarbeit – Partner-/Gruppenarbeit; verschiedene Methoden …)
- Ist euch das Wissen, das euch die Lehrer vermitteln, zu viel? Geht es euch zu schnell? Oder könnt ihr euch ausführlich und im Detail damit beschäftigen?
- Was müsste sich aus deiner/eurer Sicht noch alles ändern?

_____

_____

_____

Lernen ist wie Marathonlauf: anstrengend, schweißtreibend – und bringt Erfolg!

G Ein Kamerateam filmte eine 3. Grundschulklasse, in der die Kinder bereits sehr selbstständig, allein und/oder in Gruppen intensiv lernten. Der Lehrer saß an einem Tisch und arbeitete an seinem Computer. Die Reporterin war verwirrt und fragte: »Ja, was lernen denn die Kinder bei Ihnen, wenn Sie nicht unterrichten, sondern am Computer sitzen?« Darauf antwortete der Lehrer: »Sie lernen, wie man konzentriert arbeitet und mit einem Computer umgeht.«

Lehren

I Die bisherigen Überlegungen entspringen einem Verständnis von Lernen und Lehren, das die *Schüler/innen als Hauptakteure* der Lernprozesse sieht und die *Lehrkräfte als Begleiter*. Beide Seiten tragen Verantwortung für ihr *eigenes* Tun und nicht für das der anderen.

Erleichternd, sinnvoll und letztlich wesentlich wirksamer ist es, als »Lehrende« zu informieren, Wissen anzubieten, zu zeigen und zu deuten, Orientierungen zu geben, zu helfen, zu begleiten, zu fördern und Grenzen zu verdeutlichen …, alles selbstbestimmte und keine fremdbestimmenden Tätigkeiten.

R Überdenken Sie bitte die nachfolgenden Aussagen unter dem Aspekt »Belastungen im Unterricht«, aus Sicht als Schulleiter/in, als Lehrer/in:

- Ständig auf der Hut sein.
- Immer alles in der Hand / im Griff haben.
- Nie den Überblick verlieren.
- Alles unter Kontrolle haben.
- Für andere Verantwortung übernehmen.
- Andere bewegen und schieben.
- Andere bedrängen, (ver-)ändern.
- Andere beurteilen und bewerten.
- Im Glaushaus sitzen und sich rechtfertigen müssen.
- Und: _____

_____

Oder doch delegieren, abgeben, loslassen … können/dürfen – und vielleicht so:

- Die Schüler/innen selbst suchen lassen.
- Ihnen beim Finden helfen.
- Sie etwas ausprobieren lassen.
- Sie zum Durchhalten ermutigen.
- Ihnen auch das »Paukenmüssen« zumuten.
- Ihnen Freiräume eröffnen und Grenzen zeigen.
- Und: _____

_____

R   Überlegen Sie:

- Wie habe ich bisher unterrichtet – und was war am anstrengendsten dabei?
- Unsere neue Rolle als Lehrende: meine Gedanken, meine Bedenken, mein Unbehagen, meine Zustimmung. _____
- Meine Entlastungen, Vorteile: _____
- Der Gewinn für unsere Schüler/innen: _____

Ich fasse die Erkenntnisse der Lernbiologie und Lernpsychologie zusammen in:

Zehn wichtige Lehrtipps

1. Die Lernvoraussetzungen/Lerndispositionen der Schüler/innen von Zeit zu Zeit feststellen, um über ihr (unterschiedliches) Lernverhalten Bescheid zu wissen: Das Lernen bestimmt die Art und Weise des Lehrens!
2. Günstige Lernbedingungen schaffen: Gestaltung der Räume, der Umgebung, der Situationen; Beachtung des Lernrhythmus.
3. Sich von »Nur-Stundenplänen« verabschieden und alternative Lernarrangements und Lernrhythmen anbieten.
4. Das Lernen als »Eigenkonstruktion« der Lernenden akzeptieren und ihnen unterschiedliche Lernwege eröffnen und zugestehen.
5. Möglichst viele Lernkanäle der Lernenden ansprechen und auf Lernkanal-Verknüpfungen achten; systematisch und kontinuierlich Lern-/Arbeitsmethoden vermitteln.
6. Im Unterricht unterschiedliche Lehr- und Sozialformen, Methoden und Materialien anwenden.
7. Die Stoffvermittlung reduzieren (weniger Stoff-Wechsel!) und dem Üben und Wiederholen mehr Raum geben, um das Speichern im Langzeitgedächtnis zu ermöglichen.
8. Bewertungen und Benotungen als subjektives Handeln verstehen und sich von der Meinung verabschieden, Benotungen wären objektiv.
9. In Lehr- und Lernprozessen nicht nur die Sachebene (den Stoff), sondern auch die Beziehungsebene (die Bedürfnisse/Gefühle der Beteiligten) wahr und ernst nehmen.
10. Affekte und Gefühle beachten/zulassen und helfen, dass sie sozialverträglich mitgeteilt werden.

R   Und mir fällt dazu noch ein: _____

_____

A   Ein Test

1. Einleitung:
Ich behaupte, dass Schüler/innen wesentlich wirksamer lernen könnten, wenn sie
- besser als bisher wüssten, wie man überhaupt gut lernt (= Das Lernen lernen!).
- mehr Möglichkeiten bekämen, ihr Wissen in das Langzeitgedächtnis zu bringen (= Zeit für methodenreiches Wiederholen, Vermeidung von Interferenzen!).
- stärker als bisher selbst Akteure ihres Lernens sein dürften (= weniger *Lehr*anteile, mehr *Lern*anteile im Unterricht).

2. Hauptteil:
Denken Sie an ein Fach und an eine bestimmte Klasse, in der Sie unterrichten. Erstellen Sie für diese Klasse einen Test, in dem Sie die 10 wichtigsten Inhalte des vergangenen Schuljahres thematisieren:
- Nur Schwerpunkte erfragen, keine Einzel- und Besonderheiten.
- Stoff von den Monaten September (Schulbeginn) bis ca. Juni/Juli (Schulende).
- Keine Vorankündigung; Arbeitszeit etwa 20–40 Minuten (je nach Klassenstufe).

3. Schluss:
- Raten Sie im Vorhinein: Wie viel Prozent des Stoffes/an Wissen wird wohl von den Schüler/innen behalten worden sein? Wie wird der Test ausfallen? (Benotung)
- Vergleichen Sie Ihre Vermutungen dann mit dem tatsächlichen Ergebnis.

1. PS: Ich habe viele Lehrer/innen nach ihren Vermutungen befragt. Die Antworten: von unter zehn Prozent bis maximal 40 Prozent (je nach Schulart).
2. PS: Bei 100 Prozent Input – nur sooo wenig Output? Da stimmt doch etwas nicht! PISA lässt grüßen!

Literaturempfehlungen

Keller, G.: Lehrer helfen lernen. Donauwörth [5]1999.
Miller, R.: Lern-Wanderung. Weinheim und Basel 2001.

17. Zeitmanagement

»Ich habe keine Zeit zum Schleifen«, sagte der Holzfäller … – und sägte mit einer stumpfen Säge weiter: Zeit haben – sich Zeit nehmen – Zeit vergeuden – Zeit stehlen …

Zeitdruck

Gerade das Berufsfeld Schule hat ein sehr enges Zeitkorsett (Stichwort *Stunden-Plan*). Da wir nicht davon ausgehen können, dass es in einem Kollegium, in einer Klasse, in der ganzen Schule gleiche »Zeittypen« gibt, sind Konflikte zum Thema »Zeit« vorprogrammiert: Die einen ärgern sich über die (ständige) Unpünktlichkeit der anderen, während diese wiederum sich über die »Pingeligkeit und fehlende Großzügigkeit« jener aufregen. Alle zusammen leben sie im Spannungsfeld der unterschiedlichen »Zeitstrukturtypen« und den damit verbundenen gegenseitigen Erwartungen.

Der »gute« Umgang mit der Zeit hat letzten Endes damit etwas zu tun, wie respektvoll wir mit uns selbst und mit den anderen umgehen. »Zeitmanagement« in diesem Sinn ist dann der Ausdruck wertschätzender Haltung – und nicht nur formaler Erfüllung.

Wem die Zeit davonläuft, der ist ohne Zeit.

Die Fülle der Vorhaben auf der einen Seite – und der Zeitmangel auf der anderen bringen uns immer wieder in Bedrängnis.

Rückblick in Ihre Kindheit: Entdecken Sie Zeitdruck-Spuren?

»Komm, beeil dich! Ich kann nicht so lange warten.«
»Auf, auf, die Zeit drängt.«
»Komm, mach schnell, trödle nicht herum!«
»Sag mal, bist du denn noch nicht fertig?«
»Dauernd bist du die Letzte. Jetzt beeil dich mal!«
»Sei nicht so langsam! Beweg deinen Hintern!«
»Du Langweiler, du Kriechtier, du Schnecke!«
»Bleib doch nicht immer stehen!«

»Stehl mir nicht die Zeit!« usw.

Oder: _____

Oder: _____

Diese »Zeitdruckerfahrungen« prägen uns und wir schleppen sie bis in die Gegenwart mit uns herum. Haben Sie auch andere Sätze gehört? Zum Beispiel:

»O.k., ich habe Zeit.«

»Nur keine Hektik.«

»Du kannst dir ruhig (!) Zeit lassen.«

»Es eilt nicht; ich kann warten.«

»Ich habe jetzt Zeit für dich.«

… und solche Erfahrungen: Er blieb noch ein Weilchen sitzen. – Sie war nicht aus der Ruhe zu bringen. – Stundenlang konnte er einfach zusehen …

Oder: _____

Oder: _____

Wie wohltuend es ist, Zeit zu haben.

G   Manchmal, wenn die Termindichte bei mir zunimmt, blicke ich in meinen Terminkalender und versuche, ihn zu »lichten«. Meine Frau meinte einmal dazu: »Weißt du, nach vorne gibt es keine Grenzen. Du kannst auch jetzt schon Termine für das Jahr 2010 annehmen.«

I   Nach vorn gibt es keine (Zeit-)Grenzen. Die Grenzen müssen wir uns schon selbst setzen – oder sie werden gewaltsam beziehungsweise schicksalhaft gesetzt (Krankheit, Tod).

G   »Haben Sie *kurz* Zeit?«, werde ich immer wieder gefragt. Und dann dauert das Berichten und Erzählen doch länger … (Wie gut, dass ich das im Voraus schon einkalkuliert habe; so kann ich mich darauf einstellen.)

Wie viel Zeit darf ich beanspruchen? Wie viel Zeit kann ich geben?

Ein viel beschäftigter Bekannter sagte mir einmal: Zu Beginn jeden Jahres reiße ich die August-Seite aus meinem Kalender. Diesen Monat gibt es dann nicht für andere, sondern nur für mich und meine Familie – ein befreiendes Gefühl!

Wir haben häufig keine Zeit und lassen uns unter Druck setzen durch

- die »inneren Antreiber«: Auf, auf, mach doch! Ich muss doch noch …
- die Erwartungen anderer: Bitte machen Sie das noch *schnell* fertig …
- die eigenen Wünsche und Sehnsüchte: Ich hätte so gerne …
- die Gewohnheiten: schlechtes Gewissen, wenn man mal »nichts« tut …
- die Notwendigkeiten: Es *muss* einfach gemacht werden.
- die Wichtigkeiten: Es geht doch nicht ohne mich!

Abschied von den »inneren Antreibern«:

Innere Stimme	Antwort
• Sei pünktlich!	• Nur wenn es *notwendig* ist.
• Lass die anderen nicht so lange warten!	• Ein paar Minuten später zu kommen, schadet nicht.
• Angefangenes wird zu Ende gebracht.	• Ruhig mal etwas (länger) liegen lassen.
• Beeil dich! Ich habe nicht so viel Zeit.	• Das Warten auch mal den anderen zumuten.
• Zeit ist Geld.	• Zeit ist Freiheit.
• Vergeude nicht deine Zeit!	• Über die Zeit bestimme ich selbst.
• Oder: _____	• Oder: _____
• Oder: _____	• Oder: _____

Meine Erfahrungen: _____

_____

Tag und Nacht haben zusammen 24 Stunden, nicht mehr und nicht weniger, eine Binsenweisheit. Nun gibt es drei Möglichkeiten, mit der Fülle unserer Vorhaben angesichts dieses Zeitrahmens und Zeitraumes umzugehen:

1. Wir lassen uns täuschen, indem wir der Meinung sind, es stünden mehr als 24 Stunden zur Verfügung.
2. Wir stopfen und pressen mehr in einen Tag hinein, als »eigentlich« möglich ist.
3. Wir verzichten auf die Täuschung, lassen das Stopfen und Pressen und nehmen uns weniger vor.
   Wer unter Zeitdruck kommt, kann sich von diesem Druck auch wieder befreien; es ist alles eine Frage der Bilanz und des Abwägens:
   Vorteil Zeitdruck: Hohe Leistung und Produktion; Zeitgewinn.
   Nachteil Zeitdruck: Erhöhte Fehlerquote, Überforderung, Erschöpfung.

»Ich kann nur unter Zeitdruck produktiv sein«, sagte Herr S.
»Zeitdruck lähmt mich«, meinte daraufhin Frau M.

R Ich bin folgender »Zeittyp«:

- *Alles* auf einmal? (= Ich kann nicht loslassen.)
- *Alles* nacheinander? (= Ich kann mir Zeit lassen.)
- Nur so viel wie *möglich*? (= Ich kann loslassen.)
- Keine Hektik: *schön* der Reihe nach!

Zeittyp	Merkmal/Ausprägung
☐ Zeithaber	Ich kann abwarten; fühle mich nicht gedrängt.
☐ Zeitplaner	_____
☐ Zeitnehmer	_____
☐ Zeitchaot	_____
☐ Zeitstehler	_____
☐ Zeitkünstler	_____
☐ Zeitsparer	_____
☐ Zeitloser	_____
☐ Zeit _____	_____
☐ Zeit _____	_____

Konsequenzen:

☐ Ich stehe zu meinem Typ. Mir geht es gut dabei.

☐ Eigentlich möchte ich anders sein; mir geht es nicht gut dabei, weil

_____

☐ Änderungsvorhaben: _____

_____

G Ein Arzt, der mich über längere Zeit behandelte, sagte in einem Gespräch zu mir: »Sie sprechen so schnell.« – »Das hat sowohl mit meinem Naturell als auch mit Ihnen etwas zu tun«, antwortete ich. Er wollte es genauer wissen, was es denn »mit ihm« zu tun habe, und ich sagte zu ihm: »Sie vermitteln mir, dass Sie kaum Zeit für mich haben. Also muss ich meine mir wichtigen Mitteilungen an Sie rasch anbringen … Sie schauen mehrmals auf die Uhr, während ich spreche, Sie blättern nebenbei in den Berichten, Sie stehen zwischendrin auf und gehen zum Schrank …« Er war verblüfft. Beim nächsten Gespräch redete ich bewusst langsamer – und der Arzt hörte plötzlich, ohne Nebentätigkeiten zu erledigen, zu.

Das eine bedingt das andere …

Zeiträume

A Erstellen Sie ein Zeit-Profil.

Keine Zeit haben	4 3 2 1 2 3 4	Zeit haben
Ich habe kaum Zeit.	I—I—I—I—I—I—I	Ich habe viel Zeit.
Ich bin ziemlich ungeduldig.	I—I—I—I—I—I—I	Ich bin geduldig.
Ich fühle mich häufig gedrängt.	I—I—I—I—I—I—I	Ich fühle mich frei.
Ich spreche schnell.	I—I—I—I—I—I—I	Ich spreche langsam.
Ich fühle mich gehetzt.	I—I—I—I—I—I—I	Ich fühle mich wohl.
Mein Wahlspruch: Tempo.	I—I—I—I—I—I—I	Mein Wahlspruch: Ruhe.
Ich schaue oft auf die Uhr.	I—I—I—I—I—I—I	Ich blicke selten auf die Uhr.
Ich esse rasch.	I—I—I—I—I—I—I	Ich esse langsam.
Ich kann schlecht zuhören.	I—I—I—I—I—I—I	Ich kann gut zuhören.
Ich stehe unter Druck.	I—I—I—I—I—I—I	Ich lasse mich treiben.
Ich darf nichts verpassen.	I—I—I—I—I—I—I	Es geht auch ohne mich.
Mir pressiert's immer.	I—I—I—I—I—I—I	Eile mit Weile.
Und: _____	I—I—I—I—I—I—I	Und: _____
Und: _____	I—I—I—I—I—I—I	Und: _____

Verbinden Sie nun die einzelnen Ziffern vertikal miteinander. Sie erhalten so ein Zeitprofil. Tendiert die Gesamtlinie mehr nach links, so haben Sie eher Probleme mit der Zeit. Wenn sie mehr nach rechts tendiert, so bedeutet das, dass Sie mit der Zeit angemessener umgehen können.

Ergebnis: _____

_____

_____

Meine Konsequenzen: _____

_____

Meine Kolleg/innen, Bekannten ... schätzen mich folgendermaßen ein: _____

_____

_____

R   Wenn ich an meinen Umgang mit der Zeit denke, dann habe ich

a) ein gutes Gefühl, weil _____)

b) ein ungutes Gefühl, weil _____)

Was trifft auf Sie zu? Andere sagen über Sie:

☐ Hat ja doch nie Zeit.	☐ Hat eigentlich immer Zeit.
☐ Wirkt meistens gehetzt.	☐ Wirkt ziemlich ruhig.
☐ Redet selbst sehr viel.	☐ Kann gut zuhören.
☐ Verbreitet Hektik.	☐ Strahlt Ruhe aus.
☐ Rennt durch die Gegend.	☐ Legt Ruhepausen ein.
☐ Ist unzuverlässig.	☐ Ist zuverlässig.
☐ Ist unpünktlich.	☐ Ist pünktlich.
☐ Nimmt sich zu viel vor.	☐ Kriegt alles auf die Reihe.
☐ Oder: _____	☐ Oder: _____
☐ Oder: _____	☐ Oder: _____

G   Kennen Sie den schon? – Ein Mann kommt in ein Spielwarengeschäft und sagt zur Verkäuferin: »Ich möchte ein Geduldsspiel kaufen – und zwar zack, zack!«

I   Ob wir mit der Zeit angemessen umgehen oder nicht, hat mit unserer Haltung und Einstellung zu tun, denn wir selbst sind es, die die Zeit und die Zeiträume bewerten. Welche Sätze sind Ihnen vertraut?

- Die Zeit ist mir kostbar und etwas wert.
- Carpe diem! (Nütze den Tag!)
- Nütze die Zeit! (Sie darf nicht vergeudet werden.)
- Zeit ist Geld.
- Die Zeit muss man einteilen.
- Zeit haben und sich Zeit nehmen.
- Dem Herrgott die Zeit stehlen.
- Ein Tagedieb sein.
- Ich will ja nichts verpassen.
- Ohne mich geht es nicht.
- Zuerst die Arbeit, dann das Spiel.
- Oder: _____
- Oder: _____

G   »Spiel was Vernünftiges« – habe ich als Kind häufig von Erwachsenen gehört.

R Vielleicht erleben Sie das Phänomen Zeit bisweilen sehr ambivalent:

einerseits	andererseits
● Ich habe Zeit.	● Ich bekomme nicht alles mit.
● Ich bleibe gelassen.	● Ich wirke manchmal teilnahmslos.
● Ich fühle mich nicht gedrängt.	● Ich erledige dadurch weniger.
● Ich stehe nicht unter »Starkstrom«.	● Meine Kräfte sind begrenzt.
● Ich bin nicht für alles zuständig.	● Ich werde/bin nicht gefragt.
● Oder: _____	● Oder: _____
● Oder: _____	● Oder: _____

Zeitplanung

Die Fülle der Informationen nimmt im Computerzeitalter und durch die Globalisierung zu. Es wird *die* Leistung der kommenden Generationen sein, aus der Fülle *auszuwählen*, Abschied zu nehmen vom Gedanken, über »*alles*« informiert sein zu müssen; wir werden *Prioritäten setzen* (müssen) und uns mit weniger begnügen … Die Zeit wird uns sonst überrollen und wir werden nicht mehr Herr/Frau unserer Lage sein.

R Wie Sie Ihre Zeit planen und womit Sie sie (aus-)füllen, entscheiden Sie:

autonom	abhängig
Ich habe Zeit.	Ich bekomme keine Zeit.
Ich nehme mir Zeit.	Ich lasse mir die Zeit stehlen.
Ich schaffe mir Zeiträume.	Ich lasse mich einengen.
Ich habe es in der Hand.	Ich werde manipuliert.
Ich bestimme selbst.	Andere bestimmen über mich.
Ich lasse los.	Ich halte fest.
Ich entziehe mich.	Ich muss doch noch unbedingt …
Ich kann verzichten.	Ich muss alles haben.
Ich verabschiede mich von …	Ich klammere mich an …
Oder: _____	Oder: _____
Oder: _____	Oder: _____

Es ist allerdings realistisch, auch zu akzeptieren, dass

- wir manchmal unter Zeitdruck kommen/stehen
- wir nur relativ autonom sind
- wir manchmal Zwängen unterliegen
- wir nicht immer über unsere Zeit verfügen können
- wir Kompromisse eingehen müssen
- es immer wieder auch Engpässe gibt.
- Oder: _____

Ein Leben lang ein »Zeit-Leben« zwischen Pflicht und Wahl, Zwängen und Freiheit, Anspannung und Entspannung …

R   Ich bin ein »Aufschieber« ☐ – ein »Sofort-Erlediger« ☐

Wenn ein Aufschieber, dann vielleicht deshalb:

- Gewohnheit, Bequemlichkeit.
- Fehlende Planungstechniken.
- Hohe Impulsivität, wenig Wahrnehmungsfähigkeit.
- Geringe Klarheit, fehlende Übersicht.
- Unrealistische Einschätzung.
- Und: _____

Als »Aufschieber« gewinne ich:
- Sich nicht entscheiden müssen.
- Sich nicht festlegen müssen.
- Der Lust nachgeben.
- Sich treiben lassen können.
- Und: _____
- Und: _____

Als »Aufschieber« bezahle ich »Lehrgeld«:
- Chaos, Frust, persönliche Nachteile.
- Enttäuschungen, Kränkungen anderer.
- Ächtung von außen.
- Materieller Schaden.
- Etwas verpasst haben.
- Pflichtvernachlässigung.
- Und: _____

Lösungen:

- Beachtung der Wichtigkeit/Notwendigkeit.
- Abwägung: Gewinn und Verlust.
- Klärung der Situation.
- Zunahme an Wahrnehmung.
- Planen in kleinen Schritten.
- Und: _____

Übrigens: Der »Sofort-Erlediger« hat auch seine Schwächen! (Ausführlich siehe: Rückert [4]2001)

G   Ich bin ein »Briefe-Sofortbeantworter« – und habe in meinem Freundeskreis einen ebensolchen. – Sehr anstrengend!

I   Planungs- und Zeithilfen

Mich bringt unter Zeitdruck, wenn	Ich entlaste mich durch
• jemand hinter mir steht.	• Ignorieren.
• mich jemand ständig auffordert, dies und jenes zu tun.	• Erledigung der Aufgaben.
• ich Vorsätze nicht durchführe.	• weniger Vorsätze.
• ich einen wichtigen Termin habe.	• Einbau von Zeitpuffern.
• Oder: _____	• Oder: _____
• Oder: _____	• Oder: _____

Stichwort »Terminkalender«

- Vollen Terminkalender »auflockern« und »lichten«.
- Lücken lassen für Unvorhergesehenes.
- Mehr Zeit einplanen als erforderlich.
- Mit anderen den Zeitrahmen absprechen.
- Nichts wichtiges verschieben (Bugwelle!).
- Sich und anderen Grenzen setzen.
- Sich von Zwängen lösen.
- Sich vom Druck durch andere befreien.
- Nicht alles haben/machen wollen.
- Und: _____
- Und: _____

R   Manchmal geht es auch ohne mich:

Mein Gewinn: _____

Mein Verlust: _____

Bilanz:
a) Es ist höchste Zeit, dass ich mit meiner Zeit anders umgehe.
b) Mit der Zeit werde ich mit der Zeit schon noch besser umgehen.
c) Ich bin, zeitlich betrachtet, auf dem richtigen Weg.
d) Ich bin gut in der Zeit.

I   Bitte legen Sie sich keine »Zeit-Handbremse« zu – vorausgesetzt, es geht Ihnen dabei physisch und psychisch gut – und stehen Sie zu Ihrem Typ und zu Ihren Gepflogenheiten:

- Regelmäßig arbeitend wie Thomas Mann oder Richard Strauß (jeden Vormittag …).
- Umtriebig wie August Everding (Figaro hier, Figaro dort).
- Beschaulich wie ein Mönch (ora et labora!).
- Planerisch wie ein Manager (Wie viele Termine stehen heute an?).
- Oder: _____

Wir profitieren alle von unserer Verschiedenheit und von unseren Schwächen und Stärken!

R   Mit dieser Paradoxie kann ich leben: **Lass dich nicht unter Zeitdruck setzen!**

Das Rad der Zeit dreht sich:

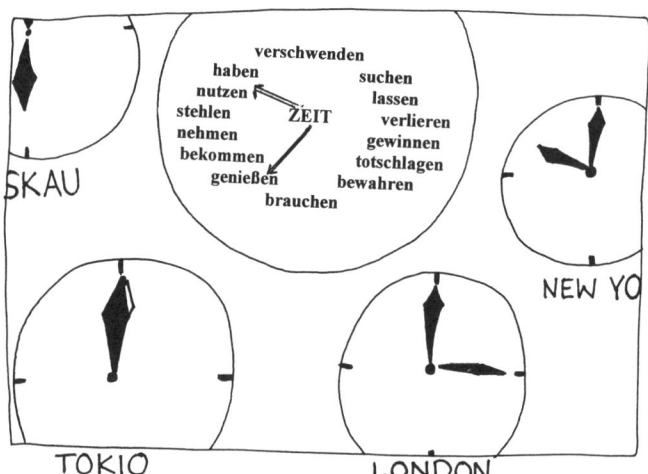

Literaturempfehlungen

K. H. Geissler: Vom Tempo der Welt. Am Ende der Uhrzeit. Freiburg 1999.
J. Seiwert: Das 1x1 des Zeitmanagements. Speyer 22/1999.

18. Planung und Organisation

Ähnlich wie beim Umgang mit der Zeit, so ist auch die Art und Weise, wie Sie als Schulleiter/innen Abläufe *planen* und *organisieren*, sehr von Ihrer Persönlichkeitsstruktur abhängig. Im Folgenden werde ich deshalb auf *Grundsätzliches* eingehen – und es Ihnen überlassen, wie Sie im Einzelnen in Ihrer Schule in diesem Bereich verfahren. (Näheres dazu siehe im Literaturverzeichnis unter: Dubs 1994; Riecke-Baulecke/Müller 1999; Schulleitung … [2]2001. Ferner danke ich Herrn M. Föhr, Herrn G. Krimmer und Herrn L. Galm für ihre Hinweise und Empfehlungen zu diesem Kapitel.)

Einschätzungen

I Ob es sich um eine kleine Grundschule, ein mittleres Gymnasium oder um ein Berufsschulzentrum mit über 2000 Personen handelt: alle brauchen angemessene *Planung*, stimmige *Organisation* und effektive *Verwaltung*, um den Bildungs- und Erziehungsauftrag erfüllen zu können:

G
- Schulleiter A ist bekannt für seine Fähigkeit, alles wohl geordnet zu haben, genau zu planen und zu organisieren. Sein Verwaltungshandeln ist perfekt. Für Unvorhergesehenes und Spontanes ist allerdings wenig Platz … (Wie gut, dass er einen Stellvertreter hat.)
- Schulleiter B ist bekannt für seine Fähigkeit, den Dingen seinen Lauf zu lassen und wenig Einfluss zu nehmen; für kreative Anregungen hat er immer ein offenes Ohr; mit organisatorischen Dingen befasst er sich wenig und mit der Planung steht er manchmal auf Kriegsfuß. (Wie gut, dass er einen Stellvertreter hat.)
- Ich rufe in einer Schule an, um mit dem Direktor über Vorbereitungen zum Pädagogischen Tag zu sprechen, werde aber von der Sekretärin sofort mit dem Stellvertreter verbunden, mit dem ich in der Kürze der Zeit ausgezeichnet Planungsgesichtspunkte erörtern kann. Am Ende meinte er noch, fast etwas entschuldigend: »Wissen Sie, für das Organisatorische bin ich zuständig. Unser Schulleiter mehr so für das Künstlerische …« Als ich ihn einige Zeit danach in seiner Schule persönlich kennen lernte, wurde mir deutlich, was der Stellvertreter meinte: Ich begegnete einem eher zurückhaltenden Schulleiter – und während der Tagesarbeit spürte ich, wie er von allen geschätzt wurde.

»Wir mögen ihn sehr, unseren liebenswerten Chaoten«, meinte dann auch eine Lehrerin zu mir, »wie gut aber auch, dass wir Herrn F. haben, der hält den Laden hier zusammen.« (Und auch aus diesem Nebensatz klang Respekt gegenüber dem Stellvertreter heraus.)

R   Selbsteinschätzung: Mein jeweiliger Platz zwischen den Polen:

Planung/Ordnung Ich ...	3 2 1 2 3	Spontaneität/Kreativität Ich ...
plane, koordiniere	I—I—I—I—I—I	lasse »es« auf mich zukommen
baue Strukturen auf	I—I—I—I—I—I	lockere Strukturen
führe straff	I—I—I—I—I—I	führe »an der langen Leine«
verwalte gern	I—I—I—I—I—I	gestalte gern
vermittle Klarheit	I—I—I—I—I—I	lege mich nicht fest
bin sachorientiert	I—I—I—I—I—I	bin personenorientiert
bin leistungsorientiert	I—I—I—I—I—I	bin schöpferisch-kreativ
bin produktorientiert	I—I—I—I—I—I	bin prozessorientiert
bin sehr genau	I—I—I—I—I—I	bin großzügig
bin sehr pünktlich	I—I—I—I—I—I	bin relativ unpünktlich
bin ordnungsliebend	I—I—I—I—I—I	bin »chaotisch«
verteile die Aufgaben	I—I—I—I—I—I	überlasse die Verteilung …
kontrolliere	I—I—I—I—I—I	scheue mich zu kontrollieren
bin sehr rechtskundig	I—I—I—I—I—I	weiß über das Nötigste Bescheid
habe den Überblick	I—I—I—I—I—I	blicke nicht immer durch
habe Weitsicht	I—I—I—I—I—I	vertraue dem Augenblick
bin entscheidungsfreudig	I—I—I—I—I—I	schiebe Entscheidungen hinaus
setze Entscheidungen um	I—I—I—I—I—I	zögere bei Entscheidungen
ziehe klare Grenzen	I—I—I—I—I—I	ermögliche Spielräume
bin Experte in der Datenverarbeitung	I—I—I—I—I—I	bin Laie in der Datenverarbeitung
bin ein Soforterlediger	I—I—I—I—I—I	bin ein Hinausschieber
bin ein »Wegwerfer«	I—I—I—I—I—I	bin ein »Behalter«
bin ein Kopfmensch	I—I—I—I—I—I	bin ein Bauchmensch
handle sehr kontrolliert	I—I—I—I—I—I	handle spontan
Oder: _____	I—I—I—I—I—I	Oder:_____
Oder: _____	I—I—I—I—I—I	Oder: _____
Mein Arbeitszimmer sieht aus wie _____	I—I—I—I—I—I	Mein Arbeitszimmer sieht aus wie _____
Meine Stärken: _____	I—I—I—I—I—I	Meine Stärken: _____
_____	I—I—I—I—I—I	_____

Hinweis: Sie können pro Zeile entweder *eine* Ankreuzung machen oder gegebenenfalls zwei. Je häufiger Sie Doppelankreuzungen haben und je mehr diese auseinander driften, desto polarer sind Sie. (= Ich bin auf beiden Seiten zu Hause!)

Meine/unsere Erkenntnisse: _____

_____

A Bitten Sie um Fremdeinschätzung – vielleicht einen »kritischen Freund« oder Ihr Kollegium: Ein Plakat im Lehrerzimmer (oder an der Pinnwand während eines Pädagogischen Tages) – und darauf geklebte Kärtchen oder handgeschriebene Mitteilungen:

Unsere Schulleitung: plant – organisiert – setzt um … und wie wir dies erleben.

Lehrer/innen	**Hauspersonal**
● Ein Organisationsgenie.	● Schafft an – schafft mit.
● Wo bleiben wir?	● _____
● _____	● _____
● _____	● _____
● _____	● _____
Eltern	**Gegebenenfalls Schüler/innen/SMV**
● Vorbildliche Kooperation.	● Hängt den Chef raus.
● _____	● Lässt uns mitmischen.
● _____	● _____
● _____	● _____
● _____	● _____

I Es kann durchaus sein, dass Sie sich subjektiv durch Ordnungs- und Organisationsmaßnahmen entweder erleichtert und sicher oder belastet und eingeengt fühlen, je nach Typ – und dass dies auch für Ihr Kollegium gilt. Entscheidend ist, dass im »Betrieb Schule« so gearbeitet wird, dass die anstehenden Aufgaben angemessen erfüllt werden (Aspekt der Effektivität) und dass die in ihr lebenden Menschen zufrieden sind (Aspekt der Humanität). In einer »dynamischen Balance« von Planung/Ordnung und Spontaneität/Kreativität lässt es sich gut leben.

G »Ein bisschen Chaos kann meiner Schule nicht schaden; für mich ist eine perfekte Schule eine ›tote‹ Schule«, schrieb mir eine Schulleiterin. – Die Ansicht eines anderen Schulleiters lautet: »Ich gestalte durch Verwalten.«

Je mehr Ordnung, desto kürzer die Beschreibung des Gesehenen. (nach K.H. v. Foerster)

Grundsätzliches

Wenn über das Grundsätzliche keine Einigung besteht, ist es sinnlos, miteinander Pläne zu schmieden. (Konfuzius)

Manche Managementmethoden greifen in der Schule nicht oder nur schwerlich, weil die Strukturen anders sind als im Profit-Bereich; glücklicherweise sind Tendenzen zur Änderung festzustellen, zum Beispiel:

- Staatliche Lenkung, Bürokratisierung, eingeschränkte Budgetierung mit der Tendenz verstärkter Einflussnahme und Mitbestimmung.
- Zentrale Lehrereinstellung; inzwischen auch Lehrersuche übers Internet (Dezentralisierung).
- Vorgegebener Stundenpool und von oben gesteuerte Deputatsverteilung mit zunehmender Mitentscheidung der (erweiterten) Schulleitung.
- Fehlende Prämiensysteme – mit dem Bemühen nach Ausgleich durch die Einführung sog. Leistungsstufen.

Übernehmbar sind auch Ansätze und Ideen, die auf einer bestimmten »Philosophie« beruhen und dann in die Schulpraxis übertragbar sind. Von H. W. Müller (in: Riecke-Baulecke/Müller 1999, S. 54) übernehme ich beispielsweise

A

Fünf »schlanke Denkweisen«:	Mein Kommentar		
	stimme zu	stimme nicht zu	hilfreich, weil
1. Proaktives Denken: Störungen vorausahnen, voraussehen.	☐	☐	_____ _____
2. Sensitives Denken: Raum für Gefühle und Intuition geben.	☐	☐	_____ _____
3. Ganzheitliches Denken: Das System als Ganzes sehen und individuelle oder Bereichsegoismen eliminieren. (*Ich* muss noch – Wir im *Fachbereich* …)	☐	☐	_____ _____ _____
4. Potenzialdenken: Möglichst viele Ressourcen nutzen.	☐	☐	_____ _____
5. Ökonomisches Denken: Verschwendungen vermeiden.	☐	☐	_____ _____

R Aus diesen fünf Denkweisen ziehe ich folgende Schlussfolgerungen bezüglich meiner planerischen und organisatorischen Arbeit:

- Proaktives Denken: _____
- Sensitives Denken: _____
- Ganzheitliches Denken: _____
- Potenzialdenken: _____
- Ökonomisches Denken: _____

I Mit Hilfe dieses »Entscheidungsquadrats« können Sie mehr Klarheit für Ihr Entscheidungshandeln gewinnen:

In diesem Entscheidungsquadrat bestimmen Sie die Reihenfolge und Gewichtung Ihrer Arbeit:

1. Sofort in den Papierkorb: unnütz = erledigt.
2. In das Regal: nicht wichtig = später.
3. Auf die Ablage (Blicknahe): nicht dringend = nachher.
4. Auf den Schreibtisch (Seite): wichtig = heute noch.
5. Auf den Schreibtisch (Mitte): dringend = sofort.

Kleine Entscheidungshilfe:
- Notfall vor Normalfall.
- Naheliegendes vor Entferntem.
- Schweres vor Leichtem.
- Gravierendes vor Banalem.
- Befehle vor Wünschen.
- Ärgerliches vor Zufriedenem.
- Emotionales vor Sachlichem.
- Problematisches vor Routine.

Was pädagogisch sinnvoll ist, ist in aller Regel juristisch haltbar.

Und unerlässlich im Alltag:

- Eine oder mehrere gute Sekretärinnen.
- Computergestützte Verwaltung.
- Kooperation mit den Schulbehörden.
- Transparenz der Planung, Vorhaben und Entscheidungen.
- Kontinuität (Man weiß als Lehrer/in, was auf einen zukommt.).
- Überlappende Kompetenzbereiche (Im Bedarfsfall kann jemand anders Tätigkeiten und Entscheidungen übernehmen.).
- Flexible Planung (Muss nicht schon identisch mit der Umsetzung sein!).
- Überprüfung der Pläne und deren Realisierung (rasche oder lasche Umsetzung?).
- Genaue Tages-, Wochen- und Jahresplanung in allen Bereichen.
- Kurze und klare Informations- und Entscheidungswege (differenziertes Verteilersystem, Übersichtlichkeit auf dem »schwarzen Brett«, elektronische Post, Rundbriefe, Lehrerfächer …).
- Deutliche Einforderung von Rückkoppelungen (»Feedbackkultur«), Vorteil: Teilhabe, Mitsprache, Mitbestimmung.
- Eine Vernetzung der verschiedenen Aktivitäten an der Schule (Arbeitsgemeinschaften, Projekte, schulinterne Fortbildungsmaßnahmen …).
- Genaue Aufgabenverteilung (zum Beispiel zwischen Schulleiter, Stellvertetung, Abteilungsleitung).
- Kundgabe/Veröffentlichung der Kompetenzbereiche.
- Sachkunde und Rechtswissen (geben Handlungssicherheit).
- Fehlergroßzügigkeit, Lockerheit, Gelassenheit.
- Und vor allem: Delegieren! (entlastet)

G

- Pläne, nichts als Pläne: Ich stehe auf dem Bahnsteig, warte auf einen Zug – und erfahre, dass er sehr verspätet eintreffen wird. Auf meine Frage, wann der Zug kommen wird, antwortet mir ein Bahnbediensteter: »Ich weiß es auch nicht. Aber keine Panik – die Abfahrtszeiten sind ja nur ein Plan. In der Wirklichkeit schaut's immer anders aus!«

- »Hier kocht – Pardon! – entscheidet der Chef«: Ein Schulleiter bittet sein Kollegium, in Gruppen über ein bestimmtes Thema zu diskutieren und ihm die Entscheidungen mitzuteilen. Nach der Präsentation der Ergebnisse verkündet er, dass die Entscheidung bereits gestern von ihm getroffen worden sei. – Heller Aufruhr im Lehrerzimmer!

Handhabung

I Der Begriff Handhabung kommt von maneggiare = handhaben/managen. Ein Blick in Ihre Managerkiste zeigt die Vielfalt (Näheres siehe, je nach Bundesland: Führer durch die Schulverwaltung):

- GS: Einschulung, weiterführende Schulen.
- Weiterführende Schulen: Informationsveranstaltung (»Werbung«).
- Diverse Beratungsverfahren, Empfehlungen, gegebenenfalls Aufnahmeprüfung.
- Schullandheimaufenthalt (Vorbereitung, Rechtliches, Logistik, Elterninfo …).
- Einsatz des Gemeindepersonals (zum Beispiel Hausmeister, Sekretärin …).
- Zusammenarbeit mit dem Sachträger/der Gemeinde/der Stadt (Haushaltsangelegenheiten, Mittelbeantragung, Verhandlungen …).
- Schulbegehung: Was ist notwendig, möglich, wünschenswert … (Anschaffungen, Bauvorhaben, Behebung von Sicherheitsmängeln, Reparatur von Schäden).
- Verteilung der Lehraufträge, Stundenplangestaltung, Vernetzungen und Koordination mit …
- Vertretungsregelung, Aufsichtspläne, Sonderurlaub, Fortbildungen.
- Gespräche, Gespräche, Gespräche (Schüler/innen, Kolleg/innen, Eltern, Vertreter …)
- Termine und Gespräche mit Personen von Behörden, Institutionen, Kirchen.
- Einhaltung der Rechtsvorgaben und Umsetzung der Verwaltungsvorschriften.
- Kontrolle der Schulpflicht, Elternkontakte.
- Konferenzen, Besprechungen, Tagungen.
- Führung der Schulkartei, Lehrer- und Schülerakten.
- Schriftverkehr mit Dienstbehörden
- und vieles andere mehr!

R Meine Erfahrung: Das ist leistbar; Alltagsroutine …
Vielleicht auch: »Ich fühle mich – manchmal – überfordert.«:
- Schritt für Schritt gehen.
- Hilfen in Anspruch nehmen.
- Erfahrungen sammeln.
- Routine erwerben.
- Sich entspannen.

Dann: Entlastungsempfehlungen:
- Im Team arbeiten.
- Delegieren.
- Sich fortbilden.
- Sich distanzieren.
- Grenzen ziehen.

G Ich kenne einen Schulleiter, dem es gelingt, seine Arbeit in einer Mischung aus Aktivität und Gelassenheit zu tun. Einmal darüber befragt, antwortete er mir: »Was ich kann, mache ich; was ich nicht kann, lasse ich bleiben; für das, was darüber hinausgeht, suche ich mir andere … – und im Übrigen lerne ich immer dazu.«

I Sie haben häufig *Veranstaltungen* durchzuführen. Hier eine grobe Checkliste, die Ihnen mühsames Suchen ersparen kann.

Tätigkeiten	Überprüfung
• Ein Team, einen Planungsausschuss zusammenstellen.	☐
• Einen Verantwortlichen/Leiter/Organisator wählen.	☐
• Thema, Inhalte, Verfahrensweisen bestimmen.	☐
• Klären, wer eingeladen wird (Schulinterne, Öffentlichkeit).	☐
• Termin, Ort, Zeit fixieren.	☐
• Programm entwerfen und kundgeben (Einladung).	☐
• Finanzierung klären (Sponsoring).	☐
• Presse informieren (Werbung).	☐
• Für Verpflegung/Bewirtung sorgen.	☐
• Den Raum gestalten (Bestuhlung, Bühne …).	☐
• Technisches erledigen (Mikrofone, Medien).	☐
• Eröffnungs-, Dankes- und Abschlussworte notieren.	☐
• Die Veranstaltung dokumentieren und nachbesprechen.	☐
• Konsequenzen ziehen.	☐
• Und: _____	
• Und: _____	
• Und: _____	

A Während eines Schuljahres gibt es wichtige Vorhaben; stellen Sie im Schulleitungs-team und mit den Kolleg/innen eine Liste der geplanten Maßnahmen zusammen, die dann veröffentlicht wird. Sie kann folgendermaßen aussehen:

Vorhaben	Termine	Verantwortliche(r)
● Überarbeitung der Hausordnung; Stichwort: Regeleinhaltung.	_____	_____
● Kooperation mit den Eltern.	_____	_____
● Umfrageaktion (SchL, K, Sch, E. Hausp.) zum Klima in unserer Schule.	_____	_____
● Sponsoring.	_____	_____
● Bauliche Veränderungen, und zwar …	_____	_____
● Aktion: Rückzugsnischen in unserer Schule.	_____	_____
● Pädagogischer Tag: Umgestaltung der Stundenpläne.	_____	_____
● Verbesserung des Informationsflusses.	_____	_____
● Spiele für den Pausenhof.	_____	_____
● Einrichtung einer Hospitationsgruppe.	_____	_____
● Verschlankung der Verwaltungsvorgänge.	_____	_____
● Und: _____	_____	_____
● Und: _____	_____	_____
● Und: _____	_____	_____

Und zum Schluss:

G Glücklich, wer alles in einer Hand vereinen kann: Nach dem Krieg kam ein Mann in ein Geschäft und kaufte nach Herzenslust ein. Die Verkäuferin staunte und fragte vorsichtig, ob er auch Rabattmarken dafür habe. »Hab ich, hab ich«, ant-wortete der Mann. Nach einer Weile sagte die Frau: »Da müssen Sie aber einen großzügigen Bürgermeister haben!« Darauf der Mann: »Bin ich, bin ich!«

Literaturempfehlungen

Riecke-Baulecke, T./Müller, H.W.: Schulmanagement. Braunschweig 1999.
Schulleitung und Schulentwicklung. Loseblatt-Sammlung. Berlin [2]2001.

19. Öffentlichkeitsarbeit

Jeder Bürger, so auch die Personen in der Schule, haben ein Recht auf Meinungsäußerung in Wort, Schrift und Bild (Art. 5, Abs. 1, GG) – und die Öffentlichkeit hat das Recht, von der Schule, als gesellschaftliche Institution, zu erfahren, was in ihr (im wahrsten Sinn des Wortes) vorgeht.

Wissenswertes

Die Öffentlichkeitsarbeit der Schule besteht aus zwei großen Bereichen:

a) Aus mündlichen (Gespräche), schriftlichen (Texte und Bilder) und aktionalen (Veranstaltungen aller Art) *Mitteilungen an die Bevölkerung*, also an einzelne Personen, an Personengruppen, an die Presse und u.U. in Funk und Fernsehen mit dem Ziel, sich in der Öffentlichkeit darzustellen – je nach Situation spontan und sporadisch oder bewusst, geplant und kontinuierlich.

b) Aus der *Mitarbeit in der Bevölkerung* mit dem Ziel der aktiven Beteiligung, der Anteilhabe und Imagepflege.

Verantwortlich für die Öffentlichkeitsarbeit ist die Schulleitung, die jedoch delegieren kann. Es empfiehlt sich, einen sog. Pressesprecher (besser eine »Person für Öffentlichkeitsarbeit«) beziehungsweise ein Team zu wählen, dessen Haupttätigkeiten darin bestehen

- über verschiedene Tätigkeiten (in) der Schule zu informieren.
- Erläuterungen, Erklärungen, Kommentierungen abzugeben.
- für Imagebildung (vom Briefkopf bis zum Schulgebäude) zu sorgen.
- die Arbeit (in) der Schule zu würdigen.
- Dialoge mit Außenstehenden zu führen und gegebenenfalls Konflikte zu bereinigen.
- Mitarbeit zu initiieren, zu planen und durchzufühen.

Rechtliches: Bitte beachten Sie die für Ihre Schule relevanten rechtlichen Bestimmungen, Verordnungen und holen Sie gegebenenfalls vor Ort Erkundigungen darüber ein. Wichtig sind im Bereich der Öffentlichkeitsarbeit

- der Datenschutz.
- die Loyalität gegenüber der Schulverwaltung.
- die Fürsorgepflicht gegenüber Mitarbeitern.
- der Schutz der zur Schule gehörenden Personen.
- die notwendige Amtsverschwiegenheit.
- das Jugendschutzgesetz.
- die Grenzen der Mitteilung bei schwebenden Verfahren.
- die Vorschriften zur Geheimhaltung.

In die Arbeit miteinbezogen gehören gegebenenfalls die Kindergärten und Horte, die Gemeindeverwaltung, die Beratungsstellen, die Polizei und andere Behörden, mit denen die Schule zu tun hat: Öffentlichkeitsarbeit ist zugleich Öffnung der Schule, Erweiterung des Lernens, Zunahme an Erfahrungen und menschlichen Begegnungen.

R Bevor Sie weiterlesen, halten Sie kurz inne und nehmen Sie sich Zeit, um Ihre bisherigen Erfahrungen im Rahmen der Öffentlichkeitsarbeit zu reflektieren.

Positiv: _____

_____

Negativ: _____

_____

Ungeklärt: _____

_____

Wünschenswert: _____

Änderungsabsichten: _____

_____

Anlässe

Ich habe sie in ein Raster aufgelistet, damit Sie die Schwerpunkte besser erkennen können:

A   Unsere Aktivitäten, über die wir im vergangenen Schuljahr die Öffentlichkeit *informierten* beziehungsweise *teilhaben* ließen:

Aktivitäten	In der Presse	In Funk/ Fernsehen	In der Schule
Abschlussprüfungen (allgemeine Ergebnisse),	☐	☐	☐
Abschlussveranstaltungen,	☐	☐	☐
Arbeit der SMV,	☐	☐	☐
Außerunterrichtliche Veranstaltungen (Ausflüge, Besichtigungen …),	☐	☐	☐
Ausstellungen in der Schule,	☐	☐	☐
Besuche an der Schule (andere Lehrer, Prominente, Ehemalige …),	☐	☐	☐
Elternarbeit,	☐	☐	☐
Erfolge bei Wettbewerben (kulturell, musisch …),	☐	☐	☐
Feste und Feiern,	☐	☐	☐
Informationsveranstaltungen (Einschulung, Übergänge …),	☐	☐	☐
Jubiläen,	☐	☐	☐
Politische und soziale Aktionen,	☐	☐	☐
Projekte,	☐	☐	☐
Schüleraustausch,	☐	☐	☐
Schulartübergreifende Aktivitäten,	☐	☐	☐
Schulbaumaßnahmen (u.a. Verschönerungen …),	☐	☐	☐
Schulfeste,	☐	☐	☐
Sportliche Ereignisse und Ergebnisse,	☐	☐	☐
Tag der offenen Tür,	☐	☐	☐
Tagesereignisse,	☐	☐	☐
Verabschiedungen,	☐	☐	☐
Wettbewerbe,	☐	☐	☐
Veranstaltungen (Lesungen, Konzerte, Theateraufführungen …),	☐	☐	☐
Vorfälle.	☐	☐	☐
Und: _____	☐	☐	☐
Und: _____	☐	☐	☐
Und: _____	☐	☐	☐

A Unsere Aktivitäten des vergangenen Schuljahres, die wir in der Öffentlichkeit außerhalb der Schule durchführten:

Aktivitäten	Beteiligte	Art der Veröffentlichung
Auftritte beim Stadtfest (Musikband, Theater-/Tanzgruppe)	_____	_____
Auftritte bei öffentlichen Veranstaltungen	_____	_____
Berufspraktikum	_____	_____
Behindertenbetreuung	_____	_____
Mitarbeit in Vereinen:		
_____	_____	_____
_____	_____	_____
Mitgestaltung von Gottesdiensten	_____	_____
Politisches	_____	_____
Projekte (zum Beispiel: Waldsäuberung)	_____	_____
Seniorenbetreuung	_____	_____
Soziales Praktikum	_____	_____
Sport in Vereinen:	_____	_____

R Einschätzung/Bewertung unserer Öffentlichkeitsarbeit:

	hervorragend	genau richtig	zu viel	zu wenig
Meine eigene Sicht:	_____	_____	_____	_____
Echo aus dem Kollegium:	_____	_____	_____	_____
Meinung der Schüler/innen:	_____	_____	_____	_____
Meinung der Eltern:	_____	_____	_____	_____
Meinung der Schulbehörde:	_____	_____	_____	_____
Echo aus der Öffentlichkeit:	_____	_____	_____	_____

A Veranstalten Sie eine Podiumsdiskussion mit Themen wie:

Entweder: Das Image unserer Schule: Wie sie ist – wie sie sein soll!
Oder: Unsere Schule: Wie wir sind – was wir leisten
Oder: Wachstumschancen unserer Schule durch Öffentlichkeitsarbeit

I Bei Veröffentlichungen bedenken Sie bitte vier Kriterien: *Neuigkeit – Wichtigkeit – Relevanz für die Öffentlichkeit – Unterhaltungswert.* Mit den drei »Ws«:

1. **Wer** im Mittelpunkt steht: die Schüler/innen, die Schulleitung, die Lehrer/innen … (Personen): Sie wollen öffentliche Anerkennung, im Blickpunkt und Rampenlicht stehen, wahrgenommen werden …
2. **Was** wir getan, gemacht haben (Aktionen, Produkte, Ergebnisse): Sie sollen gezeigt und betrachtet werden, Reaktionen auslösen und Freude machen.
3. **Wie** wir sind (Imagepflege/Werbung): Es soll deutlich werden, dass es »unsere Schule« ist, die sich zeigt (Corporate Identity).

G Apropos Imagepflege: Dem Schauspieler Klaus Brandauer wurde vorgeworfen, er sei sehr selbst- und publikumsverliebt, worauf er zustimmend antwortete: »Wenn ich das nicht wäre, wäre ich nicht Schauspieler geworden, sondern ins Kloster gegangen!« Qualität darf auch gezeigt und in die Öffentlichkeit gebracht werden!

Problematisches

I In vielen Fällen besteht ein gutes Verhältnis zu den Vertretern der Medien, der Gemeinde/Stadt, den Behörden – dies erleichtert die Zusammenarbeit, fördert die Arbeit der Schule, schafft Synergien zum Vorteil aller. Die Erfahrung zeigt jedoch auch, dass im Rahmen der Öffentlichkeitsarbeit aus verschiedenen Gründen Probleme auftreten können:

1. Mitteilungen werden häufig *ganz anders* verstanden und dargestellt, als sie gemeint sind, denn:
   a) Der Empfänger hört etwas anderes, als der Sender mitteilt (siehe auch 4. Kapitel: Kommunikation, S. 48 ff.).
   b) Das, was gehört, gesehen, erlebt wird, erhält *subjektive »Färbungen«*, die dann in den jeweiligen Veröffentlichungen zur Geltung kommen.
   c) Die erhaltenen Nachrichten werden verändert wiedergegeben, auf Grund des persönlichen Stils der Journalisten als »Info-Verkäufer«.

Verständigungsfördernde Verhaltensweisen und Maßnahmen:

- Sich Zeit für die Kontaktpflege und Gespräche nehmen.
- Mitteilungen klar äußern (möglichst schriftlich).
- Informationen anbieten, sich aber nicht anbiedern.
- Gegebenenfalls Veröffentlichungen in der Presse »übersetzen« und Rückmeldungen an den Schreiber geben.
- Eine Balance anstreben zwischen selbstbewusster Darstellung und kluger Zurückhaltung. (Mancher Schulleiter wird von Kolleg/innen entweder als »mediengeil« oder »medienscheu« eingeschätzt!)

- Offen sein für Rückmeldungen aus der Öffentlichkeit (was bei Bestätigung, Anerkennung leichter fällt als bei Korrekturen oder Kritik …).
- Gegebenenfalls Korrekturen und Richtigstellungen »nachschieben« und Diskurs und Diskussion anbieten.
- Nachrichten als subjektive Botschaften verstehen (Es gibt keine Neutralität oder Objektivität sowohl auf Seiten der Mitteilenden als auch auf Seiten der Empfänger; siehe 6. Kapitel: Beurteilungen, S. 82 ff.).
- Und: _____
- Und: _____

Und so ist das mit der Weitergabe von Information:

G Ein Oberst gibt folgenden Befehl an seinen Dienst habenden Offizier: »Morgen Abend gegen 20 Uhr ist von hier aus der Halleysche Komet sichtbar. Dieses Ereignis tritt nur alle 75 Jahre ein. Veranlassen Sie, dass sich die Truppe auf dem Kasernenplatz in Drillichanzügen einfindet, bei Regen im Kasernenkino.«

Der Dienst habende Offizier gibt den Befehl an seinen Kompanieführer weiter: »Auf Befehl des Herrn Oberst wird Morgen Abend um 20 Uhr der Halleysche Komet erscheinen. Lassen Sie die Rekruten, wenn es regnet, in Drillichanzügen im Kino antreten, wo diese seltsame Erscheinung nach 75 Jahren eintritt.«

Der Kompanieführer gibt diesen Befehl an seinen Leutnant weiter: »Auf Befehl des Herrn Oberst ist morgen um 20 Uhr Dienst im Drillichanzug. Wenn es regnet, wird im Kino der 75-jährige General Halley mit einem Kometen auftreten.«

R Vermutlich haben Sie eine Menge Erfahrungen mit der Weitergabe von Informationen. Notieren Sie doch einige besonders gravierende Beispiele (was sehr erhellend für Ihr weiteres Vorgehen sein kann!)

Ich habe gesagt	Verstanden aber worden ist
_____	_____
_____	_____

I 2. Wahrnehmungen, Beobachtungen und Bewertungen sind beeinflusst durch die eigene Lebensgeschichte – hier besonders durch die Schule in der Kindheit und Jugend. Die Empfänger sind dann nicht mehr nur Erwachsene im Jetzt, sondern u.U. auch (wieder) Schüler/innen von damals,

- die sich an angenehme oder unangenehme Erlebnisse erinnern.
- bei denen entsprechende Empfindungen und Gefühle reaktiviert werden.
- die an bestimmte Lehrer/innen denken (im Schlechten wie im Guten).
- Oder: _____

R Meine eigenen Erfahrungen als Kind/Jugendliche(r) mit Schule:

angenehm: _____

unangenehm: _____

Besonders denke ich an folgende Lehrer/innen, denn: _____

I 3. Aus den jeweiligen Erfahrungen können dann Voreingenommenheit, Vorurteile und Schubladisierungen entstehen, die die Wahrnehmungen verzerren – und damit zu ungenauen bis hin zu verfälschten Wiedergaben von Nachrichten führen.

G Kennen Sie den schon? Ein Amerikaner und ein Russe veranstalten ein Autorennen gegeneinander. Am nächsten Tag steht in den amerikanischen Zeitungen: Amerikaner siegt, Russe verliert. In den russischen ist zu lesen: Grandioser 2. Platz des Russen, Amerikaner nur Vorletzter.

4. Die Personen in der Schule haben Stärken und Schwächen; es passieren also auch Fehler (die wieder gutgemacht werden sollen). Manchmal dringen diese auch nach außen – zum Beispiel Fehlverhalten von Lehrer/innen, sexueller Missbrauch, Alkoholprobleme, Gewalttätigkeiten von Schülern u.a.m. –, und gerade in solch belastenden Fällen zeigt sich, wie die Öffentlichkeit zur Schule steht und wie sie sie bewertet:

Auf der einen Seite	Auf der anderen Seite
Beschimpfungen und Häme,	Betroffenheit, Sprachlosigkeit,
Drohungen und Erpressungen,	Hilfe und Unterstützung,
Öffentlichkeitsdruck,	(Auf-)Klärung und faires Prozedere,
Medienkampagnen,	Schutz der Beteiligten,
Bloßstellungen,	Bestehen auf Wiedergutmachung,
Tribunalisierung.	Forderung angemessener Konsequenzen.

Für die Verantwortlichen in der Schule heißt das im Umgang mit der Öffentlichkeit:

- Transparenz statt Verschleierung.
- Sachliche Informationen über die Vorkommnisse.
- Begründetes Verschweigen von Interna.
- Bekanntgabe der Aufklärungsweise.
- Gegebenenfalls Mitteilungen über Hilfen, Schutzmaßnahmen und Wiedergutmachung.
- Kundgabe entsprechender Konsequenzen.

R Im Nachhinein, wenn Sie an bestimmte Vorfälle denken:

- Mich hat besonders belastet: _____
  _____
  _____

- Mein bisheriges Vorgehen: _____
  _____
  _____

- Meine Erfahrungen: _____
  _____
  _____

- Ich habe dazugelernt: _____
  _____
  _____

- In Zukunft werde ich vermeiden: _____
  _____
  _____

- Ich brauche Hilfe: _____
  _____
  _____

- Oder: _____
  _____
  _____

Wie rasch doch diskriminiert wird:

G In der Bild Zeitung sehe ich ein Bild eines Politikers, der die Augen geschlossen hat. Darunter die Schlagzeile: »Herr X im Bundestag: Pennt!« – Ich schreibe einen Brief an die Redaktion mit der dringenden Bitte, Unterstellungen dieser Art zu unterlassen – und höchstens zu schreiben: »Herr X hat die Augen geschlossen!« – Ob er schläft oder nachdenkt, entzieht sich der Kenntnis des Beobachters. Das eine ist das Beobachten, das andere das Bewerten, Interpretieren!

Literaturempfehlungen

Hopfgartner, G./Nessmann, K.: Public Relations für Schulen. So gelingt erfolgreiche Öffentlichkeitsarbeit. Wien 2000.
Langer, I. u.a.: Sich verständlich ausdrücken. München [7]2002.

20. Be- und Entlastungen

Durch die Übernahme von Leitung und Führung können sich besondere Belastungen für Schulleiter/innen ergeben. Aus ihrer jetzigen Sicht sieht manches »ganz anders aus« als aus der früheren Lehrer/innen-Perspektive.

Belastungen

Schulleiter/innen

- sind gefordert durch *Dauerpräsenz* in vielfältigen Situationen, gegenüber unterschiedlichen Personen und in verschiedenen Entscheidungsprozessen.
- leben in *Spannungsfeldern* von divergierenden Wünschen und Forderungen der Lehrer/innen, Schüler/innen, Eltern, Schulverwaltung und Öffentlichkeit, wobei die betreffenden Personen ihre Durchsetzungsstrategien sehr unterschiedlich ausagieren.
- sehen sich von vielen Seiten hohen und unterschiedlichen *Erwartungen* ausgesetzt – und bekommen bei Nichterfüllung die geballte Ladung an Frustrationen zu spüren.
- müssen tagtäglich eine *Fülle von Aufgaben* bewältigen, die weit über ein Normalmaß hinausgeht.
- treffen unter Umständen auch Entscheidungen, durch die sich manche ungerecht behandelt und zurückgesetzt fühlen. Sie bekommen »*Gegenwind*« durch Äußerungen von Unbehagen, Missmut, Wut, Vorwürfen und Aggressionen.
- werden als *Vorbild* betrachtet, ob sie es wollen oder nicht. Sie stehen im »pädagogischen Rampenlicht«, zumal dann, wenn Irritationen oder Unvereinbarkeiten im schulischen Alltag auftauchen: Der Blick richtet sich auf den »Leitwolf«.
- erleben, trotz aller Offenheit und Beziehungsfähigkeit, bisweilen eine gewisse *Isolation* und haben das Gefühl, nicht dazuzugehören und allein gelassen zu sein.

Wer also Schulleiter/in ist, tut gut daran, sich bewusst zu machen, dass *Dauerpräsenz, Spannungsfelder, hohe Erwartungen, Aufgabenfülle, »Gegenwind«, Vorbildfunktion* und *Isolation* (und noch etliches mehr) zu ihrer Schulwirklichkeit gehören, mit denen sie sich auseinander zu setzen haben: Belastung pur!

G Ein Lehrer berichtete mir: Wenn wir eine Veranstaltung im Kollegium haben, dann warten immer alle, bis sich unser Schulleiter einen Platz ausgesucht hat, damit wir wissen, wohin wir uns selbst setzen können – nämlich weit weg von ihm. Niemand will mit ihm an einem Tisch sitzen!

I Die Folgen der täglichen (Über-)Belastungen sind erhebliche Beschwerden und Erkrankungen vor allem im Bereich des vegetativen Nerven- und Herz-Kreislauf-Systems (Schweißausbruch, Herzklopfen, Muskelverspannungen; Magendruck …, innere Unruhe), aber auch seelische Störungen wie Versagensängste, Schuldgefühle, Stimmungstiefs oder Depressionen, verbunden mit Rückzugs- oder Resignationstendenzen …

Arbeitsmediziner wissen es schon lange: Lehrer/innen – und für Schulleiter/innen gilt es ebenso, wenn nicht noch vermehrt – arbeiten fast ständig in Grenzbereichen; der positive Stress kippt häufig in den negativen (Disstress); der permanente Adrenalinspiegel liegt erheblich höher als beispielsweise bei Führerscheinprüflingen und manchmal erreicht er das Niveau von Formel-1-Rennfahrern.

Fragen, die Schulleiter/innen unruhig machen und umtreiben:

- Was kommt (alles) auf mich zu?
- Mit welchen Erwartungen werde ich konfrontiert?
- Kann ich den Anforderungen gerecht werden?
- Was muss ich alles wissen, können, leisten?
- Mit welchen Widrigkeiten, Angriffen habe ich es zu tun?
- Woher und von wem kommt der »Gegenwind«?

… und *Überlegungen,* die hinter diesen Fragen stehen:

- *Aufgaben,* die ich zu bewältigen habe – und die Wachsamkeit, um mich nicht von ihnen überrollen zu lassen.
- *Erwartungen,* die man an mich hat – und die Entscheidung darüber, welche ich erfüllen kann und welche nicht.
- *Anforderungen,* die an mich gestellt werden – und die Überprüfung, welchen ich gerecht werden kann und welche mich überfordern.
- *Kompetenzen,* die ich habe – und die Überlegung, wo und wie ich sie effektiv einsetzen werde.
- *Kritik,* die ich erfahre – und die Reflexion darüber, wie ich sie annehmen und konstruktiv umsetzen kann.
- *Vorwürfe,* die ich bekomme – und die Abwägung, ob und wie ich mich vor ihnen schützen muss.
- *»Widerstände«,* die ich erlebe – und die Klärung, wie ich sie in den Schulalltag integrieren kann.

A   Notieren Sie Ihre Hauptbelastungen, Ihre (möglichen) Belastungssymptome und Ihre Empfindungen/Gefühle:

Belastungen	Symptome	Empfindungen/Gefühle
körperlich:		
lang dauernde Konferenzen leiten	starkes Herzklopfen	zunehmende Müdigkeit
mehrere Unterrichtsstunden hintereinander geben	Kopfschmerzen	zunehmende Unruhe Unausgeglichenheit
geistig:		
in schwierigen Gesprächen vermitteln	Magendruck	Überforderung, Unmut
lange Verhandlungen führen	Rückenschmerzen	wachsender Ärger
seelisch:		
hohe Erwartungen an mich selbst	Muskelverspannungen	Versagensängste
perfekt sein zu müssen	erhöhter Puls	Ohnmachtsgefühle

R   Meine Gedanken, Erkenntnisse, Schlussfolgerungen dazu:

_____

_____

_____

Entlastungen

I Belastungen haben immer etwas mit (Muskel-)Anspannungen zu tun. Deshalb brauchen wir nach der Anspannung, nach den Belastungen auch wieder die Entspannung und Entlastung, die *Regenerierung*, um zu einer »dynamischen Balance« zu kommen, das heißt zu einem Ausgleich zwischen organischer Überforderung (= muskuläre Anspannung) und organischer Unterforderung (= muskuläre Entspannung):

Spitzenwerte der Belastung
(Anspannung)

Normal-Belastung

Entlastung/Entspannung

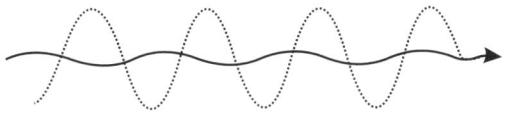

Das heißt: Das Problem sind nicht Belastungen als solche (Eustress = »gesunde« Belastung), sondern die *Dauer*spitzenwerte und die *Dauer*anspannungen!

A Denken Sie an einen normalen Arbeitstag und machen Sie sich Notizen:

- Die Dauer und Stärke Ihrer Belastungen.
- Ihr Zustand (körperlich, geistig, seelisch).
- Ihre Entlastungen.
- Resümee: _____
  _____
  _____

I Zehn Entlastungsempfehlungen:

1. **Achtsamkeit für sich selbst entwickeln:** Belastungen und die damit verbundenen Symptome wahrnehmen, sie als »spezifische Botschaften« und Warnsignale ernst nehmen und behutsamer (gesünder) mit sich selbst umgehen; auf Empfindungen und Gefühle achten (sie sind spezifische Botschaften!).
2. **Zur Entspannung und Ruhe kommen:** Atem- und Muskelentspannungsübungen, autogenes Training, Yogaübungen machen; meditieren; sich auf Fantasiereisen begeben (= mental Ruheorte aufsuchen).
3. **Gesund leben:** Vollwertige Ernährung bevorzugen (vitamin- und ballaststoffreich, zucker- und fleischreduziert, alkoholarm und nikotinfrei) und bewusst auf körperliche Bewegung und sportliche Tätigkeiten achten, die herz- und kreislauffördernd sind wie beispielsweise zügiges Gehen, leichtes Laufen, Schwimmen, Radfahren, Skilanglauf.
4. **Klarheit gewinnen:** Überlegen, was man selbst will, kann und wo die eigenen Grenzen sind, um Überforderungen zu vermeiden; sich auf die eigenen Stärken besinnen, sie aktivieren und verstärkt Zugang zum Innenleben finden: Je größer die äußeren Turbulenzen sind, desto vermehrt braucht es innere Stabilität.

5. **Gespräche führen:** Probleme nicht mit sich allein »herumschleppen«, sondern sie und sich mitteilen; »Unverdauliches« (Ärger, Wut, Enttäuschungen …) nicht hinunterschlucken, sondern zur Sprache bringen und Kritik, Vorwürfe oder Beleidigungen nicht (immer) auf sich beziehen, sondern sie (auch) als versteckte Botschaften anderer »übersetzen«, zum Beispiel: die Kritik des Vorgesetzten als *dessen* Meinung betrachten, die Schimpfkanonaden des Schülers als *dessen* Gefühlsausdruck sehen, die Angriffe der Eltern als *deren* Erfahrungen deuten … (ausführlich siehe Kapitel 8 »Konflikte«, S. 90 ff.).

6. **Perspektiven wechseln:** Was von der einen Seite belastend aussieht, kann von einer anderen Warte entlastend sein: Ist die Flasche halb leer oder halb voll? – Umdeuten: Man kann etwas so oder auch ganz anders sehen.

7. **Ansprüche relativieren:** Die Ansprüche müssen in erster Linie mit der *eigenen Leistungsfähigkeit* übereinstimmen. Dies bedeutet, sich »auszuloten« und zu erspüren, was möglich ist und was nicht. Die Einfühlung in das eigene Ich und die Wahrnehmung körperlicher und seelischer Befindlichkeit sind die besten Gradmesser für das Erspüren von Niveau und Qualität der Ansprüche. Von *F. Perls*, einem der Begründer der Gestalttherapie, gibt es den Satz: Ich bin da, um deine Erwartungen anzuhören – und dann sehe ich nach und entscheide, was ich erfüllen mag, kann und was nicht.

   Abschied nehmen von zu großen Selbsterwartungen und zu hohen (inneren) Messlatten; sich Schwächen zugestehen und Veränderungen erlauben; nicht mehr so leistungsstark, ausdauernd, reaktionsschnell … wie früher sein müssen: die Äste sind zwar nicht mehr so ausladend, dafür gehen die Wurzeln tiefer!

8. **Überforderungen zurückweisen:** Einschätzen, was zu tun und was erreichbar ist, und deutliche Grenz-Signale anderen gegenüber setzen. Überforderungen als Grenzüberschreitungen können drei Richtungen haben: die gegen sich selbst, die gegen andere und die durch andere. Wir stellen an uns und an andere Erwartungen, steigern sie durch Forderungen und übersteigern sie durch Überforderungen. Die Übergänge sind fließend … (weiterführend siehe 21. Kapitel: Grenzen, S. 235 ff.).

9. **Autonomie anstreben:** Eigene Absichten, Wünsche, Interessen wahrnehmen, sie in Bezug zu denen anderer Personen setzen und sich dann entscheiden, um in einen Balancezustand zu kommen zwischen der Erfüllung eigener und anderer Bedürfnisse.

10. **Oasen aufsuchen:** Dort hingehen und sich aufhalten, wo es einem gut geht und wo man sich wohl fühlt; meiden, was zu viel ist und sich innerlich »in Hängematten« legen.

R

Meine belastenden Tätigkeiten	Meine entlastenden Tätigkeiten
Noch mit drei Kollegen gesprochen.	Anschließend Rückzug ins Rektorat.
Noch rasch Schreibtischarbeit erledigt.	Einige Minuten in den Schulhof geblickt.
Vier Telefonate hintereinander geführt.	Kurze Atemübung gemacht.
Oder: _____	Oder: _____
Oder: _____	Oder: _____
Oder: _____	Oder: _____

A Verschaffen Sie sich einen Überblick und bilanzieren Sie:

Tätigkeiten	Zeitaufwand/pro Tag	pro Woche	Konsequenzen
Einzelgespräche			
Konferenzen			
Organisatorisches			
Unterricht			
Fortbildung			
Elternkontakte			
Telefonate			
Verwaltung			
Öffentlichkeit			
Finanzen			
Sonstiges			
Und: _____			

R Meine weiteren Entlastungsvorhaben:

Ich werde: _____

_____

_____

Ich nehme mir ganz fest vor: _____

_____

_____

Ich brauche Hilfe: _____

_____

_____

A Wenn Sie Entlastungen zu erreichen suchen, dann notieren Sie, welche *Vorteile* Sie durch *Be*lastungen haben. Ihr Gewinn müsste also – unterm Strich – größer sein als derjenige, den Sie durch *Ent*lastungen haben.

Mein Gewinn, trotz hoher Belastungen:
- Selbstbestätigung,
- Anerkennung durch andere,
- Karriere,
- _____
- _____

I Und schließlich: Unsere Belastungen haben auch immer etwas mit unserer Persönlichkeitsstruktur, mit unseren Erfahrungen, mit unserer Erziehung, unseren Prägungen, unserer gesamten Lebensgeschichte und mit unseren Haltungen, Sichtweisen, Wünschen, Zielen und Bewertungen zu tun. In gewisser Weise »konstruieren« wir uns unsere Belastungen selbst. Beispiele:

Warum belastet mich mein Aussehen (dick, dünn, groß, klein …), während andere »locker über der Sache stehen«?

Warum belastet mich meine Ungeduld, während andere sie als »konstruktive Dynamik« sehen?

Warum rege ich mich über Formalien und Erlasse auf, während andere sie – ohne mit der Wimper zu zucken – hinnehmen?

Warum fällt es mir schwer, andere zu kritisieren oder sie auf Fehler hinzuweisen, während dies für andere eine Selbstverständlichkeit ist?

Warum stört es mich, wenn Kolleg/innen während der Konferenzen »Nebentätigkeiten« erledigen, während andere Schulleiter dies gelassen hinnehmen?

Warum beschäftigt mich die Schule bis in den Schlaf hinein, während andere nach Schulschluss wirklich abschalten können?

Deshalb: Einstellungen und Bewertungen verändern!

Nicht die Dinge selbst, sondern unser Denken über die Dinge entscheidet, ob wir glücklich oder unglücklich werden. (Epiktet)

R Meine eigenen Belastungskonstrukte. Ich schaffe mir Belastungen selbst, indem ich

- zu wenig auf meine Gesundheit achte.
- mir ein zu enges Zeitkorsett anlege.
- mir zu viel auf einmal vornehme.
- zu wenig delegiere.
- mich zu häufig einmische.
- Oder: _____
- Oder: _____
- Oder: _____
- Oder: _____

Prophylaxe

G Ein Autofahrer fuhr immer Höchstgeschwindigkeit – bis der Motor zu dampfen begann. Dann schüttete er jedes Mal kaltes Wasser über ihn. Eines Tages platzte er … und ein Freund meinte: »Was musst du auch immer Höchstgeschwindigkeit fahren!«

I Wir müssen es gar nicht so weit kommen lassen, bis unser »Motor platzt« (Infarkte, Zusammenbrüche …). Wir können bereits im Vorfeld einiges tun, zum Beispiel:

1. **Einstellungen ändern**
   Indem wir realistische Erwartungen an uns und andere haben; Perspektiven-wechsel vornehmen, um andere besser zu verstehen; die »Wirklichkeit« anderer Menschen akzeptieren und nicht oder weniger an ihnen »herumschnitzen«; uns »raushalten« und nicht mehr »mitspielen«, wenn uns dies als sinnvoll erscheint, und eigene Wege und Ausgänge suchen; uns bestimmten Belastungen entziehen (Menschenmengen, Lärmsituationen, Arbeitsanhäufungen …) – kurzum: Kräfte nutzen und mit ihnen produktiv und dosiert zugleich umgehen.

G Ein Freund empfahl einem Bettnässer, einen Therapeuten aufzusuchen … Nach einiger Zeit trafen sich die beiden und der Freund fragte: »Nun, bist du befreit von deinen Beschwerden?« – »Nein«, bekam er zur Antwort, »aber es macht mir jetzt nichts mehr aus.«

Wenn ich die Umstände nicht ändern kann, dann kann ich immer noch mich selbst ändern.

2. Sich mental vorbereiten

G

Beispiel Gesamtlehrerkonferenz: Die Einladung erfolgte fristgemäß eine Woche vorher, die Tagesordnungspunkte stehen fest, der Schulleiter ist sachlich vorbereitet – und es geht auch alles gut –, dennoch ist der Schulleiter vor der Sitzung immer ziemlich nervös und anschließend entsprechend erschöpft.

I

Um Nervosität, Erschöpfung und andere Folgeerscheinungen von Belastungen zu reduzieren oder zu vermeiden, ist nicht nur sachliche, sondern auch mentale Vorbereitung auf bestimmte Tätigkeiten sinnvoll, also ein gedankliches und gefühlsmäßiges Antizipieren dessen, was auf einen zukommt, ein Sicheinstimmen auf die Geschehnisse. Beispiel: Leitung einer Gesamtlehrerkonferenz:

a) *Die Befindlichkeit wahrnehmen:* In einer halben Stunde beginnt die Gesamtlehrerkonferenz: Wie geht es Ihnen? Wie fühlen Sie sich körperlich, seelisch? Was brauchen Sie jetzt noch, um sich für die Leitung »fit« zu fühlen? Vielleicht: ein kurzes Gespräch mit einem Kollegen/einer Kollegin; eine Tasse Kaffee; abschalten und allein sein; eine Atem- und Entspannungsübung; Musikhören, kurzer Spaziergang um das Schulhaus …? Tun Sie das, was Sie in die Lage versetzt, relativ entspannt, sicher und zufrieden zu sein, um mit einem »guten Gefühl« die Konferenz zu leiten.

b) *Vorhaben und Ziele überdenken:* Es geht um diejenigen Vorhaben und Ziele, die Sie erreichen möchten, und nicht um jene, die Sie für andere haben. (Ich unterscheide also eigene Vorhaben/Ziele und Wünsche an andere.) Zum Beispiel: Die Übersicht behalten, für Klarheit sorgen, sich auf unvorhergesehene Situationen einstellen und flexibel sein, sich an die Tagesordnung halten, Vereinbarungen treffen, bestimmte Ergebnisse erreichen u.Ä. Durch das Bewusstwerden der eigenen Vorhaben und Ziele sind Sie weniger abhängig von anderen und dadurch ruhiger und gelassener: Sie tun das Ihre, um die Ziele zu erreichen, aber Sie sind nicht durcheinander, wenn sie – aus bestimmten Gründen – nicht erreicht werden.

c) *Einstellung/Haltung klären:* Sie haben es mit (meist) sehr unterschiedlichen Personen zu tun: vertraute, weniger vertraute, freundlich und weniger freundlich Gesinnte, aktive und passive, unterstützende und distanzierte, sympathische und weniger sympathische Menschen … Welche Einstellung/Haltung haben Sie dem ganzen Kollegium und/oder einzelnen Personen gegenüber und welche Empfindungen und Gefühle haben Sie dabei? Offen und gesprächsbereit; verhalten, unsicher, distanziert; ambivalent oder gespalten; freundlich, misstrauisch oder abwartend …? Gestehen Sie sich Ihre Gefühle zu; sie sind der »Motor« für Ihr Verhalten: Wenn Sie angemessen handeln wollen, so ist es wichtig, Ihre »Beweggründe« anzusehen und zu verstehen. Die daraus resultierende Klärung Ihrer Einstellung und Haltung den Einzelnen gegenüber versetzt Sie in die Lage, klarer und sicherer in Ihren Handlungen zu sein.

Ein Vergleich aus dem Skisport: Durch die mentale Vorbereitung bleibt zwar die steile Abfahrt bestehen, aber die Unsicherheiten oder Ängste reduzieren sich, die Strecke wird vertrauter und die einzusetzenden Kräfte erhöhen sich.

Gute Fahrt auf Ihren Schulstrecken!

3. Enttäuschungsfallen vermeiden

Ausführlich siehe 6. Kapitel »Personalentwicklung«, 3. Abschnitt: Umgang mit Enttäuschten, S. 78 ff. Was für diese gilt, kann auch für Sie von Nutzen sein; deshalb kurz wiederholt:

Sie können nicht oder weniger enttäuscht werden (durch sich und andere), wenn Sie

- weniger Erwartungen haben und *loslassen.*
- verantwortungsvoll handeln, aber auch *Verantwortung abgeben.*
- Erwartungen an andere nicht als Befehle, die erfüllt werden *müssen*, betrachten.
- sich nicht den »Schuh anderer« anziehen, sich ihn aber *ansehen.*
- Selbstbewusstsein entwickeln, ein probates Mittel gegen Enttäuschtwerden.
- das Handeln anderer wahrnehmen, sich aber nicht durch sie durcheinander bringen lassen.
- etwas mehr *(ab)warten* als bisher.

4. Sich einer Schulleitergruppe anschließen

a) mit dem Ziel, Erfahrungen auszutauschen und Lösungen bei Belastungen im Schulalltag zu finden, und zwar bezüglich
  - der eigenen Person: Belastungen, Unsicherheiten, Zweifel, Ängste, allein gelassen sein.
  - der zwischenmenschlichen Beziehungen: Konflikte, Unterstellungen, Angriffe.
  - der inhaltlichen Arbeit: Fachspezifisches, Didaktik/Methodik, Rechtsfragen.
  - organisatorischer Fragen: Management, Haushalt, Verwaltung.

b) mit der Absicht, sich gegenseitig in den einzelnen Schulen zu besuchen (Peer Review): Blick über den Tellerrand!

R Meine zusätzliche Prophylaxe (= was mir gut tut):

- Sport: _____
- Kunst: _____
- Handwerk: _____
- Verein: _____
- Freund/innen: _____
- Familie: _____

I   Entlastung für Unsichere:

- Zur Unsicherheit stehen erleichtert, Überspielen ist auf Dauer anstrengend.
- Die Unsicherheit gut behandeln tut der Sicherheit gut.
- Unsicherheit schafft bei Unsicheren Solidarität und Nähe.
- Unsicherheit fördert die Kreativität und mehrt den Ideenreichtum.
- Unsicherheit gibt anderen die Chance zu helfen.
- Unsicherheit ist Selbstbewertung.
- Wer nur noch Sicherheit will, verpasst das halbe Leben.

G   Ich bin einmal gefragt worden, ob es Situationen gibt, denen ich mich nicht gewachsen fühle (vorausgesetzt, ich bin physisch und psychisch gesund) – und ich antwortete spontan »nein«. Darüber war ich selbst überrascht und empfand dies als ziemlich arrogant. – Nach längerem Nachdenken aber merkte ich, dass das Nein für mich stimmt, denn: In Situationen, denen ich mich nicht gewachsen fühle, sage ich, dass ich mich jetzt dieser bestimmten Situation nicht gewachsen fühle: Aus Unsicherheit wird Sicherheit!

Der erste Schritt zur Sicherheit: zu seinen Unsicherheiten und Ängsten stehen.

R   Wie leicht kann man Sie verunsichern?

Die Situation:	a) Meine »Stimmungs-/Gefühlslage«: b) verunsichert, weil …
Grinsende Schüler; provozierend …	a) _____ b) _____
Klasse taxiert mich von Kopf bis Fuß.	a) _____ b) _____
Abfällige Bemerkung über meine Kleidung.	a) _____ b) _____
Tuscheln hinter meinem Rücken.	a) _____ b) _____
Ironische Bemerkungen wegen meiner politischen/religiösen Einstellung.	a) _____ b) _____
Oder: _____	a) _____ b) _____
Oder: _____	a) _____ b) _____

Am meisten verunsichert mich immer wieder: _____

_____

A Nutzen Sie Ihre (Vor-)Erfahrungen aus und setzen Sie sich Warnsignale und Ampeln:

(Immer) wenn	dann
ich im Lehrerzimmer Rededuelle wahrnehme,	beobachte ich zuerst einmal aus der Entfernung.
Eltern »laut« werden und mir Vorwürfe machen,	bleibe ich ruhig und höre ihnen zu.
meine Verhandlungspartner mich unter Druck setzen,	gebe ich mir innerlich eine Auszeit und Zeit zum Überlegen.
ich ganz schnell noch etwas erledigen möchte,	zähle ich bis 10.

Geschieht mir ganz recht, wenn ich Belastungen habe. Ich »spiele ja mit!« – Oder doch nicht?

R   Nachdem Sie diesen Abschnitt gelesen haben:
Ich werde jetzt Folgendes zu meiner Erholung tun:

Nicht mehr in diesem Buch weiterlesen.
Zum Joggen, Schwimmen … gehen.
Musik hören.
Oder: _____
_____
_____

Oder: _____
_____
_____

Oder: _____
_____
_____

Literaturempfehlungen

Gudjons, H. (Hrsg.): Entlastungen im Lehrerberuf. Hamburg 1993.
Graichen, W./Seiwert, L.: Das ABC der Arbeitsfreude. Techniken, Tipps und
Tricks für Vielbeschäftigte. Speyer [11]1999.

21. Grenzen

G Die Aussage eines berühmten Balletttänzers hat etwas Tragisches an sich und drückt die Begrenztheit unseres Lebens aus: »Als ich jung war, hatte ich die besten körperlichen Voraussetzungen, um tänzerische Ideen umzusetzen. Nur: damals hatte ich noch zu wenige Ideen … Heute, da ich älter geworden bin, habe ich eine Fülle von Ideen, aber ich selbst kann sie durch mein Tanzen nicht mehr realisieren, da mir die körperlichen Voraussetzungen fehlen …«
Grenzen damals, Grenzen heute.

Grenzerfahrungen

I Wir scheinen ständig in einem »Grenzland« zu leben, indem wir

An eigene Grenzen stoßen: Sie haben pädagogische Ideen, umfangreiche schulische Erfahrungen, wissen inzwischen, wie es »richtig« geht, aber Sie sind älter geworden, haben weniger Energien, fühlen sich nicht mehr in der Lage, alle Ihre Vorstellungen auch umzusetzen …

An die Grenzen anderer stoßen: Sie wünschen sich beispielsweise,

- Ihre Vorgesetzten wären offener und nicht so sehr auf Formalien bedacht – doch sie scheinen ihnen Sicherheit zu geben;
- manche Kolleg/innen wären kooperativer und würden sich schulisch stärker engagieren – doch sie ziehen sich in private Nischen zurück;
- die Schüler/innen wären aktiver im Unterricht – doch sie sind häufig innerlich abwesend und fühlen sich außerhalb der Schule wesentlich wohler;
- die Eltern würden sich stärker am schulischen Leben beteiligen – doch sie signalisieren Interesselosigkeit und Gleichgültigkeit;
- die Stoffpläne wären »entstaubt« und »gelichtet« – doch die Fülle nimmt sogar noch zu …

Wir befinden uns immer irgendwo innerhalb der folgenden Koordinaten:

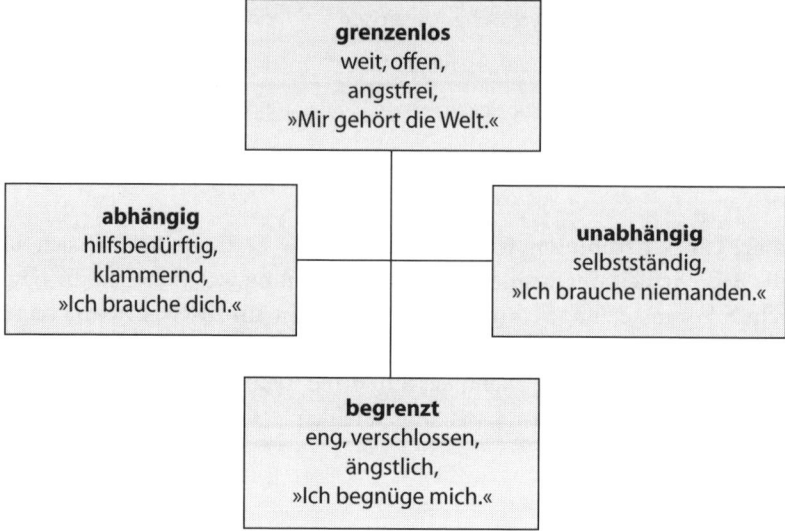

Die einen begrenzen sich und bekommen dadurch keine Luft, die anderen sind grenzenlos und muten sich zu viel zu.

Wir erfahren Grenzen
- die in unserer Person und Lebensgeschichte liegen (Anlage, Erziehung, eigenes Vermögen).
- die andere uns setzen (Vorschriften, Gebote, Verbote …).
- die in unserem Umfeld liegen (Rahmenbedingungen, Gegebenheiten …).

Wir überschreiten aber auch Grenzen, indem wir
a) an den eigenen »Gitterstäben« rütteln:
  – Uns überfordern – und nicht mehr (weiter) können.
  – Uns in unbekanntes Land vorwagen – und umherirren.
  – Uns auf Neues einlassen – und uns dadurch weiterentwickeln.
  – Bekannte Wege verlassen – und neue entdecken.
b) an den »Gitterstäben« anderer rütteln:
  – Sie müssen, Sie sollen …
  – Warum haben Sie noch nicht …?
  – So können Sie doch nicht …!
  – Wieso sind Sie nicht …?

- Erwartungen an sich und andere und die Sehnsucht nach Grenzenlosigkeit
- Der Wunsch nach Realisierung und die Erfahrung der Begrenztheit

Nur in der Bewegung erfahre ich mich auch als begrenzt.
(Nur wer stehen bleibt, stößt an keine Grenzen.)

A Erspüren Sie bitte, ob und wie Sie derzeit an Ihre Grenzen stoßen:

physische Anzeichen	psychische Anzeichen	oder Wohlsein
Schlaflosigkeit	Niedergeschlagenheit	ausgeglichen
Schlappheit	Lustlosigkeit	zufrieden
Kopfschmerzen	Unruhe	genügend Schlaf
Stimmprobleme	Nervosität	Appetit
Rückenschmerzen	Ungeduld	ohne Zeitdruck
Herz-Kreislauf-Beschwerden	Müdigkeit	Geduld
Magenschmerzen	Gereiztheit	Freude
Oder: _____	Oder: _____	Oder: _____
Oder: _____	Oder: _____	Oder: _____

Ihr Ergebnis: _____

Ihre Konsequenzen: _____

R Grenzen akzeptieren bringt Vor- und Nachteile.

Vorteile	Nachteile
Sicherheit	Verpasste Chancen
Gefahrlosigkeit	Gefährdung
Bewahrung/Erhaltung	Stagnation
Kräfteschonung	Atrophie
Oder: _____	Oder: _____
Oder: _____	Oder: _____
Wie in einem sicheren Nest	*Wie in einem Gefängnis*

Grenzen überschreiten bringt ebenfalls Vor- und Nachteile.

Vorteile	Nachteile
Weiterentwicklung	Überforderung
Entdeckung von Neuland	Nichtbewältigung
Neugier, Hoffnung	Erschrecken, Enttäuschung
Oder: _____	Oder: _____
Oder: _____	Oder: _____
Wie auf einer Wanderung: Was kommt nach der nächsten Biegung?	*Wie auf einem Karussell, das einem die klare Sicht nimmt.*

Grenzziehung

I Manchen fällt es schwer, nein zu sagen; dadurch besteht unter Umständen die Gefahr, sich erpressen zu lassen:

- »Machen Sie es doch, Sie können das so gut!« (Schmeichelei)
- »Ich schaffe das nicht ohne Sie.« (Helfersyndrom)
- »Sie müssen das unbedingt noch erledigen.« (gewohnter Gehorsam)
- »Machen Sie es doch der Kinder/uns zuliebe.« (Pädagogisierung)
- »Wie stehen wir denn da, wenn wir nicht …« (Öffentlichkeitsdruck)
- »Wenn Sie das machen, dann …« (Belohnung)
- »Einer muss es ja machen.« (Gruppendruck)
- »Sie sind doch dafür zuständig.« (Verpflichtung)
- »Dafür sind Sie ja Schulleiter.« (Funktion)
- Oder: _____

  _____
- Oder: _____

  _____

Dazu drei »Extrafallen«: Es fällt uns besonders schwer, nein zu sagen, wenn wir

- bestimmte Fähigkeiten haben (die wir gern unter Beweis stellen wollen).
- gefragt sind und gebraucht werden (was uns schmeichelt).
- Freude an der Arbeit haben (was uns zufrieden stellt).

R Mir fällt es schwer, nein zu sagen und mich abzugrenzen:

- Ich möchte andere nicht enttäuschen.
- Gebrauchtwerden tut mir gut.
- Ich komme mir unhöflich vor.
- Die anderen sind »böse« auf mich.
  (Wie häufig beginnen Sie – bei Ablehnung – Ihr Gespräch mit: »Sei mir nicht böse, aber …?«)

Ich lasse mich überreden (»überrumpeln«):

- »Ach, bleib doch noch ein bisschen!« (Ich bleibe – und dann wird's doch länger …)
- »Geh doch nicht gleich fort!« (Ja. was gibt's denn noch?)
- »Du hast doch noch etwas Zeit für mich!?« (Eigentlich nicht, aber …)
- Oder: _____

  _____

Deshalb:
Das »Büro« schließen und Grenzen ziehen ohne schlechtes Gewissen.

Durchlöchert wie ein Emmentaler – oder abgegrenzt wie eine Trennwand

A   Nein-Sage-Übung

1. Suchen Sie sich ein Gesprächsgegenüber.

2. Vereinbaren Sie ein »Abgrenzungsthema«; zum Beispiel:
   - ins Kino gehen, nicht ins Kino gehen
   - Zeit haben, keine Zeit haben
   - reden wollen, nicht reden wollen

3. Sie bekommen nun vom Gegenüber »hartnäckige« Fragen, Bitten usw. und haben »nur« immer zu verneinen. Bitte kurze Ablehnungen und Begründungen; keine Rechtfertigungen; klare Abgrenzung, egal, was und auf welche Weise vom Gegenüber an Wünschen kommt.

4. Nach dem Gespräch:
   - Wie es mir erging: _____
   - Was mir schwer gefallen ist: _____
   - Wo ich »umgekippt« bin: _____
   - Wie ich mein Gegenüber erlebt habe: _____
   - Wie mich mein Gegenüber erlebt hat: _____
   - Was mich an früher erinnert (brav, gehorsam, angepasst sein; trotzig, renitent, widerspenstig, eigensinnig sein; hartnäckig bleiben; gleich aufgeben; sich einfangen und »über den Tisch ziehen« lassen …): _____

Eine Kerze, die von beiden Seiten brennt, erlischt frühzeitig.

R   Inwieweit achten Sie auf Ihre Grenzen? Der Tendenz nach eher …

	4	3	2	1	2	3	4	
Grenzen beachtend/ bewahrend	I——I——I——I——I——I——I——I							Grenzen missachtend/ überschreitend

Erkenntnis:
a) Alles in Ordnung, weiter so.
b) Achtung, Vorsicht!
c) Ich werde ändern: _____

Man merkt mir an, dass ich derzeit im Grenzbereich arbeite, denn …

	trifft voll zu	trifft in etwa zu	trifft nicht zu
Ich gerate gleich in Rage.	☐	☐	☐
Ich werde sofort laut.	☐	☐	☐
Ich höre kaum zu.	☐	☐	☐
Ich habe wenig Zeit.	☐	☐	☐
Ich bin rasch erschöpft.	☐	☐	☐
Ich werde schnell ungeduldig.	☐	☐	☐
Mein Terminkalender ist randvoll.	☐	☐	☐
Ich schlafe zu wenig.	☐	☐	☐
Und: _____	☐	☐	☐
Und: _____	☐	☐	☐

R Grenzüberschreitungen

Mein Gewinn	Mein Verlust
Freude,	Erschöpfung,
Erlebnisse,	phys./psych. Schädigung,
Erfahrungen,	Enttäuschung,
Weiterentwicklung.	Überforderung.
Oder: _____	Oder: _____
Oder: _____	Oder: _____

Mein Fazit:
a) Weiter so …
b) Vorsicht, weil _____
c) Ich werde ändern: _____

Die Erfüllung deiner Erwartung hat ihre Grenzen in meinen Handlungsmöglichkeiten.

G Wenn es um das Thema »Grenzen ziehen« geht, verdeutliche ich das des Öfteren durch folgende Demonstration: Ich stelle mich hinter eine sitzende Person und drücke mit beiden Händen immer stärker auf ihre Schultern … Die vielen Versuchspersonen reagierten bis heute folgendermaßen:

a) Selten durch Gegendruck.
b) Manchmal durch das Signal: Bitte aufhören!
c) Häufig: geschehen lassen, erdulden, abwarten, bis …
Wie hätten Sie reagiert?

**Wer dem, der fordert, keine Grenzen setzt,
muss sich nicht wundern, wenn er von ihm überfordert wird.
Deshalb: Signal »rote Ampel« = Stopp!**

R Innerer Dialog: Ich und meine »Grenzwächter«:

Ich	Meine Grenzwächter
Das schaffe ich schon (Ehrgeiz).	Du überforderst mich.
Sei still und lass mich machen.	Du nimmst mich nicht ernst.
Mach mir kein schlechtes Gewissen!	Ich werde mich bei dir »melden«.
Komisch, meine dauernde Migräne …	Siehst du, das musste so kommen.

I Dissoziieren: Damit ist gemeint, dass Sie zwar das Handeln eines anderen Menschen wahrnehmen, sich aber dadurch in Ihren Gefühlen und Handlungen nicht durcheinander bringen lassen. Sie betrachten gleichsam aus einem Abstand heraus – jedoch nicht unbeteiligt – das Verhalten Ihres Gegenübers. Zum Beispiel:

- Wenn Lehrer/innen unpünktlich sind, dann ist es deren Entscheidung. Ich weise allerdings deutlich auf den Unterrichtsbeginn hin.
- Wenn Schüler/innen schlechte Leistungen bringen, dann ist es deren Ergebnis. Ich frage jedoch nach den Ursachen.
- Wenn _____
  _____
  _____

A Probieren Sie selbst eine Dissoziation aus:

- Stellen Sie sich bitte eine Situation vor, in der Sie sich immer wieder ärgern.
- Nehmen Sie die Person wahr, die Sie am meisten »aufregt«.
- Stellen Sie sich dieses Bild vor: Sie auf einem Hügel – und die andere Person auf einem Hügel gegenüber.
- Sagen Sie sich innerlich: auf Distanz gehen – heraushalten – ruhig bleiben – betrachten …
- Fragen Sie sich: Was sagt die Person über/von sich? Was sind _deren_ Absichten?
- Besinnen Sie sich auf sich selbst, auf _Ihre_ Absichten, auf _Ihr_ Verhalten.

Beispiel einer Dissoziation:

G Am zweiten Tag eines Lehrgangs schlug ich den Teilnehmenden eine Interaktionsübung vor. Die Reaktion: Keine Resonanz; Schweigen. Die Gruppe machte auf mich einen sehr müden, lustlosen Eindruck, und meine Fantasie dabei war, sie dächten: Der Miller macht das schon.

Um Aufschluss über die Motivation der Teilnehmenden zu bekommen, zog ich mein Angebot zurück und forderte zu einer Feedbackrunde auf mit dem einleitenden Satz: »Mein Schweigen bedeutet …« Die meisten Antworten lauteten: »Bin noch nicht ganz da; bin noch zu müde; hab gerade keine Lust …« Nur einige wenige wollten mit mir arbeiten. Mit diesen Wenigen begann ich auch dann eine Übung, und ließ es den anderen frei, zu tun und zu lassen, was sie wollten. In einer Stunde neues Plenum, neues Angebot …

Ich spürte bei mir überhaupt keinen Ärger, keinen Groll, keine Enttäuschung (»weil die anderen nicht auf meinen Vorschlag eingingen«) und fühlte mich in der Lage, mit den Interessierten zu arbeiten. Ich akzeptierte die Gefühle, Einstellung der Teilnehmenden und war selbst innerlich frei zu handeln.

Mitfühlen, aber nicht mitleiden!

Dissoziation:
Aus der Distanz heraus beobachten.
Stabil bleiben und überlegen.
Beteiligt sein und sicher handeln.
Verhalten reflektieren.
Feedback einholen.

Achtung: Grenze!

Die eine Seite: Grenzen ziehen – die andere Seite: Diese Grenzen deutlich markieren, sie anderen gegenüber sichtbar machen – aus Selbstschutz:

- Ich bin nicht immer für dich da.
- Ich habe nicht immer für Sie Zeit.
- Sie können mich nicht Tag und Nacht anrufen.
- Das Schulhaus ist ab … Uhr geschlossen.
- Ich brauche jetzt meine Ruhe.
- Ich möchte jetzt allein sein.

Allerdings: Dieses »Achtung: Grenze!« löst bei anderen »etwas« aus: häufig weit weniger Akzeptanz, vielmehr jedoch Unbehagen, Unzufriedenheit, Enttäuschung, Ärger und als Reaktion alle möglichen Formen von »Liebesentzug«: Nichtbeachtung. Schweigen, Rückzug, Strafen … Und weil man die Bestrafung vermeiden und weiterhin geliebt sein möchte, versagt man sich häufig das *Nein*, ist »folgsam«, gehorcht und passt sich an. Wir sagen ein Ja zu anderen, obwohl es u.U. ein Nein zu uns selbst sein kann, ein »Spiel«, das uns das ganze Leben lang begleitet, weil wir es schon sehr früh gelernt haben. Deshalb ist es wichtig, wieder zu lernen, wann es angemessen und verantwortungsvoll ist, zu gegebener Zeit Ja beziehungsweise Nein zu sagen.

Das Ja zu meinen Möglichkeiten *und* Grenzen bedeutet immer auch ein Ja zu den Grenzen des/der anderen, zum Beispiel: Ich kann nicht immer pünktlich, freundlich, offen, herzlich, verständnisvoll sein – und die anderen auch nicht; ich kann nicht immer optimal vorbereitet, didaktisch auf dem neuesten Stand, methodisch flexibel … sein – und die anderen auch nicht; ich kann nicht immer »rund« und ausgeglichen sein, habe meine »Ecken und Kanten« – und die anderen auch.

Der Preis ist oft sehr, manchmal zu hoch, weil man sich unstimmig und innerlich im Widerspruch befindet:

- Ja sagen, aber eigentlich Nein meinen.
- Sich ärgerlich fühlen, aber freundlich antworten.
- Die Grenzüberschreitung spüren, sie aber verdrängen.
- Da sein, aber innerlich woanders sein.
- Helfen, aber eigentlich überfordert sein.
- Für andere da sein, aber selbst zu kurz kommen.
- Zuhören, aber innerlich weghören.
- Andere nicht enttäuschen wollen, dafür aber sich selbst verleugnen.
- Die Trennung nicht auf sich nehmen wollen, dafür aber abhängig bleiben.
- Nicht einverstanden sein, sich aber dennoch geduldig fügen (= brav sein).
- Aufbegehren, aber schließlich doch nachgeben (= folgsam sein).
- Zustimmen, sich aber bei Dritten beschweren (= »scheinheilig« sein).

> **Wer ständig Offenheit signalisiert – und eigentlich Grenze will,
> muss sich nicht wundern, wenn sie von anderen überschritten wird.**

R Denken Sie an eine Situation, in der es Ihnen nicht gelungen ist, anderen gegenüber Grenzen zu setzen (= Ich habe mich »überrumpeln« lassen).

- Folgendes ist passiert: _____
- Ich habe mich nicht abgegrenzt, weil _____
- Ich fühlte mich dabei _____
- Ich hätte am liebsten gesagt: _____
- Beim nächsten Mal werde ich sagen: _____

Denken Sie an eine Situation, in der Sie sich anderen gegenüber gut abgrenzen konnten (= Ich habe Nein sagen können).

- Folgendes ist passiert: _____
- Ich habe mich abgegrenzt, weil _____
- Ich fühlte mich dabei _____
- Ich habe gesagt: _____
- Die Reaktion des Gegenübers: _____

Deshalb: Klarer Hinweis auf die Grenze:

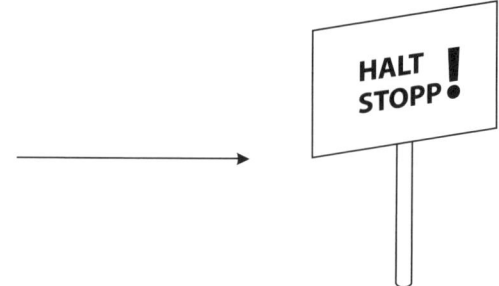

Noch weitere Beispiele (nicht abgegrenzt – abgegrenzt):

_____

_____

_____

I Grenzen setzen ist nicht gleichzusetzen mit Verweigerung oder Streik, sondern heißt, mit sich (innerer Dialog) und anderen (äußerer Dialog) ins Gespräch kommen, um zu klären, warum aus den Erwartungen und Forderungen Überforderungen werden, denen man Grenzen durch »Nein-Sagen« setzen muss.

Wer Ja-Sagen als _gehorsames_ Verhalten internalisiert hat (und nicht als selbstbestimmtes und selbstverantwortetes Handeln), für den mag Nein-Sagen ungewohnt, renitent oder sogar lieblos erscheinen. Das einseitige »Nur für dich« ist genauso schädlich wie das einseitige »Nur für mich«: Bei dem einen Verhalten herrscht die Angst vor, nicht mehr von anderen geliebt zu werden, bei dem anderen Verhalten die Angst, sich selbst zu wenig zu lieben und zu kurz zu kommen. Nächsten- und Selbstliebe sind aus dem Gleichgewicht gekommen.

Um unserer selbst willen – und weil den anderen unsere Selbst_aufopferung_ nichts nützt – ist es lebensnotwendig, Überforderungen zu erkennen und sie durch Nein-Sagen zurückzuweisen: Das Nein zum Du als Ja zum Ich!

Beispiel einer Dissoziation:

G K. Dörner, ein bekannter Psychiater (unter anderem Autor des Buches »Irren ist menschlich«), wurde in einer Fernsehsendung von einem anderen Gesprächsteilnehmer permanent unterbrochen, worauf er sich an ihn wandte und sinngemäß sagte: Ich habe den Eindruck, dass Sie an meiner Meinung gar nicht interessiert sind, weil Sie mich dauernd unterbrechen. Sagen Sie mir, ob Sie meine Meinung hören wollen oder nicht. Ich selbst möchte nur reden, wenn ich auch gewiss bin, dass meine Meinungsäußerung erwünscht ist. – Völliges Erstaunen in der ganzen Teilnehmerrunde war die Folge. Das Gespräch nahm auf einem ganz anderen Niveau, nämlich des Dialogs, seine Fortsetzung.

Statt Durchsetzung Selbstbehauptung und Abgrenzung.
Es ist bekannt: Männer unterbrechen in Gesprächen Frauen weitaus häufiger als
umgekehrt. Selbstbehauptung heißt deshalb auch: Wenn Männer unterbrechen wollen, sprechen Frauen einfach weiter, klar, selbstbewusst, energisch – ohne »ausfällig«
zu werden (= Ich lasse mich nicht unterbrechen!).

Selbstbehauptung statt Zulassen von Grenzüberschreitung.
Während einer Diskussion beschimpfte ein Teilnehmer eine Frau auf das Heftigste.
Alle erwarteten nun von ihr Konter und ebenfalls »Waffengeklirr« und Zurückschießen. Die Frau jedoch wartete kurz und sagte dann mit fester Stimme, klar und unmissverständlich: »Wenn Sie so weitersprechen, dann weigere ich mich, mit Ihnen
zu reden, und werde den Raum verlassen.«

Statt »Waffenhandel« Geschäftsabbruch und »Stopp!«
Von frühester Kindheit an bis heute haben andere Menschen, aus welchen Motiven
auch immer, uns gegenüber Grenzen überschritten, Grenzen verletzt …
- Das bestimme ich und nicht du.
- Sei nicht so eigensinnig!
- Du machst das so, wie ich will.
- Keine Widerrede!

Gelernt haben wir durch diese Erfahrungen:
a) Entweder gehorsam sein und sich gezwungenermaßen anpassen
b) oder in den »Widerstand« gehen und »aufmüpfig« werden.
Beides sind wenig förderliche Verhaltensweisen, sich und anderen gegenüber. Wich-
tig ist deshalb die Erfahrung, dass Grenzen akzeptiert und respektiert werden:
- Wie viel kann ich dir zumuten?
- Kannst du noch? Wie viel traust du dir zu?
- Ich möchte dich nicht überfordern. Habe ich zu hohe Erwartungen?

Durch diese Erfahrungen lernen wir:
a) Auf uns wird Rücksicht genommen.
b) Wir nehmen auf uns und andere Rücksicht.

Literaturempfehlungen

Miller, R.: Schul-Labyrinth. Hilfen im Umgang mit Veränderungen. Weinheim
    und Basel 1993.
Schmidbauer, W.: Die hilflosen Helfer. Reinbek [11]2002.

22. Abschied

Glücklich diejenigen, die den Schulalltag nach getaner Arbeit »guten Gewissens« hinter sich lassen und sich von ihm problemlos verabschieden können. Dieses Kapitel ist für diejenigen von Ihnen gedacht, die dazu nicht und nur schwerlich in der Lage sind.

Rückblick

Wirklicher Abschied geschieht bewusst, durch eigenes Wollen, im Gegensatz zu Vertriebenwerden oder Flucht. Deshalb:

A Nehmen Sie sich etwas Zeit, und schauen Sie sich noch einmal *bewusst* um, bevor Sie aus der Schule gehen:

Sie sitzen in Ihrem Arbeitszimmer: Blick auf den Schreibtisch, auf die Ordner in den Regalen, auf den Stundenplan an der Wand, in den Kalender in der Hand …
Sie sehen sich im Lehrerzimmer um …, gehen einige Gänge entlang …, sprechen noch mit Anwesenden, schauen in einige Klassenzimmer …
Sie lassen Situationen, Personen, Ereignisse des Vormittags/des Tages noch einmal Revue passieren: Gelungenes, Misslungenes, Erfolgreiches, Belastendes, Erfreuliches, Bedenkliches tauchen vor Ihrem geistigen Auge auf …
Im Schulhof noch ein Blick zurück – gedankenvoll, gedankenschwer?
Und: _____
Und: _____

R Auf dem Nachhauseweg kommt Ihnen vielleicht von der Schule in den Sinn:

- Ich ärgere mich immer noch über die schlechten Leistungen von …
- Das Gespräch mit X ging völlig daneben: Was habe ich falsch gemacht?
- Sehr befriedigend die Arbeit mit der Steuergruppe.
- Dankbar für die anerkennenden Worte von Kollegin Y.
- Freude und Stolz: Ich war erfolgreich.
- Ich hege noch Zweifel: War die Entscheidung richtig?
- Warum hab ich bloß den Peter in der 7. Klasse so angeschrien? Tut mir Leid.
- Hoffentlich morgen wieder so ein gutes Gespräch wie mit M.
- Es liegt noch so viel Unerledigtes auf dem Schreibtisch.

- Heute war es fast zu viel, was da auf mich zukam.
- Glücksgefühl: Mein Beruf erfüllt mich.
- Und: _____
- Und: _____

Und allmählich lassen Sie Ihre Wahrnehmungen und Erinnerungen los!

G   Ich bin beruflich fast jeden Tag unterwegs: heute eine Arbeitsgruppe, morgen ein Kollegium, übermorgen ein Seminar … und froh, wenn ich nach den Tagesveranstaltungen mit dem Zug nach Hause fahren kann: Zeit für Rückblicke, Zeit zum Überdenken *und* Loslassen, frei werden von Vergangenem, offen für das, was mich zu Hause erwarten wird – und »leer« für die Personen und die Arbeit am nächsten Tag!

Loslassen

I   Von der Schule nicht oder nur schwerlich Abschied nehmen und sie loslassen können, hat mehrere Gründe:

1. **Abhängigkeit: Ich bleibe wegen**
   - der Kolleg/innen: Ich brauche sie; ich habe sonst keine Ansprechpartner; ohne sie fühle ich mich allein, im Stich gelassen …
   - der Schüler/innen: Ich brauche ihre Zuwendung, ihr Interesse, ihre Bestätigung – aber auch ihre »Hilflosigkeit« (Helfersyndrom).
   - der Arbeit: Ich brauche das Gefühl, etwas zu leisten, zu können. Ich definiere mich stark über die Arbeit: Ich arbeite, also bin ich (etwas wert).
2. **Sehnsucht: Ich bleibe, weil**
   - ich meine Kolleg/innen mag; ein gutes Verhältnis zu ihnen habe; es schön ist, mit ihnen zu arbeiten.
   - ich gern mit Kindern und Jugendlichen zusammen bin; gern unterrichte; es spannend und interessant finde …
   - meine Arbeit in der Schule sinnvoll ist und sie etwas bewegt; sie für mich Selbstverwirklichung bedeutet.
3. **Flucht: Ich flüchte in die Schule, weil ich**
   - mich außerhalb der Schule leer fühle und mir nutzlos vorkomme.
   - mich in meiner Familie nicht wohl fühle; Streitereien aus dem Weg gehen will.
   - sonst nichts habe, was mich erfüllt.

R   Meine Gründe:
a) Abhängigkeit: _____
b) Sehnsucht: _____
c) Flucht: _____
d) Oder: _____

Überlegen Sie: Loslassen, sich verabschieden, bedeutet für mich

an Belastung	an Entlastung
nicht wissen, was tun …	Erleichterung, Entspannung
Leeregefühle	Befreiung
Oder: _____	Oder: _____
Oder: _____	Oder: _____

Nach der Schule

»treibt mich noch um«	befreie ich mich davon
Streit mit Kollegen X	Ich rede morgen mit ihm.
Wut auf Schüler/Schülerin X	Dampf ablassen durch Sport
Ärger mit der Gemeinde wegen Vorhaben Y	Gespräch mit Partner/in
Oder: _____	Oder: _____
Oder: _____	Oder: _____

I   Vom Schulalltag Abschied zu nehmen fällt schwer – und hat Stärken und Schwächen, Vor- und Nachteile:

Stärken/Vorteile	Schwächen/Nachteile
Ich bin da, wenn man mich braucht.	Ich fühle mich überfordert.
Auf mich kann man sich verlassen.	Ich fühle mich ausgenützt.
Ich zeige Interesse/Anteilnahme.	Ich werde dauernd gefordert.
Oder: _____	Oder: _____
Oder: _____	Oder: _____

A Abschiedsgedanken: »Es geht auch ohne mich.« Stellen Sie sich vor, Sie würden – plötzlich – die Schule verlassen müssen/dürfen: (einige Tage Fortbildung, einige Wochen wegen Krankheit, für immer wegen Ruhestand …)

Bei dem Gedanken	… geht es mir
nicht mehr an meinem Schreibtisch zu sitzen	_____
keinen Einfluss mehr zu haben	_____
keine Entscheidungen mehr zu treffen	_____
keine Schulvorbereitungen mehr zu haben	_____
morgen daheim zu bleiben	_____
ohne Kolleg/innen und Schüler/innen zu sein	_____
nicht mehr zu unterrichten	_____
nicht mehr »gefragt« zu sein	_____
vermisst zu werden …	_____
oder: _____	_____
oder: _____	_____

Stellen Sie sich vor: Welche Personen in Ihrer Schule würden von sich aus mit Ihnen den Kontakt aufrechterhalten:

Personen	Kontakt: gleich bleibend	eher zunehmend	eher abnehmend
_____	_____	_____	_____
_____	_____	_____	_____
_____	_____	_____	_____

Ihr Fazit: _____

Es geht auch ohne Sie (weiter)!
Andere können es auch – sogar besser!
Sie sind ersetzbar!

Schwerlich zu ertragen – oder befreind?

Das Schöne am Loslassen: Man hat die Hände für andere(s) frei!

G Eine Krankenschwester fährt mich von der Intensiv- in die Normalstation. Im Zimmer angekommen gibt sie mir die Hand, wünscht mir alles Gute und verabschiedet sich mit den Worten: »So, jetzt habe ich mich um Sie gekümmert. Nun gehe ich zurück; da warten andere Patienten auf mich.« – Dieses Erlebnis hat mir sehr geholfen, in meinen eigenen Lebenssituationen loszulassen.

A Abschiedsübung: Schule ade!

1. Sie brauchen einige Minuten Zeit und einen Ort, an dem Sie ungestört sind.
2. Denken Sie nun daran, welche Personen oder Situationen Sie noch aus der Schule innerlich »festhalten«.
3. Wählen Sie daraus diejenige Person/Situation aus, die Sie am »hartnäckigsten« festhält.
4. Lassen Sie nun vor Ihrem geistigen Auge die Person/Situation ganz nahe an sich herankommen und betrachten Sie sie ausführlich.
   Person: Aussehen, Gesichtsausdruck, Gestalt, Bewegung, Kleidung …, gesprochene Worte …
   Situation: Ereignis/Vorfall, Umfeld, Menschen und deren Verhaltensweisen/Handeln …
5. Lassen Sie nun ganz langsam die Person/Situation sich von Ihnen entfernen: Die Person, die Geschehnisse werden immer kleiner, immer kleiner … bis sie am (vorgestellten) Horizont verschwinden …Sie blicken ins Leere …
6. Sollten Person/Situation wieder auftauchen:
   – Deuten Sie um: Was ist das Angenehme an der Person/Situation?
   – Überlegen Sie: Was ist die Botschaft/der Sinn des »beharrlichen Bleibens«?
   – Handeln Sie: Was können Sie anderes tun? (= das Beharrliche »links liegen lassen«!)

G Aus gesundheitlichen Gründen musste ich das Abfahrtsskilaufen aufgeben. Zunächst ziemlich frustriert über den *Verlust*, entdeckte ich allmählich die *Lust* am Skilanglauf: *loslassen – und woanders ankommen!*
Ich kann nicht mehr weite Reisen unternehmen – und habe gemerkt, dass die Türen auch »nach innen« aufgehen!

R Bedeutung für mich als Schulleiterin/Schulleiter

Ich *muss* …	und ***kann* loslassen:**
nicht überall mitmischen.	Ich kann auch allein sein.
mich nicht mehr profilieren.	Ich habe allein genug »Profil«.
nicht mehr Karriere machen.	Ich bin schon genug geklettert.
Oder: _____	Oder: _____

G Ich erinnere mich an eine meiner Examenszeiten: Drei Monate vor den Prüfungen vereinbarten wir in der Lerngruppe: Wer außerhalb der Paukphasen über Prüfungsthemen sprach, musste 10 Pfennige in die Gemeinschaftskasse zahlen. Am Anfang häuften sich die Münzen … aber allmählich nahmen die Einzahlungen deutlich ab!

Sie sehen: Wenn's an den Geldbeutel geht, kann man sogar Loslassen lernen! Und es entsteht folgender Regelkreis:

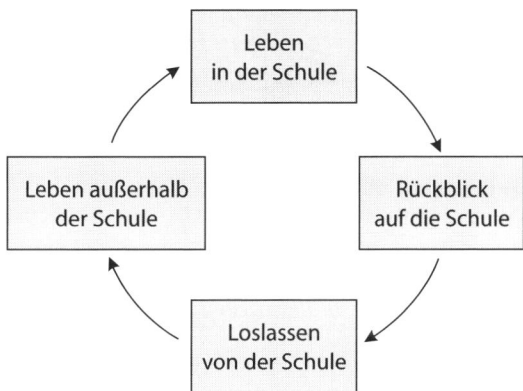

Alles, außer Schule

I Sie haben sich von der Schule verabschiedet, losgelassen und haben damit außerhalb von ihr andere Möglichkeiten der Lebensgestaltung.

R

Wenn ich die Schule verlasse, dann fehlt mir:	Wenn ich die Schule verlasse, dann kann ich mir außerhalb holen:
Der Kontakt zu den Kindern.	Den Kontakt mit Freund/innen.
Die Anerkennung.	Die Anerkennung im Verein.
Das Gespräch mit Kolleg/innen.	Gespräche in der Familie.
Oder: _____	Oder: _____
Oder: _____	Oder: _____

Was ich außerhalb der Schule zusätzlich an Angenehmem entdecke:

Ich bin angekommen	Das Angenehme daran
in meinem Haus/meiner Wohnung.	_____
bei meiner Familie.	_____
bei Freunden.	_____
auf meinem Balkon.	_____
in meinem Verein.	_____
bei meinem Hobby.	_____
in meiner »Hängematte«.	_____
Oder: _____	_____
Oder: _____	_____

Je bewusster wir hier sind, desto weniger sind wir dort.

G Wenn ich mit Schüler/innen über ihr Lernen spreche, dann empfehle ich ihnen: »Wenn du spielst, dann spiele …, wenn du Hausaufgaben machst, dann mach Hausaufgaben. Wenn du aber beim Spielen an Hausaufgaben und bei den Hausaufgaben ans Spielen denkst, dann hast du von *beiden* nichts. Also: entscheide dich!«

I Legen Sie die *Erfahrungslasten* der Vergangenheit sowie die *Fantasielasten* der Zukunft ab, um offen zu sein für Neues und (relativ) frei für das Jetzt:

»1. Die Freiheit zu *sehen* und zu *hören*, was *Jetzt* ist, an Stelle von dem, was sein sollte, sein könnte, gewesen ist oder sein wird.
2. Die Freiheit zu *empfinden*, was man *jetzt* empfindet, an Stelle von dem, was sein sollte, sein könnte, gewesen ist oder sein wird.
3. Die Freiheit zu sagen, was *Jetzt* ist, statt davon zu reden, was sein sollte, sein könnte, gewesen ist oder sein wird …« (Satir, in: Bandler 1978, S. 12)

A Sie haben die Schule loslassen können, sind woanders angekommen und genießen das Jetzt. Um den Genuss möglichst intensiv zu erleben, erhöhen Sie Ihre Wahrnehmung

- über die fünf Sinne: Was sehe, höre, rieche, schmecke, ertaste ich?
- über das Empfinden: Was spüre, fühle ich?
- über die Fantasie: Was kommt mir in den Sinn? Was assoziiere ich?
- über die Gedanken: An was denke ich? An was erinnere ich mich?
- Und: _____

Erlauben Sie sich viele Ausflüge zu sich selbst und anderen – und diese sehr bewusst:

> **Wenn ich gehe, gehe ich. Wenn ich esse, esse ich. Wenn ich schlafe, schlafe ich.** (Chinesisches Sprichwort)

> **Und für Sie mag gelten: Wenn ich in der Schule bin, dann bin ich in der Schule. Aber wenn ich woanders bin, dann bin ich auch wirklich woanders!**

Und jetzt auch Abschied von mir:

keine Informationen mehr,
keine Impulse zur Reflexion,
keine »Schul«-Aufgaben,

… aber doch noch eine kleine Geschichte:

G Ein alter Mann sagte am Ende seines Lebens: »Wenn ich noch einmal zu leben hätte, dann würde ich mehr Fehler machen; ich würde versuchen, nicht so schrecklich perfekt sein zu wollen; dann würde ich mich mehr entspannen und vieles nicht mehr so ernst nehmen; dann wäre ich ausgelassener und verrückter; ich würde mir nicht mehr so viele Sorgen machen, um mein Ansehen; dann würde ich mehr reisen, mehr Berge besteigen, mehr Flüsse durchschwimmen und mehr Sonnenuntergänge beobachten; dann würde ich mehr Eiskrem essen; dann würde ich früher im Frühjahr und später im Herbst barfuß gehen; dann würde ich mehr Blumen riechen, mehr Kinder umarmen und mehr Menschen sagen, dass ich sie liebe …«

Literaturempfehlungen

Jede Menge aller Art, nur keine Schulbücher!

Schluss

Untersuchungen zur Schulleitertätigkeit, die Themen meiner Kapitel und Ihre Erfahrungen zeigen die ganze Bandbreite Ihres Berufs mit den drei tragenden Säulen: *selbstständige Persönlichkeit, Beziehungsmensch und Sachmensch.*

Ich habe viele Lehrer/innen befragt, was sie besonders von ihren Schulleiter/innen erwarten. Die Einzelantworten, die meine eigenen Erfahrungen bestätigen, kann ich auf drei Merkmale fokussieren:

Menschenfreundlichkeit, Sachkompetenz und Organisationstalent.

Nun ist es nicht jeder Führungsperson gegeben, in einem ausgewogenen Verhältnis diese drei Fähigkeiten zu haben. Genau hier zeigt sich die große Bedeutung von Schulleitungsteams (gegebenenfalls inkl. von Fachbereichsleitern) mit den drei wesentlichen Merkmalen *Kooperation, Kompensation* und *Delegation*: Miteinander sind wir stark, einzeln weisen wir eine breite Streuung unserer Kompetenzen auf – und dadurch sind wir effektiv für die ganze Schule. Damit eine Schule für alle sinnvoller *Lebens*-Raum ist und im Alltag funktionsfähig bleibt, braucht sie auch Visionen. Nur-Alltag bedeutet Verlust an Weitsicht, Nur-Visionen den Verlust an Bodenhaftung. Beides zusammen ergibt eine lebendige und lernende Schule.

Ich schließe mich F. Lott (2001, S. 48, leicht gekürzt) an, der von einer Schule träumt,

- in der alle willkommen sind, Lehrende und Lernende.
- in der jeder und jede etwas Besonderes und Einmaliges ist …
- in der Zeit gegeben wird zum Verweilen und Wachsen.
- in der Beziehungen aufgebaut und gelebt werden können.
- in der Rücksichtnahme, Respekt und persönliche Wertschätzung erlebt werden.
- deren Räume einladen zum Bleiben, deren Angebote neugierig machen, herausfordern zum Lernen und eine selbstständige Auseinandersetzung ermöglichen.
- in der Umwege und Fehler erlaubt sind.
- in der die Erfahrung gemacht wird, dass es gut ist, wenn einem jemand hilft und wenn man jemandem helfen kann.
- in der nicht gegeneinander, sondern miteinander gearbeitet wird; wo Konkurrenz durch Kooperation ersetzt wird und Teamgeist entsteht.
- in der Freude am eigenen Wachsen und der eigenen Leistung entstehen kann.

Erlauben wir uns – mitten im Schulalltag – auch das Träumen!

Literaturverzeichnis

Bachmair, S. u.a.: Beraten will gelernt sein. Weinheim [5]2001.

Bandler, R. u.a.: Mit Familien reden. München 1978.

Berne, E.: Was sagen Sie, nachdem Sie »Guten Tag« gesagt haben. Frankfurt 1991.

Bodenheimer, A.R.: Warum? Von der Obszönität des Fragens. Stuttgart [5]1999.

Böhmann, M./Hoffmann, K.: Kursbuch Berufseinstieg. Basiswissen, Tipps und Trainingsbausteine für die ersten Jahre im Lehrerberuf. Weinheim und Basel 2002.

Bohl, T.: Prüfen und Bewerten im Offenen Unterricht. Neuwied 2001.

Cohn, R./Terfurth, C. (Hrsg.): Lebendiges Lehren und Lernen. TZI macht Schule. Stuttgart [4]2001.

Dörner, K./Plog, U.: Irren ist menschlich, Bonn 1996.

Dubs, R.: Die Führung einer Schule. Stuttgart 1994.

Edelmann, W.: Lernpsychologie. Weinheim [6]2000.

»Eltern«. Lernende Schule, Heft 10. Velber 2000.

Fleischer, T.: Zur Verbesserung der sozialen Kompetenz von Lehrern und Schulleitern. Hohengehren [2]2000.

Gehm, T.: Kommunikation im Beruf. Weinheim und Basel 1994.

Geissler, K. H.: Vom Tempo der Welt. Am Ende der Uhrzeit. Freiburg 1999.

»Gewaltig«. Lernende Schule, Heft 13. Velber 2000.

Glasl, F.: Konfliktmanagement. Bern/Stuttgart [5]1997.

Graichen, G./Seiwert, L.: Das ABC der Arbeitsfreude. Techniken, Tipps und Tricks für Vielbeschäftigte. Speyer [11]1999.

Gudjons, H. (Hrsg.): Entlastungen im Lehrerberuf. Hamburg 1993.

Gumin, H./Meier, H.: Einführung in den Konstruktivismus. München 1992.

Heitmann, H. u.a.: Schulmanagement Handbuch: Grundlagen der Personalentwicklung II. München 2000.

Henning, C./Ehinger, W.: Das Elterngespräch in der Schule. Donauwörth 1999.

Hitzler, W.: Das Lernen lehren und lernen. In: Miller, R.: Lern-Wanderung. Weinheim und Basel 2001, S. 35–47.

Hopfgarten, G./Nessmann, K.: Public Relations für Schulen. So gelingt erfolgreiche Öffentlichkeitsarbeit. Wien 2000.

Hurrelmann, K. u. a.: Gewalt in der Schule. Ursachen, Vorbeugung, Intervention. Weinheim 1999 (TB).

Kehr, H.: Souveränes Selbstmanagement. Weinheim und Basel 2002.

Keller, G.: Konfliktmanagement in der Schule. Velber 2001.

Keller, G.: Lehrer helfen lernen. Donauwörth [5]1999.

König, E./Volmer, G.: Systemisches Coaching. Weinheim 2002.

Kösel, E.: Das Modellieren von Lernwelten. Ein Handbuch zur subjektiven Didaktik. Elztal-Dallau [3]1997.

Krainz-Dürr, M. u.a. (Hrsg.): Was Schulen bewegt. Sieben Schritte ins Innere der Schulentwicklung. Weinheim und Basel 1997.

Langer, I. u.a.: Sich verständlich ausdrücken. München [7]2002.

Langmaack, B./Braune-Krickau, M.: Wie die Gruppe laufen lernt. Weinheim [7]2000.

Lohmann, A.: Führungsverantwortung der Schulleitung. Neuwied 1999.

Lott, F.: Religionsunterricht als themenzentrierte Interaktion. Ostfildern 2001.

Miller, R.: Beziehungsdidaktik. Weinheim und Basel [3]1999.

Miller, R.: Bock auf Schule. Ein Schülerarbeitsheft. Weinheim 2003.

Miller, R.: »Das ist ja wieder typisch!« – Kommunikation und Dialog in Schule und Schulverwaltung. 25 Trainingsbausteine. Weinheim und Basel [3]2000.

Miller, R.: Lern-Wanderung. Weinheim 2001.

Miller, R.: Schilf-Wanderung. Wegweiser für die praktische Arbeit in der schulinternen Lehrerfortbildung. Weinheim und Basel [3]1992.

Miller, R. (Hrsg.): Schule selbst gestalten. Weinheim und Basel [2]1998.

Miller, R.: Schul-Labyrinth. Hilfen im Umgang mit Veränderungen. Weinheim und Basel 1993.

Miller, R.: Sich in der Schule wohlfühlen. Weinheim 2000 (TB).

»Personalentwicklung«. Lernende Schule, Heft 15. Velber 2001.

Philipp, E.: Gute Schulen verwirklichen. Weinheim [4]1996.

Philipp, E.: Teamentwicklung in der Schule. Weinheim und Basel [3]2000.

Ratzki, A. u.a.: (Hrsg.): Team-Kleingruppen-Modell Köln-Holweide. Theorie und Praxis. Frankfurt a.M. 1996.

Riecke-Baulecke, T./Müller, H.W.: Schulmanagement. Leitideen und praktische Hilfen. Braunschweig 1999.

Riemann, F.: Grundformen der Angst. München [34]2000.

Rogers, C.: Entwicklung der Persönlichkeit. Stuttgart [13]2000.

Rolff, H.G.: Merkpunkte für Zielvereinbarungen. In: Lernende Schule, Heft 16/2001, S. 35–37.

Rückert, H.-W.: Schluss mit dem ewigen Aufschieben. Frankfurt a.M. [4]2001.

Schmidbauer, W.: Die hilflosen Helfer. Reinbek [11]2002.

Schratz, M.: Gemeinsam Schule lebendig gestalten. Anregungen zur Schulentwicklung und didaktischen Erneuerung. Weinheim 1996.

Schratz, M. u.a.: Serena, oder: Wie Menschen ihre Schule verändern. Innsbruck 2002.

Schratz, M./Steiner-Löffler, U.: Die Lernende Schule. Arbeitsbuch pädagogische Schulentwicklung. Weinheim [2]1999.

Schulleitung und Schulentwicklung. Loseblatt-Sammlung. Berlin [2]2001.

Schulz von Thun: Miteinander reden – Klärungen und Störungen. Reinbek [33]2000 (Bd. I), [19]2000 (Bd. II).

Seiwert, J.: Das 1x1 des Zeitmanagements. Speyer [22]1999.

Smolka, D.: Motivation und Mitarbeiterführung in der Schule. Neuwied 2000.

Sprenger, R.K.: Das Prinzip Selbstverantwortung. Frankfurt a.M. [10]2000.

Sprenger, R.K.: Mythos Motivation. Frankfurt a.M. [17]2002.

Watzlawick, P.: Münchhausens Zopf. Bern/Stuttgart [2]1989.

Weiß, J.: Selbst-Coaching. Paderborn 1990.

Winkel, R.: Theorie und Praxis der Schule. Oder: Schulreform konkret – im Haus des Lebens und Lernens. Hohengehren 1997.